Student Activities Manual

Claudia Mejía
Tufts University

James Crapotta
Barnard College

to Accompany

Atando cabos
Curso intermedio de español

María González-Aguilar
Instituto Cervantes, Paris
École Polytechnique, Palaiseau

Marta Rosso-O'Laughlin
Tufts University

Third Edition

PEARSON
Prentice
Hall

Upper Saddle River, New Jersey 07458

Sponsoring Editor, Spanish: *María F. García*
Editorial Assistant, Spanish: *Amanda K. Staab*
Director of Marketing: *Kristine Suárez*
Director of Editorial Development: *Julia Caballero*
Development Editor for Assessment: *Melissa Marolla Brown*
Production Supervision: *Nancy Stevenson*
Project Manager: *Assunta Petrone, Preparé Inc.*
Assistant Director of Production: *Mary Rottino*

Media Editor: *Meriel Martínez*
Senior Media Editor: *Samantha Alducin*
Prepress and Manufacturing Buyer: *Christina Amato*
Prepress and Manufacturing Assistant Manager: *Mary Ann Gloriande*
Marketing Coordinator: *William J. Bliss*
Publisher: *Phil Miller*
Cover Image: *Elizabeth Heuer / Superstock, Inc.*

This book was set in 10.5/12.5 Minion by Preparé, Inc. and was printed and bound by Bind-Rite Graphics. The cover was printed by Bind-Rite Graphics.

© 2008, 2004, 2001 by Pearson Education, Inc.
Upper Saddle River, New Jersey 07458

Printed in the United States of America
10 9 8 7 6 5 4 3 2 1

ISBN 0-13-175600-1 / 978-0-13-175600-7

Pearson Education LTD., *London*
Pearson Education Australia PTY, Limited, *Sydney*
Pearson Education Singapore, Pte. Ltd.
Pearson Education North Asia Ltd., *Hong Kong*
Pearson Education Canada, Ltd., *Toronto*
Pearson Educación de México, S.A. de C.V.
Pearson Education–Japan, *Tokyo*
Pearson Education Malaysia, Pte. Ltd.
Pearson Education, *Upper Saddle River*, New Jersey

Contents

Capítulo

1

Hablemos de nosotros

En marcha con las palabras

En contexto

1-1 ¿Quién lo dijo? Éste es el árbol genealógico de Paula. Adivina qué miembro de la familia dijo cada una de las siguientes oraciones.

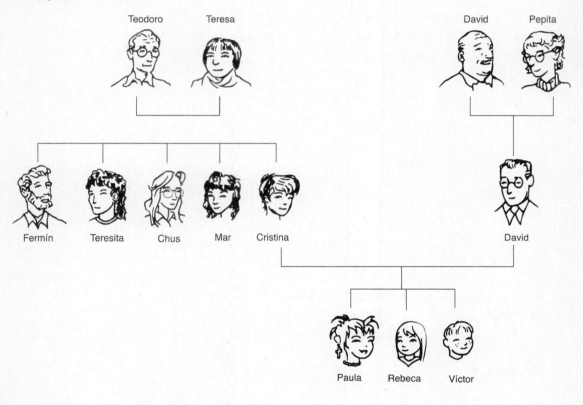

MODELO: Tenemos tres sobrinos.
Fermín, Teresita, Chus, Mar

	¿Quién lo dice?
1. Mis suegros son David y Pepita.	1. _____
2. Mi esposo se llama Teodoro.	2. _____
3. Nuestro yerno es muy cariñoso.	3. _____
4. Nuestro tío se llama Fermín.	4. _____
5. Soy rubio, como la abuela Pepita.	5. _____
6. Mi hijo se llama como yo.	6. _____
7. Soy hijo único.	7. _____
8. Mi nuera es atrevida, como yo.	8. _____

1-2 Definiciones. Lee las siguientes definiciones sobre la familia y escoge la palabra que mejor complete las siguientes oraciones.

> matrimonio embarazo monoparental parientes pareja maternidad amor primogénito

1. El _____ es cuando una mujer espera un/a hijo/a.
2. La familia compuesta por un solo adulto, ya sea madre o padre, es una familia _____.
3. La unión que forma una pareja cuando se casa se llama el _____.
4. Los tíos, tías, primos y bisabuelos son nuestros _____.
5. Generalmente en Latinoamérica no existen los matrimonios arreglados por los padres. Las parejas se casan por _____.
6. Cuando dos personas deciden unir sus vidas, forman una _____.
7. El estado o la calidad de madre es la _____.
8. El primer hijo que nace es el _____.

1-3 En otras palabras . . . Ana le explica a John algunos términos nuevos sobre la familia. Escribe las definiciones en una oración en español.

MODELO: yerno
El esposo de mi hija es mi yerno.

1. divorcio

   _____

2. casarse

   _____

3. criar

   _____

4. infancia

   _____

5. viudo

   _____

¡Sin duda!

1-4 Opiniones sobre la familia. El tema favorito de todas las familias es siempre la propia familia. Aquí hay opiniones de algunos miembros de la familia de Blanca. Escoge el verbo apropiado para completar la oración.

1. Yo creo que mis tíos (se parecen / parecen) mucho. Los dos son altos y rubios.
2. Mi madre dice que yo (parezco / me parezco) a ella porque nos gustan las mismas cosas.
3. (Se parece / Parece) que en todas las familias siempre hay alguien que se queja por todo.
4. Mi hermana mayor cambia de residencia cada dos o tres años. Ella (se muda / se mueve) mucho porque tiene un trabajo en una empresa internacional.
5. El próximo año, por ejemplo, ella y su esposo van a (moverse / mudarse) a Tailandia.
6. Yo soy muy distinta. A mí nadie (me mueve / me muda) de donde estoy. Yo vivo en la casa de mis padres y al lado de la casa de mis abuelos.

Así se dice

1-5 Encuentros inesperados. Maribel y su novio Rafael se encuentran inesperadamente con Juan, el ex-esposo de Maribel, en un supermercado. Ordena la conversación entre los tres y escribe el número correcto (1 a 7) en cada línea.

JUAN: Hola, Maribel. ¡Tanto tiempo sin verte! _____

RAFAEL: Encantado. Nosotros también queremos casarnos pronto. _____

JUAN: Pues . . . Sofía está embarazada y vamos a casarnos. _____

MARIBEL: ¿Van a casarse? ¡Qué sorpresa! ¡Ah! Te presento a mi novio, Rafael. _____

JUAN: Mucho gusto, Rafael. _____

MARIBEL: Sí, mucho, casi dos años. ¿Qué hay de nuevo? _____

MARIBEL: Bueno, adiós, Juan, que te vaya bien. _____

1-6 Circunlocución. Escoge uno de los siguientes conceptos y descríbelo por medio de circunlocuciones. Usa expresiones como **es como**, **se parece a**, o **significa que**.

MODELO: El matrimonio.
El matrimonio ocurre cuando dos personas deciden unir sus vidas.

1. la familia monoparental

2. la familia nuclear

3. la familia política

Concepto número _____

_____

_____

_____

_____

Sigamos con las estructuras

Repasemos 1   Describing people and things: Adjective agreement

1-7 Un primo creativo. Antonio tiene un primo muy creativo que usa adjetivos masculinos con las letras desordenadas para confundir a Antonio. Averigua cuál es el adjetivo escondido y escribe cada uno de ellos.

MODELO: Mi abuelo tiene un carácter <u>*débil*</u>.   b l é d i

1. El tío y la tía son _____.   t i i d s v e r d o

2. Mi madre es _____.   c u a l t

3. Mi padre no es _____.   z o s o r e p e

4. Tengo un hermano _____.   o s o r i ñ a c

5. Yo estoy un poco _____.   r e n f e m o

6. Antonio, tú no eres _____.   j t o u s

7. Mis sobrinas son muy _____.   s a m i d a m

8. La prima Elena tiene un novio _____.   c o s o e l

Repasemos 2   Discussing daily activities: Present tense indicative of regular verbs

1-8 Los deberes familiares. La familia de Antonio está muy unida y todos se ayudan mutuamente. Usa el presente del verbo apropiado para completar los párrafos siguientes.

> dejar   mimar   desear   visitar   cuidar   llamar   trabajar   comer   llevar   creer

Nosotros (1) _____ a los niños de mi hija mayor. Ellos nos

(2) _____ todos los días y nosotros los (3) _____ mucho y les

(4) _____ hacer todo lo que ellos (5) _____. ¡Son unos niños

tranquilos y cariñosos!

Ana, mi hija, levanta a los niños todos los días, ellos (6) _____ el desayuno y

(7) _____ el almuerzo a nuestra casa. Yo no (8) _____ que Ana

hable con los niños mucho porque (9) _____ durante el día, pero los

(10) _____ por teléfono varias veces.

Repasemos 3   Describing actions in progress: Present progressive tense

1-9 ¿Qué están haciendo? Esta familia está de vacaciones en la playa. Describe lo que está haciendo cada persona. Escoge el verbo que mejor complete la oración según el contexto y llena el espacio con el gerundio.

1. José y Luis están _____ (construir / salir) un castillo de arena (*sand castle*) con mucho cuidado en la playa.

2. El padre está _____ (elegir / leer) una novela política.

3. La niña pequeña le está _____ (beber / pedir) un helado a su madre.

4. La madre está _____ (dormir / hablar) porque está cansada.

5. Los gemelos van _____ (correr / crecer) al agua porque tienen calor.

6. El vendedor de refrescos anda _____ (gastar / vender) muchas bebidas frías por la playa.

Aprendamos 1   Discussing daily activities: Present tense indicative, irregular verbs

1-10 Un mensaje. Pedro le escribe a su amigo un correo electrónico sobre sus actividades en la universidad. Completa las oraciones con la forma correcta del verbo en paréntesis en el presente.

Hola, Pablo:

¿Cómo estás? Te cuento que sigo tocando el piano como siempre. Cada semana (1) _____ (dar) un concierto corto en la capilla *(chapel)* de la universidad durante la hora del almuerzo.

(2) _____ (estar) muy contento de hacerlo porque es una buena práctica para mi gran concierto de fin de año. Como es un lugar pequeño no me (3) _____ (poner) muy nervioso en estas ocasiones. Además lo (4) _____ (hacer) porque me gusta.

Te cuento que (5) _____ (tener) mucha música latina nueva porque mi profesor de literatura latinoamericana es músico y regularmente me (6) _____ (dar) algunas de las canciones que él (7) _____ (tener). Él me (8) _____ (decir) que (9) _____ (estar) conectado con la comunidad hispana y así consigue la música.

¿(10) _____ (venir) tú a visitarme el domingo próximo? Me encantaría verte. Bueno, te dejo por ahora . . . ¡hablamos pronto!

Pedro

1-11 Los almuerzos en casa de Álvaro. Todos los domingos, Álvaro te invita a comer con su familia que vive a una hora de la universidad. Completa las oraciones con la forma correcta del verbo en paréntesis en el presente.

1. Cuando llegamos los hermanos pequeños me _____ (mostrar) su juguete favorito.

2. Nosotros _____ (almorzar) todos juntos a la 1:30 de la tarde.

3. La madre _____ (servir) una comida deliciosa.

4. Generalmente la comida _____ (empezar) con una sopa.

5. Luego _____ (seguir) con la carne o el pescado con ensalada y arroz.

6. Aunque generalmente estoy satisfecho cuando llega el postre, yo nunca me lo _____ (perder).

7. A veces mi amigo y yo le _____ (pedir) a su madre una fuente de comida para llevarnos para la semana.

8. Este ritual me _____ (recordar) de las celebraciones en mi casa, pero en esta familia la comida del domingo es una tradición que ellos _____ (repetir) todas las semanas.

Aprendamos 2   Describing conditions and characteristics: Uses of *ser* and *estar*

1-12 La novia de Marcos. Los padres de Marcos todavía no conocen a su novia, y Marcos está dándoles información sobre ella. Escoge el verbo apropiado.

Beatriz (1) (es / está) alegre y extrovertida. Vive en un apartamento que (2)(es / está) muy cerca de aquí. (3) (Es / Está) una persona muy independiente y activa; trabaja para pagar el alquiler y la universidad y además, recibe buenas notas porque (4) (es / está) muy lista. Según ella, sus clases (5) (son / están) aburridas este año y, a causa de esto, ahora no (6)(es / está) muy entusiasmada con ellas. Beatriz tiene una personalidad increíble y yo (7) (estoy / soy) muy enamorado de ella.

1-13 Las preguntas de la abuela. La abuela de Marcos y Clara vive ahora con su familia y está hablando con su nieta. Escribe las preguntas y comentarios de la abuela de acuerdo al diálogo. Usa los verbos **ser** y **estar**.

ABUELA: ¿(1)_____?

CLARA: Bien, gracias, ¿y usted?

ABUELA: (2)_____

        ¿(3)_____?

CLARA: En su cuarto. Esta tarde va a salir con su novia Beatriz y está preparándose.

ABUELA: ¿(4)_____?

CLARA: ¿Beatriz? Es la mujer perfecta para Marcos: morena, delgada, muy lista y bastante abierta.

ABUELA: ¿(5)_____?

CLARA: ¿Ahora? Pues . . . muy contento y muy enamorado.

ABUELA: ¿(6)_____?

CLARA: De Cartagena, pero ahora estudia aquí.

1-14   El video de la boda. Felipe grabó en video la boda de su hermana Elena. Escribe el guión del video de Felipe. Usa los verbos **ser** y **estar** y escoge la frase apropiada para completar las oraciones.

la boda	preocupados por los preparativos de la boda
la iglesia	a las seis en la iglesia de El Carmen
el banquete	de fresas y chocolate
la madre del novio	en el restaurante El Luquillo
Elena	de mi madre
la tarta	adornada con flores blancas
mis padres	una mujer elegante y fría
el vestido que lleva Elena	muy nerviosa, pero muy linda

1. _____

2. _____

3. _____

4. _____

5. _____

6. _____

7. _____

8. _____

1-15 ¿Cómo están? Felipe te explica cómo está su familia en este momento. Usa expresiones con **estar** para expresar las ideas de Felipe de otra manera.

MODELO: Roberto tiene que salir rápidamente.   Roberto *está con prisa*.

Felipe:

Mi madre siempre piensa lo mismo
que mi abuela.

Mi hermano quiere mucho a su novia.

Mi primo terminó su matrimonio con Elvira.

Hoy mi primo se siente contento.

Mi tío sólo se queda en Madrid unas horas.

Mi media hermana va a casarse con Luis
en un mes.

Mi padre tiene una semana de descanso
en el trabajo.

1. Mi madre siempre _____
con mi abuela.

2. Mi hermano _____ de su novia.

3. Mi primo _____ de Elvira.

4. Hoy mi primo _____.

5. Mi tío _____ por Madrid.

6. Mi media hermana _____
con Luis.

7. Mi padre _____.

Lectura

1-16 La telenovela. Ayer viste los últimos minutos de una telenovela en español. Lee el guión de la telenovela y después contesta las preguntas.

ALBERTO: ¿Por qué me andas siguiendo a todas partes?

JULIA: Porque tengo que hablar contigo. Alberto, no puedes casarte con esa mujer porque tú y yo seguimos enamorados.

ALBERTO: Eso no es verdad, Julia.

JULIA: Sí, es verdad. ¿Recuerdas nuestros planes de matrimonio?

ALBERTO: Mientes, Julia. Nosotros nunca hablamos de matrimonio. Tú y yo ya no somos novios. Ahora voy a casarme con Catalina.

JULIA: Pero tú no la quieres, Alberto. Solamente piensas en que es hija única y va a heredar todo el dinero de sus padres. Tú todavía me quieres a mí, Alberto, no puedes negarlo. Mírame a los ojos y dime que no me amas.

ALBERTO: No puedo, Julia, no puedo. Yo sé lo que tengo que hacer. Ya está todo decidido. Mañana es la boda en la finca de mis futuros suegros y todo va a salir de acuerdo con mis planes. Debes olvidarte de que me conoces, Julia. Yo ya no quiero recordar el pasado.

1. ¿Cómo es la personalidad de Alberto?

   _____.

2. ¿Cómo es la personalidad de Julia?

   _____.

3. ¿Quién es Catalina?

   _____.

4. ¿Por qué quiere hablar Julia con Alberto?

   _____.

5. ¿Cómo piensas que va a continuar la telenovela?

   _____.

Atando cabos

1-17 Una persona especial en mi familia. Describe en 8 o 10 oraciones a la persona de tu familia que más admiras.

_____

_____

_____

_____

_____

_____

_____

_____

En marcha con las palabras

1-18 ¿Mi hermano es mi primo? Escucha las siguientes oraciones sobre la familia. Luego, decide si son **lógicas** (L) o **ilógicas** (I).

1. _____
2. _____
3. _____
4. _____

5. _____
6. _____
7. _____
8. _____

1-19 En familia. Escucha la siguiente conversación entre Belén y Alba. Luego, marca la letra de la afirmación correcta según lo que escuches.

1. Héctor es:
   a. el hermano de Belén.
   b. la hermana de Alba.
   c. menor que Alba.

2. Débora es la cuñada de:
   a. Alba.
   b. Belén.
   c. Pepe.

3. Laura es la hermana de:
   a. Ana.
   b. Belén.
   c. Héctor.

4. Ana es la sobrina de:
   a. Alba.
   b. Belén.
   c. Héctor.

5. Los suegros de Héctor ofrecen:
   a. comida.
   b. ayuda.
   c. su casa.

6. Pepe es:
   a. el bisabuelo de Belén.
   b. el bisabuelo de Alba.
   c. el padre de Débora.

1-20 ¿Qué es? ¿Quién es? Escucha las siguientes definiciones y escribe la palabra que describen.

1. _____
2. _____
3. _____
4. _____
5. _____
6. _____

1-21 La familia de Lucía. Lucia le habla a George sobre su familia. Escucha la conversación entre los dos y completa las oraciones con los nombres de los distintos parientes.

MODELO: Mateo es *el hermano mayor*.

1. Pablo es _____.
2. Inés es _____.
3. Manuel es _____.
4. Juan es _____.

Lab Manual

5. Nelly es _____.

6. Agustina es _____.

7. Lucas es _____.

8. Santiago es _____.

9. Marcela es _____.

Sigamos con las estructuras

Repasemos 1   Describing people and things: Adjective agreement

1-22 ¿Cómo son? Juan está describiendo a su familia. Completa las oraciones de acuerdo al modelo. Luego, escucha las respuestas correctas.

MODELO: Mis abuelos son simpáticos.   Mi tía *es simpática*.

Mi hermano es callado.   1. Mis sobrinos _____.

Mis padres son sensatos.   2. Mi suegra   _____.

Mi madre es muy educada.   3. Mi hermano _____.

Mis hijos son maduros.   4. Mi hija   _____.

Mi esposo es muy cariñoso.   5. Mis primas _____.

Mis primas son muy flacas.   6. Mi papá   _____.

Mi suegro es culto.   7. Mis parientes _____.

Mi cuñado es atrevido.   8. Mi cuñada _____.

Repasemos 2   Discussing daily activities: Present tense indicative of regular verbs

1-23 Cada familia es un mundo. Usa la forma correcta de los verbos en el presente para formar oraciones completas sobre la familia de Ana de acuerdo al modelo.

MODELO: Ves: Mis suegros nos _____ con frecuencia.
                   Escuchas: visitar
                   Escribes: Mis suegros nos *visitan* con frecuencia.

1. Mi bisabuela _____ a sus parientes.

2. Los niños _____ de los mayores.

3. En nuestra familia nosotros nunca _____ nada.

4. Sus abuelos les _____ hacer todo.

5. Yo _____ a mis sobrinas los fines de semana.

6. Mi yerno no _____ la independencia de mi hija.

7. Mi cuñada _____ en el campo.

Repasemos 3   Describing actions in progress: Present progressive tense

1-24 **¿Qué están haciendo?** La familia de Pablo es muy activa. Escucha y di qué crees que están haciendo sus parientes en este momento. Luego escoge la letra que corresponde a la frase correcta.

1. a. Está tocando el piano.
   b. Está tirándose al agua.
   c. Está contando un cuento.

2. a. Está mirando la tele.
   b. Está llorando.
   c. Está cortando un árbol.

3. a. Está hablando con los padres.
   b. Está escuchando la radio.
   c. Está bailando.

4. a. Está riéndose.
   b. Está leyendo un libro.
   c. Está esperando el autobús.

5. a. Está cerrando la puerta.
   b. Está lavándose los dientes.
   c. Está duchándose.

6. a. Está lavando la ropa.
   b. Está cantando en la ducha.
   c. Está contestando el teléfono.

7. a. Está charlando con amigos.
   b. Está abriendo una botella.
   c. Está estudiando.

8. a. Está jugando al fútbol.
   b. Está bañándose.
   c. Está sirviendo una bebida.

Aprendamos 1   Discussing daily activities: Present tense indicative, irregular verbs

1-25 **Preparativos.** Los novios tienen mucho que hacer antes de la boda y toda la familia colabora con ellos. Escucha las siguientes frases y marca la letra del verbo correcto.

1. a. traduje   b. traduce   c. tradujo
2. a. va   b. van   c. iba
3. a. hay   b. debe   c. tiene
4. a. compraron   b. comprarán   c. compran
5. a. sirven   b. suben   c. saben
6. a. sana   b. sueña   c. sabe
7. a. construyen   b. consumen   c. contribuyen
8. a. pasamos   b. pensamos   c. posamos

Aprendamos 2   Describing conditions and characteristics: Uses of *ser* and *estar*

1-26 **¿Ser o no ser?** Usa la forma correcta de los verbos **ser** o **estar** para escribir oraciones completas. Sigue el modelo. Luego, escucha las respuestas correctas.

MODELO: Mis abuelos / de España
          Mis abuelos son de España.

1. El padre de Héctor / peruano

   _____

2. El cumpleaños del bisabuelo / el 15 de octubre

   _____

3. Marcos / hablando por teléfono y Fernando / escribiendo las invitaciones

   _____

4. Los platos y las servilletas / allí, sobre la mesa de la cocina

_____

5. Mis sobrinos / tristes porque mi hermana no / aquí

_____

6. Hoy / la fiesta en casa de mi nuera. Mis nietos / muy contentos

_____

7. Mi suegro / serio y sencillo, y mi suegra / cariñosa y apasionada

_____

8. ¿La fiesta / en el club? / a las seis, ¿verdad?

_____

1-27 ¿Listos? Usa la forma correcta de los verbos **ser** o **estar** y el adjetivo que corresponda para escribir oraciones completas. Sigue el modelo y luego escucha las respuestas correctas.

MODELO: Mi hermano (to be ready)
          Mi hermano *está listo*.

1. Tu yerno (to be sick)   _____.
2. Las sobrinas (to be bad)   _____.
3. Tu suegra (to be funny)   _____.
4. La tía Carlota (to look pretty) _____.
5. Tus primos (to be ready)   _____.
6. Mis hijos (to be clever)   _____.
7. El tío Alfonso (to be ugly)   _____.
8. Mis nietos (to be daring)   _____.

Atando cabos

1-28 Una boda. Lee la invitación a la boda y contesta las preguntas que escuches.

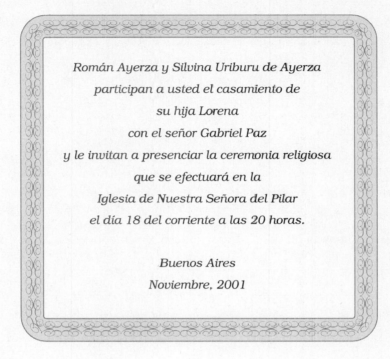

Román Ayerza y Silvina Uriburu de Ayerza
participan a usted el casamiento de
su hija Lorena
con el señor Gabriel Paz
y le invitan a presenciar la ceremonia religiosa
que se efectuará en la
Iglesia de Nuestra Señora del Pilar
el día 18 del corriente a las 20 horas.

Buenos Aires
Noviembre, 2001

MODELO: ¿Cuándo es la boda?
            La boda es en noviembre.

1. _____
2. _____
3. _____
4. _____
5. _____
6. _____

1-29 **¿Quién es quién?** Escucha las claves para identificar a cada personaje y arma el árbol genealógico.

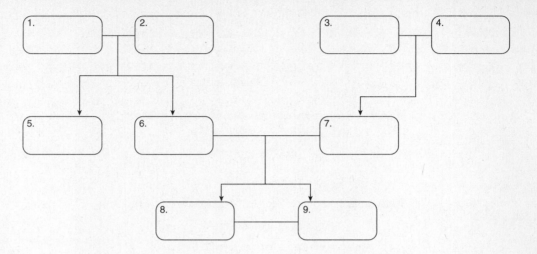

1-30 **Dictado: ¿Quién manda en casa?** Transcribe el fragmento que escucharás a continuación.

_____

_____

_____

_____

_____

_____

_____

_____

_____

La fiesta de quince años

Introducción

La fiesta de quince años, o la fiesta de quinceañera, es un momento muy importante en la vida de las niñas latinoamericanas. Marca el pasaje de la niñez a la vida adulta y por eso tiene una gran importancia simbólica tanto para la quinceañera (la chica de quince años) como para la familia. Se celebra de manera diferente según el país pero en todos los países hispánicos se honra a la quinceañera. En este video vamos a ver la manera en que una familia mexicana festeja este cumpleaños especial.

Vocabulario

la quinceañera	*fifteen-year-old girl*	**la corona**	*crown*
el pasaje	*passage*	**el tacón**	*heel*
la madurez	*maturity*	**suele (comenzar)**	*usually (begins)*
honrar	*to honor*	**la misa**	*mass (religious service)*
ahorrar	*to save (money)*	**el sacerdote**	*priest*
el préstamo	*loan*	**el chambelán**	*a type of honor guard*
la etapa	*stage (of life)*	**el vals**	*waltz*
elegir	*to choose*	**echarle una porra a alguien**	*to cheer someone on*
estrenar	*to debut*	**brindar**	*to toast (with a drink)*
lujoso	*luxurious*	**el pastel**	*cake*
colorido	*colorful*	**el bachillerato**	*high school graduation*

Antes de mirar el video

1-31 Una fiesta de quince años mexicana. Es el día de la fiesta de quince años para María Antonia Ramírez. ¿Qué hacen ella y su familia para prepararse para esta fiesta? ¿Qué hacen el día de la fiesta? Para poder contestar estas preguntas llena los espacios en blanco con el verbo adecuado en el tiempo presente. Cada verbo se usa sólo una vez.

ahorrar	comprar	mandar
bailar	dar	ponerse
brindar	despertarse	probar
comer	ir	volver

1. Por un año, la familia _____ dinero para pagar la fiesta.

2. Dos meses antes de la fiesta la quinceañera y su familia les _____ invitaciones a la familia y a los amigos.

Video Manual

3. Un mes antes de la fiesta la familia le _____ a la chica un vestido elegante.

4. La mañana de la fiesta, la chica _____ muy temprano y muy emocionada.

5. El día de la fiesta la chica _____ el vestido.

6. Con su familia María Antonia _____ a la iglesia.

7. Después, todos _____ a casa para una recepción.

8. Todos le _____ a la chica "¡Feliz cumpleaños!"

9. Ella le _____ las gracias a los invitados.

10. _____ un vals con su padre y después con los chicos.

11. En la mesa _____ la cena con su familia.

12. Finalmente, _____ el pastel de cumpleaños.

1-32   Un día de mucha emoción. El día de la fiesta de quince años es un día de muchos sentimientos y emociones tanto para la chica como para los familiares e invitados. ¿Cuáles son los sentimientos de cada uno? Para saber cómo se sienten todos este día de fiesta hay que llenar los espacios en blanco con la forma adecuada de **ser** o **estar**.

1. Es un día de gran emoción. Todos _____ muy emocionados.

2. María Antonia sabe que ella va a _____ el centro de atención. Por eso _____ un poco nerviosa.

3. Pero a pesar de sus nervios ella _____ lista para celebrar y divertirse.

4. Ella sabe que ya no es una niña sino que _____ adulta.

5. Para todos, ella _____ la reina de la fiesta.

6. Los padres _____ muy orgullosos de su niña.

7. La abuela _____ un poco triste y melancólica.

8. Hoy María Antonia _____ muy bien vestida.

9. Y todos comentan que el vestido de María Antonia _____ muy bonito y elegante.

10. Uno de los invitados _____ enamorado de ella pero no se lo dice.

11. La mejor amiga de María Antonia le dice que _____ una fiesta estupenda.

12. Después de bailar por más de cinco horas todos _____ muy cansados.

Al mirar el video

1-33 ¿Cierto o falso? Mira y escucha el video para determinar si las frases siguientes son **ciertas** (C) o **falsas** (F).

1. En el mundo hispánico se considera que es a los quince años que las niñas pasan a ser mujeres. _____

2. Las comunidades latinas de los Estados Unidos ya no celebran la fiesta de quince años sino que han adoptado la costumbre norteamericana de celebrar los dieciséis años. _____

3. Algunas familias piden préstamos para pagar los gastos de esta fiesta si no tienen el dinero suficiente. _____

4. La fiesta de quince años de María Antonia Ramírez tiene lugar en la República Dominicana. _____

5. Hoy María Antonia lleva el mismo vestido que llevó su hermana para su fiesta de quince años. _____

6. Como es un día muy especial, es esencial que el vestido de la quinceañera sea muy lujoso. _____

7. En Argentina el festejo suele empezar con una misa o una ceremonia religiosa. _____

8. Después de la misa todos van a la casa de María Antonia para la recepción. _____

9. Antes de cumplir los quince años las chicas mexicanas no suelen bailar en eventos públicos. _____

10. El merengue es el baile más importante de la fiesta. _____

11. El padre de la quinceañera suele ser el primero en partir y probar el pastel. _____

12. En cuanto a sus planes para el futuro, María Antonia no está segura si quiere ser maestra o médica. _____

1-34 Escuchar con más atención. Mira y escucha el video de nuevo para buscar las palabras que faltan.

1. La Fiesta de Quince Años es una tradición cultural muy importante que marca el pasaje a la vida _____ y a la _____ con fiestas y celebraciones.

2. Muchas familias ahorran muchos años para poder juntar el _____ para esta fiesta.

3. Hoy María Antonia _____ el vestido que ella y su familia han pasado mucho tiempo eligiendo.

4. En la cabeza María Antonia lleva una _____ de _____.

5. En los pies lleva puestos por primera vez _____ de _____.

6. La quinceañera se _____ en el asiento de honor cerca del altar.

7. La familia ha preparado una gran recepción con _____ y _____.

8. Los cuatro jóvenes que bailan con María Antonia llevan el título de chambelanes o caballeros de _____.

9. Tradicionalmente la quinceañera baila su primer vals con su _____.

10. El padre de María Antonia está muy contento y _____ por su felicidad.

11. María Antonia recibe muchos abrazos y _____ de sus invitados.

12. María Antonia dice que la fiesta de quince años es una de las mayores _____ que las chicas tienen.

Después de mirar el video

1-35 **Los cumpleaños especiales.** Como has visto, el cumpleaños de los quince años tiene una gran importancia para las muchachas latinoamericanas. En los Estados Unidos se celebra este cumpleaños pero no tiene el mismo significado cultural. Con otros/as compañeros/as de clase determinen:

    a. cuáles son los cumpleaños más significativos en la cultura de los EE.UU.

    b. por qué éstos son más significativos que otros cumpleaños

    c. cómo se celebra cada uno de estos cumpleaños especiales

_____

_____

_____

_____

_____

1-36 **De niño/a a adulto/a.** En el mundo hispánico se considera que a los quince años las niñas pasan a ser mujeres y la fiesta de quince años es un tipo de pasaje simbólico a la vida adulta. ¿Hay ritos o celebraciones que marquen el paso a la vida adulta para los jóvenes norteamericanos? ¿Hay algún equivalente cultural norteamericano a la fiesta de quince años? ¿Cómo se reconoce en los EE.UU. que un/una joven ha entrado en la época de la madurez? La clase debe dividirse en dos mitades. Una mitad discutirá este tema en relación a las niñas y la otra mitad considerará el caso de los niños. Después, los dos grupos compararán sus respuestas e intentarán sacar conclusiones sobre las diferencias (¡si las hay!).

_____

_____

_____

_____

_____

Capítulo

2   Hablemos del multiculturalismo

En marcha con las palabras

En contexto

2-1 Desmemoriado. Tu amigo Tino tiene muy mala memoria y siempre te pide que le ayudes a recordar las palabras. Ayúdale a encontrar las palabras que busca y escríbelas en las líneas.

¿Cuál es la palabra para. . .

1. las verduras y frutas que se cultivan y recogen en un lugar? _____
2. no aceptar algo? _____
3. la división entre dos países? _____
4. un material que se usa para hacer ropa? _____
5. los trabajadores no fijos, que cambian de trabajo según la estación del año? _____
6. asimilarse a la cultura de un país? _____
7. los miembros de una familia que ya murieron? _____
8. lo opuesto a feo/a? _____

2-2 La realidad de los inmigrantes. Según las lecturas de la sección **En contexto,** decide si son **ciertas** (C) o **falsas** (F) las siguientes afirmaciones sobre los inmigrantes hispanos que vienen a los Estados Unidos.

1. Todos los inmigrantes tienen un gran bienestar económico.   _____
2. Algunos cruzan la frontera con la ayuda de un coyote.   _____
3. Todos reciben su tarjeta de residente cuando llegan a la frontera de los Estados Unidos.   _____
4. Lo que hacen los braceros es recoger frutas y verduras.   _____
5. La migra busca trabajo para los indocumentados.   _____
6. Todos los inmigrantes logran mejorar su nivel de vida gracias a sus antepasados.   _____
7. Los oficios de los inmigrantes son mejores que los del resto de la población.   _____
8. Es difícil para los inmigrantes asimilarse a una cultura a la que no pertenecen.   _____

2-3 Tu punto de vista. Escribe un párrafo sobre lo que tú sabes o piensas de la situación de los inmigrantes en tu país. Usa cinco palabras de la siguiente lista.

> prejuicio   salario   adaptarse   ganarse la vida   racista   mejorar   mantener   maltrato

MODELO: *Yo pienso que asimilarse a una nueva cultura es una gran lucha. . .*

_____

_____

_____

_____

_____

¡Sin duda!

2-4 ¿Cómo andan las cosas? Juan Montero es un trabajador migratorio. Está hablando con su madre, que vive en México, y le cuenta algunos detalles de su vida. Completa el diálogo según el contexto. Usa los verbos en el presente.

> preguntar (por)   tener (que)   haber (que)   pedir

MADRE: Rosita siempre me (1) _____ ti. Quiere saber cuándo se van a casar.

JUAN: No sé mamá. Es muy dura la vida aquí. (2) _____ trabajar mucho para poder mantener a una familia.

MADRE: Pero, hijo, en todas partes uno (3) _____ trabajar duro si quiere salir adelante.

JUAN: Sí, mamá, ya lo sé, pero (4) _____ otros trabajos donde el trabajador no (5) _____ estar en el campo de sol a sol recogiendo frutas o vegetales y mudándose cada quince días a un lugar nuevo.

MADRE: Lo siento, hijo. Yo sólo te (6) _____ que tengas mucho cuidado. Aquí todos estamos esperándote y quieren saber cuándo vienes.

JUAN: Creo que en un mes vuelvo a Laredo para decidir lo que quiero hacer.

Así se dice

2-5 Una conversación telefónica. José y Julio están hablando por teléfono. Completa el diálogo entre los dos amigos con la expresión más lógica.

JOSÉ: Hola, Julio. ¿Cómo te ha ido en el trabajo?

JULIO: (1) _____

JOSÉ: Digo que si tuviste un buen día en el trabajo.

JULIO: Sí, excelente, me gusta mucho mi nuevo trabajo.

JOSÉ: (2) _____

JULIO: Me gusta mi nuevo trabajo.

JOSÉ: Oye, Julio, el mes que viene regreso a Puerto Rico.

JULIO: (3)¿ _____ vas a dejar tu trabajo?

JOSÉ: Efectivamente.

2-6 Tu opinión. Reacciona a las siguientes oraciones según tu caso para expresar acuerdo o desacuerdo y explica por qué.

MODELO: Yo creo que los inmigrantes deben seguir hablando su lengua materna.
Yo también, aunque es importante aprender la lengua del país.

1. Yo nací en este país.

_____.

2. No debe haber solamente una lengua oficial en este país.

_____.

3. Me molesta que los trabajadores no tengan buenos sueldos.

_____.

4. Creo que se necesita más justicia social.

_____.

Sigamos con las estructuras

Repasemos 1   Asking for definitions and choices: ¿Qué? or ¿Cuál?

2-7 Información personal. Tú tienes que hacerle estas preguntas a una mujer hispana que busca trabajo en una agencia de empleo. Completa las oraciones con **qué** o **cuál**.

1. ¿_____ es su número de teléfono?
2. ¿_____ es su dirección?
3. ¿En _____ quiere trabajar?
4. ¿_____ era su ocupación en su país?
5. ¿_____ estudios tiene?
6. ¿_____ es su país de origen?

Repasemos 2   Describing daily routines: Reflexive verbs

2-8 Reflexiones de un puertorriqueño. Completa la rutina familiar de Pedro, un puertorriqueño que vive en Nueva York. Conjuga los verbos correctos en el tiempo necesario de acuerdo con el contexto.

> mudarse   reunirse   arreglarse   sentirse   quejarse   acordarse   levantarse   divertirse

Nosotros (1) _____ a Nueva York en la primavera. Ahora Nélida y yo (2)

_____ temprano para ir al trabajo. Mientras ella (3) _____ yo levanto

a los niños. Aunque vivimos en los Estados Unidos ahora, Nélida (4) _____ mucho de su

familia en Aguadilla y yo también pienso en ellos, pero yo no (5) _____ de vivir aquí

porque (6) _____ bien en el trabajo y conozco a todos mis compañeros.

A veces vamos a un club de salsa que hay en el barrio. Allí (7) _____ muchos inmigrantes para comer, hablar y bailar. La verdad es que nosotros (8) _____ bastante, pero es difícil llevar a los niños con nosotros.

Repasemos 3   Describing reciprocal actions: Reciprocal verbs

2-9 **Relaciones recíprocas.** Pedro está hablando con su amigo Miguel sobre su vida en Nueva York. Completa la conversación de forma lógica con el verbo apropiado en el presente o el infinitivo.

> apoyarse   reunirse   llevarse bien   separarse   soportarse

MIGUEL: ¿Hacen algo divertido después del trabajo?
PEDRO: Sí, a veces (1) _____.
MIGUEL: ¿Están ustedes bien en Nueva York?
PEDRO: Bueno, echamos de menos a la familia, pero Nélida y yo (2) _____.
MIGUEL: Ustedes no se pelean mucho, ¿verdad?
PEDRO: No. Pensamos igual sobre muchas cosas y por eso (3) _____.
MIGUEL: ¡Qué buena suerte! Mi novia y yo nos comprometimos el mes pasado y todo va mal. ¡No (4) _____!
Pienso que vamos a (5) _____.

Aprendamos 1   Expressing unintentional or accidental events: Reflexive construction for unplanned occurrences

2-10 **Unidad latina.** En la universidad donde estudia César hay un grupo de estudiantes latinos. Hoy están hablando sobre algunos de los problemas que tuvieron ellos o sus familias al venir a los Estados Unidos. Escribe seis oraciones uniendo lógicamente la información de las tres columnas. Sigue el modelo con la estructura **se + objeto indirecto**.

MODELO: *A mí se me rompió la mochila.*

A mi padre	acabó	el dinero muy pronto
A mis padres	olvidaron	el perro en el aeropuerto
A ti	quedaron	la visa a los tres meses
A nosotros	venció	pasaportes en un hotel
A mí	descompuso	el autobús en la frontera
A mis abuelos	escapó	las maletas en el aeropuerto

1. _____.

2. _____.

3. _____.

4. _____.

5. _____.

6. _____.

2-11 Accidentes. La familia de Adela Urbino tuvo muchos problemas esta semana. Usa la estructura **se + objeto indirecto** en el pasado para completar la conversación que tiene con su madre.

ADELA: ¿Qué pasó ayer?

MADRE: (1)_____ el bolso.

ADELA: ¿Y dónde se te perdió?

MADRE: No lo sé.

ADELA: ¿Y qué problema tuvo la abuela?

MADRE: (2)_____ la comida.

ADELA: ¿Cómo pudo quemársele la comida otra vez?

MADRE: ¡Tu abuela no tiene buena memoria! ¿Y tú y Rafael tuvieron algún problema últimamente?

ADELA: (3)_____ el coche.

MADRE: ¿Y cuándo se les descompuso?

ADELA: El martes. Así que ahora no tenemos coche.

2-12 ¿Qué puede ocurrir? Adela y su familia van a ir de vacaciones a Chile, pero Adela tiene miedo de encontrar problemas al volver a casa. Expresa las preocupaciones de Adela usando la estructura **se + objeto indirecto**. Usa el presente.

MODELO: A lo mejor *(perhaps)* mi computadora no funciona (a mí / descomponer)

A lo mejor se me descompone la computadora.

1. A lo mejor los pájaros de mis hijos no están en la jaula *(cage)*. (a mis hijos / escapar)

   _____.

2. A lo mejor las plantas de mi hija no están vivas. (a mi hija / morir)

   _____.

3. A lo mejor mi esposo no recuerda que debe ir a la oficina de inmigración al volver de Chile.
   (a mi esposo / olvidar)

   _____.

4. A lo mejor mi visa expira antes de regresar. (a mí / vencer)

   _____.

5. A lo mejor tú dejas tu pasaporte en la casa de los abuelos. (a ti / quedar)

   _____.

6. A lo mejor nuestra televisión no funciona al regreso. (a nosotros / descomponer)

   _____.

Aprendamos 2   Expressing likes and dislikes: Verbs like *gustar*

2-13 La opinión de Sonia. Sonia le dice a Rafael lo que piensa sobre otros estudiantes hispanos de la universidad. Escribe la letra que completa las frases.

1. A ti te disgustan _____
2. A nosotros nos aburre _____
3. A Sofía le interesa _____
4. A Juan y a Ana les faltan _____
5. A nosotros nos parece injusto _____

a. las malas noticias sobre tu país.
b. que los inmigrantes tengan que trabajar tan duro.
c. la clase de estadística.
d. el puesto de trabajo anunciado en el periódico.
e. dos clases para graduarse.

2-14 **Las ideas de Jacinto.** Jacinto es un salvadoreño que ahora vive con su familia en una ciudad de Massachusetts. Usa la información dada para escribir cinco opiniones de Jacinto y sus compañeros de trabajo.

MODELO: A ustedes / importar / luchar contra el racismo
A ustedes les importa luchar contra el racismo.

1. A mí / gustar / el fútbol

   _____.

2. A algunos trabajadores / molestar / las injusticias

   _____.

3. A nosotros / caer bien / nuestro jefe

   _____.

4. A ti / faltar / dos horas de trabajo

   _____.

5. A ustedes / fastidiar / hacer trabajos duros

   _____.

2-15 **Un dominicano y una colombiana.** Mario y Claudia llegaron a los Estados Unidos en 1995. Lee los datos que aparecen a continuación y completa las oraciones con la información apropiada.

Mario: Es taxista y lee mucha literatura latinoamericana. Siempre ve los partidos de béisbol y su deportista favorito es Sammy Sosa. Se siente más feliz en la ciudad que en el campo. Le cuesta mucho levantarse temprano y prefiere trabajar por la noche. Todavía debe estudiar dos años más para graduarse.

Claudia: Estudia literatura latinoamericana en la universidad y trabaja en un restaurante para pagar sus estudios. Odia el béisbol pero siempre mira los partidos de tenis en la televisión. Se lleva muy bien con Mario y muchas veces hacen cosas juntos. Cree que en los Estados Unidos hay más oportunidades de trabajo que en su país.

MODELO: A Mario / gustar
A Mario le gusta la ciudad.

1. A Mario y a Claudia / interesar

   _____

2. A Mario / disgustar

   _____

3. A Claudia / no gustar

   _____

4. A Claudia / caer bien

   _____

5. A Mario / faltar

   _____

6. A Claudia / parecer

   _____

2-16 Hablan los hispanos. Hoy hay cinco hispanos en un programa de *Univisión*. Escribe algunas de las opiniones de éstos sobre su vida en los Estados Unidos. Usa los verbos entre paréntesis y la estructura de los verbos como *gustar*. Usa tu imaginación y lo que has aprendido en este capítulo sobre los inmigrantes para escribir oraciones originales.

MODELO: **Elisa** (dominicana)
(fascinar) *A Elisa le fascina la comida de los Estados Unidos.*
(disgustar) *Le disgusta el racismo.*

Carolina (chilena)

(gustar) _____.

(faltar)_____.

Silvio y Yolanda (cubanos)

(encantar) _____.

(molestar) _____.

Paloma y Manolo (españoles)

(entusiasmar) _____.

(parecer) _____.

Lectura

2-17 Casi una mujer. Esmeralda Santiago escribió un libro sobre sus experiencias como puertorriqueña en los Estados Unidos. Lee esta parte de un artículo sobre el libro y contesta las preguntas con oraciones completas.

De San Juan a Nueva York

Casi una mujer es la segunda autobiografía de la famosa escritora puertorriqueña, Esmeralda Santiago. En el libro se narra la historia de una niña de trece años que deja a su padre y su país para venir a los Estados Unidos con sus hermanitos y su madre. Santiago nos narra el proceso de adaptación de esta niña a la nueva cultura y a la vez su conflicto al querer mantener sus raíces. La historia transcurre en Nueva York donde la protagonista vive con su familia en una comunidad latina, pero a la vez nos lleva a Puerto Rico a través de los recuerdos de la niña de su paisaje y de la relación con su padre.

La lengua juega un papel fundamental en la novela, y podemos ver la lucha de la niña para poder dominar el inglés. La educación es otro de los temas claves en la autobiografía de Santiago. Es claro que la única posibilidad de la protagonista para tener éxito es a través de la educación. Ésta se convierte en la tabla de salvación que le permite por un lado asimilarse a la nueva cultura y por el otro conquistar sus propios miedos. Al final del libro nos encontramos con una mujer totalmente bilingüe y lista para alcanzar su sueño de ser actriz y tener éxito en su nueva vida. Es un libro optimista y refrescante que nos muestra los éxitos y las dificultades de una joven en el proceso de adaptarse a una nueva cultura.

Esta autobiografía de Santiago ha sido adaptada a la televisión por un canal público de Boston para la serie *PBS Masterpiece Theatre*.

1. ¿De dónde es Esmeralda Santiago?

   _____.

2. ¿Qué tipo de libro escribió?

   _____.

3. ¿Dónde ocurre la historia?

   _____.

4. ¿Cuáles son los dos temas claves en su historia?

   _____.

5. ¿Cómo termina el libro?

   _____.

6. ¿Cuál es el tema general de *Casi una mujer*?

   _____.

Atando cabos

2-18 Opiniones. A continuación tienes las opiniones de cuatro estadounidenses sobre la presencia de los hispanos en los Estados Unidos. Elige una opinión y di si estás de acuerdo o no. En un párrafo de ocho oraciones, explica por qué piensas así.

A mí me preocupa mucho que haya tantos latinos en este estado. Los latinos nos quitan el trabajo y obligan a las escuelas a gastar dinero en programas bilingües.

(J.O.R., California)

A mí me gusta mucho ver a tantos latinos por las calles de mi ciudad. Los inmigrantes son buenos para este país porque traen otros valores culturales y nos enseñan maneras diferentes de pensar y vivir.

(J.P.R., Texas)

A mí me molesta oír el español por la calle, leer letreros de "Se habla español" en las tiendas y ver que muchas instrucciones están en inglés y en el español. ¿Por qué no aprenden inglés los latinos y se olvidan de su lengua? Para eso estamos en los Estados Unidos.

(J.Q.R., Florida)

Me parece bien que los inmigrantes latinos conserven sus tradiciones—si es eso lo que quieren. Pero a mí no me interesa su cultura porque creo que no tiene nada que ofrecernos a nosotros los "anglos".

(J.R.R., New York)

_____

_____

_____

_____

_____

_____

_____

En marcha con las palabras

2-19 ¿Visas con enchiladas? Escucha las siguientes oraciones y decide si son **lógicas** (L) o **ilógicas** (I).

1. _____   5. _____
2. _____   6. _____
3. _____   7. _____
4. _____   8. _____

2-20 El español en los Estados Unidos. Escucha el siguiente fragmento y di si las afirmaciones son **ciertas** (C) o **falsas** (F).

1. Hay menos de treinta millones de hispanos en los Estados Unidos.   _____
2. En Michigan se concentra el mayor número de hispanos.   _____
3. California y Nuevo México tienen una gran población hispana.   _____
4. México es el país con el mayor número de hispanos en el mundo.   _____
5. España tiene menos hispanohablantes que los Estados Unidos.   _____
6. Argentina tiene más hispanohablantes que Colombia.   _____
7. Los Estados Unidos tiene más hispanohablantes que Perú.   _____
8. Los Estados Unidos va a conservar el español con todas sus variedades.   _____

2-21 La vida de Felipe. Felipe es un colombiano que estudia en Boston. Lee lo que dice y completa las oraciones con el verbo que escuches.

1. Yo _____ visa de estudiante en los Estados Unidos.
2. _____ otros estudiantes colombianos en mi universidad.
3. _____ estudiar mucho todos los días.
4. Los profesores _____ un reporte de lecturas cada semana.
5. Mi mamá siempre _____ cómo me siento en este nuevo país.
6. Durante la Navidad, yo _____ regresar a Colombia para pasar las fiestas con mi familia.

2-22 ¿De acuerdo? Escucha estos diálogos breves y decide si las personas están de acuerdo o no. Luego, marca con una "X" la columna correcta.

	Acuerdo	Desacuerdo
1.	_____	_____
2.	_____	_____
3.	_____	_____
4.	_____	_____
5.	_____	_____
6.	_____	_____
7.	_____	_____
8.	_____	_____

Lab Manual

Sigamos con las estructuras

Repasemos 1   Asking for definitions and choices: ¿Qué? or ¿Cuál?

2-23 **¿Cuál prefieres?** Escucha las siguientes frases e indica cuál es la pregunta adecuada para cada una.

1. a. ¿Qué prefieres?
   b. ¿Cuál prefieres?
   c. ¿Cuáles prefieres?

2. a. ¿Qué es una visa?
   b. ¿Cuál es esta visa?
   c. ¿Cuáles son las visas?

3. a. ¿Qué es el coyote?
   b. ¿Cuál es el coyote?
   c. ¿Cuáles son los coyotes?

4. a. ¿Por qué vas a votar?
   b. ¿Por cuál vas a votar?
   c. ¿Por cuáles vas a votar?

5. a. ¿Qué hacen los coyotes?
   b. ¿Cuál hace de coyote?
   c. ¿Cuáles hacen de coyotes?

6. a. ¿Qué es mejor?
   b. ¿Cuál es mejor?
   c. ¿Cuáles son mejores?

Repasemos 2   Describing daily routines: Reflexive verbs

2-24 **Todos los días.** Escribe las oraciones que escuches sobre la rutina de la protagonista del cuento "No Speak English."

1. _____
2. _____
3. _____
4. _____
5. _____
6. _____

Repasemos 3   Describing reciprocal actions: Reciprocal verbs

2-25 **Jorge y Silvia.** Reconstruye la historia de estos dos inmigrantes. Haz frases completas en el presente con los elementos dados y los verbos que escuchas.

> MODELO: Ves: en el viaje a los Estados Unidos
> Escuchas: hacerse amigos
> Escribes: *Se hacen amigos en el viaje a los Estados Unidos.*

1. en la frontera

_____

2. perfectamente

_____

3. rápidamente

_____

4. muchísimo

_____

5. en la primavera

_____

6. mucho

_____

7. en el otoño

_____

8. en el invierno

_____

9. durante largo rato

_____

10. felices

_____

11. con pasión

_____

12. otra vez

_____

Aprendamos 1   Expressing unintentional or accidental events: Reflexive construction for unplanned occurrences

2-26 **¿Qué pasó?** Estas personas tuvieron un día horrible. Escribe oraciones completas en el pasado, de acuerdo al modelo. Luego, escucha las respuestas correctas.

> MODELO: A Juan y Cecilia / perderse los pasaportes
> *A Juan y a Cecilia se les perdieron los pasaportes.*

1. A nosotros / olvidarse los papeles

_____

2. A ellas / perderse los billetes

_____

3. A mí / acabarse el dinero

_____

4. A ti / romperse la maleta

_____

5. A ustedes / vencerse la visa

_____

6. A él / acabarse los formularios

_____

7. A mí / caerse los documentos

_____

8. A nosotras / quemarse las tortillas

_____

2-27 ¿Se te olvidó? Escucha los siguientes minidiálogos y marca la letra de la respuesta correcta para indicar de qué están hablando en cada uno.

1. a. los documentos   b. el pasaporte
2. a. las enchiladas   b. la comida
3. a. los billetes   b. la visa
4. a. las monedas   b. el dinero para un café

2-28 ¿A quién? Escucha cada una de las siguientes oraciones y decide a quién le ocurrió cada cosa. Marca la letra de la respuesta correcta para cada oración que escuches.

1. a. a él   b. a mí   c. a ellas
2. a. a nosotros   b. a ellos   c. a ti
3. a. a mí   b. a ti   c. a ella
4. a. a ti   b. a nosotras   c. a él
5. a. a mí   b. a ellas   c. a ella
6. a. a ti   b. a él   c. a nosotros

2-29 ¡Qué desastre de día! Hay días en que todo sale mal. Escucha el siguiente relato y di si las afirmaciones son **ciertas** (C) o **falsas** (F).

1. El despertador se cayó y se rompió.   _____
2. Se le quemó el café.   _____
3. Le gusta mucho el café.   _____
4. El café se cayó sobre los papeles.   _____
5. Necesitaba obtener el pasaporte.   _____
6. Se le olvidaron unos papeles.   _____
7. Las colas no le molestan porque puede leer.   _____
8. Perdió el autobús.   _____

Aprendamos 2   Expressing likes and dislikes: Verbs like *gustar*

2-30 ¡Muchísimo! Escucha los siguientes minidiálogos y marca la letra de la respuesta correcta para indicar de qué están hablando en cada uno.

1. a. los programas de televisión hispanos   b. la música latina
2. a. otras culturas   b. la literatura chicana
3. a. la comida mexicana   b. las enchiladas
4. a. las películas de Antonio Banderas   b. una canción de Shakira

2-31 ¿Te gusta? Completa las oraciones sobre las preferencias de acuerdo al modelo.

MODELO: Ves: A mí / molestar
Escuchas: los problemas
Escribes: *A mí me molestan los problemas.*

1. A mí / molestar

_____

2. A ti / interesar

_____

3. A nosotros / faltar

_____

4. A ustedes / caer bien

_____

5. A usted / caer mal

_____

6. A ella / encantar

_____

2-32 Sobre gustos no hay nada escrito. Escucha la descripción de las siguientes personas y marca los gustos y preferencias de cada una.

Nombre	Interesar	Encantar	Fastidiar	Importar	Fascinar
Juan					
Pablo					
Santiago					
Pedro					
Ángeles					
Ana					

Atando cabos

2-33 ¿Guatemalteco o dominicano? Escucha las claves para identificar a cada personaje y completa el cuadro.

Nombre	País de origen	Idiomas	Lugar donde vive	Le gusta...	Detesta / Le molesta...	Le interesa...
	República Dominicana		Texas			la globalización
			Florida		la discriminación	la política
	Puerto Rico			cocinar platos típicos de diferentes países	el machismo	
						la ropa y la moda

2-34 Homenaje a César Chávez. Escucha la siguiente noticia y di si las afirmaciones son ciertas (C) o falsas (F).

1. La noticia es sobre una ciudad en Texas. _____
2. César Chávez fue un defensor de los derechos de los hispanos. _____
3. Un senador se reunió con otros senadores en el ayuntamiento. _____
4. Lo que quieren es darle el nombre César Chávez a una calle de la ciudad. _____
5. Más de cien comerciantes están en contra. _____
6. Los que se oponen dicen que costaría mas de 200.000 dólares. _____
7. En otras ciudades hubo problemas similares. _____
8. Más de la mitad de la población de Corpus es mexicoamericana. _____

2-35 Dictado: "No Speak English." Transcribe el fragmento que escucharás a continuación.

_____

_____

_____

_____

_____

_____

_____

La cultura latina de Nueva York

Introducción

Nueva York es el hogar de muchas comunidades latinas de todas partes del mundo hispánico. Son tantos los latinos que viven en Nueva York que el español es el segundo idioma de la ciudad. En este video verás la riqueza y la variedad de la vida latina neoyorkina. Lengua, medios de comunicación, deportes y cultura artística (música, arte, literatura, teatro) son sólo algunas de las manifestaciones de la dinámica y vital cultura latina que da ritmo y sabor a la Manzana Grande. ¡Vámonos!

Vocabulario

duplicarse	*to double*	caribeño	*Caribbean*
el intercambio	*exchange*	el merengue	*type of Dominican music*
el barrio	*neighborhood*	el aficionado	*fan*
actualmente	*now, presently*	el equipo	*team*
el parlante	*speaker*	el desfile	*parade*
la aspiradora	*vacuum cleaner*	boricua	*Puerto Rican*
la alfombra	*rug*	la carroza	*float*
reflejar	*to reflect*	la lectura	*reading*
la bodega	*Latino grocery store*	la competencia	*competition*
el alimento	*food product*	vencer	*to defeat*
la botánica	*store selling herbs and religious items*	patrocinar	*to sponsor*
		el concurso	*contest*
la hierba	*herb*	el escenario	*stage (of a theater)*
la santería	*a type of Caribbean religion*	la herencia	*heritage*
la telenovela	*soap opera*	nutrir	*to nourish*
mezclar	*to mix*		

Antes de mirar el video

2-36 Categorías. Para cada una de las siguientes categorías determina cuál palabra o término no pertenece a la lista.

1. **Nacionalidades hispanas**
   a. puertorriqueña
   b. caribeña
   c. dominicana
   d. ecuatoriana

2. **Ritmos latinos**
   a. merengue
   b. salsa
   c. chachachá
   d. santería

3. **Barrios o lugares de Nueva York**
   a. Santo Domingo
   b. Spanish Harlem (El Barrio)
   c. la Quinta Avenida
   d. Lower East Side

4. **Elementos de una telenovela**
   a. intriga
   b. melodrama
   c. aventuras amorosas
   d. filosofía alemana

5. **Elementos de un desfile**
   a. mucha gente
   b. carrozas
   c. hierbas medicinales
   d. canto y baile

6. **Instituciones culturales**
   a. alfombras
   b. museos
   c. teatros
   d. cafés de poetas

7. **Músicos latinos**
   a. Celia Cruz
   b. Rigoberta Menchú
   c. Marc Anthony
   d. Tito Puente

8. **Jugadores de béisbol latinos**
   a. Jorge Luis Borges
   b. Alex Rodríguez
   c. Pedro Martínez
   d. Carlos Beltrán

2-37 Verbos en contexto. A veces el contexto de una frase nos ayuda a anticipar una palabra que ya conocemos o a entender una palabra nueva. Para cada una de las siguientes frases elige el verbo que te parezca el más apropiado según el contexto.

1. Muchos latinos de Nueva York no quieren perder su cultura y por eso tratan de _____ las tradiciones de su país de origen.
   a. vencer   b. mantener   c. faltar

2. Al mismo tiempo tratan de _____ a su nueva ciudad.
   a. adaptarse   b. preocuparse   c. divertirse

3. El *spanglish* es una lengua que _____ dos idiomas: el inglés y el español.
   a. demuestra   b. mezcla   c. escucha

4. En los mercados latinos _____ todo tipo de alimentos latinos.
   a. se vende   b. hablan   c. se lee

5. Las estaciones de radio _____ música latina.
   a. transmiten   b. desfilan   c. juegan

6. Muchos dominicanos _____ al son del merengue.
   a. estudian   b. les gustan   c. bailan

7. Muchos latinos _____ al fútbol en los parques de Nueva York.
   a. tocan   b. juegan   c. desfilan

8. En los concursos de poesía los poetas tratan de _____ los unos a los otros.
   a. vencerse   b. preguntarse   c. despertarse

Al mirar el video

2-38 ¿Cierto o falso? Mira y escucha el video para determinar si las frases siguientes son **ciertas** (C) o **falsas** (F).

1. En Nueva York se hablan más de cien lenguas. _____

2. Los dos grupos latinos más grandes de Nueva York son los puertorriqueños y los mexicanos. _____

3. El Barrio es conocido también como Spanish Harlem. _____

4. El *spanglish* es una lengua uniforme que se habla de la misma manera en todos los barrios latinos de los EEUU. _____

5. En las botánicas se venden hierbas medicinales e imágenes religiosas. _____

6. La salsa nació en Nueva York de una mezcla de ritmos tradicionales latinos con elementos del jazz. _____

7. El Desfile Nacional Puertorriqueño se celebra en las calles de Nueva York cada mes de julio. _____

8. El Museo del Barrio dedica sus instalaciones al arte puertorriqueño exclusivamente. _____

9. El Café de Poetas Nuyorican presenta no sólo lecturas de poesía sino también música en vivo, cine y teatro. _____

10. El teatro Pregones patrocina un concurso llamado "Nuestras Voces" para promocionar obras nuevas sobre temas de importancia para la comunidad latina. _____

2-39 Escuchar con más atención. Mira y escucha el video de nuevo para buscar las palabras que faltan.

1. Los latinos constituyen el grupo más grande de Nueva York, con una población de más de _____, un número que se duplicará para el año _____.

2. Los dos grupos más grandes son los puertorriqueños y los dominicanos, pero también encontramos poblaciones concentradas de _____, _____, _____ y muchos más.

3. En el *spanglish* de Nueva York es común oír palabras como "rufo" para "_____" o expresiones como "vacunear la carpeta" para "pasarle la _____ a la _____."

4. El _____ hispano más leído entre los latinos de Nueva York es El Diario La Prensa.

5. La base principal de la salsa son los ritmos _____ como el _____ y el chachachá.

6. Entre otras cosas, El Desfile Nacional Puertorriqueño sirve para demostrar el poder político del _____ puertorriqueño.

7. El Museo del Barrio nació en los años 60 como parte del movimiento por los _____ _____.

8. The Nuyorican Poets Café o el Café de Poetas Nuyorican comenzó como un espacio para la _____ de _____.

9. Repertorio Español presenta obras clásicas _____ y _____, y nuevas obras _____.

10. El director del teatro Pregones afirma que su herencia puertorriqueña en los Estados Unidos se nutre diariamente de la labor que lleva a cabo a través de las _____ y la _____, y también a través de la manera en que se relaciona con su _____.

Después de mirar el video

2-40 **¿Vives tu propia herencia cultural?** Muchos grupos latinos de Nueva York quieren mantener vivas su herencia cultural y sus tradiciones. Piensa en tu propia identidad y herencia cultural, y en las maneras en que vives esa herencia. Discute con dos o tres compañeros/as de clase los temas siguientes:

1. ¿Con qué grupos culturales te identificas?

2. ¿Qué costumbres, hábitos o celebraciones tuyas o de tu familia se relacionan con tu herencia cultural?

3. Menciona un plato o una comida típico de tu cultura que te encante.

4. ¿Hablas alguna lengua diferente del inglés que recibiste como herencia cultural? Si no, ¿te interesa ría aprenderla?

5. ¿Tienes interés en mantener viva tu herencia cultural? Explica las razones de tu respuesta.

2-41 **Un fin de semana en Nueva York.** Imagínate que vas a pasar el próximo fin de semana en Nueva York con el propósito de explorar la cultura latina de esa ciudad. Quieres realizar por lo menos tres de las actividades siguientes:

- explorar un barrio latino
- ver lo que se vende en una botánica
- ver una exposición de arte en El Museo del Barrio
- ver una obra de teatro en Repertorio Español
- presenciar algún evento en el Café de Poetas Nuyorican
- bailar en un club de salsa

Usando Internet como recurso, prepara el programa de tu visita para el fin de semana. ¿Qué barrio vas a explorar y por qué te interesa? ¿Qué exposición, obra de teatro o evento cultural vas a poder ver? Entre otros recursos de la red puedes usar estos enlaces para ver la programación de las instituciones culturales:

http://www.elmuseo.org/
http://www.repertorio.org/
http://www.nuyorican.org/

Capítulo

3 Hablemos de viajes

En marcha con las palabras

En contexto

3-1 El glosario. Marca la palabra que no pertenezca al grupo.

1. el acantilado   la cordillera   la montaña   el lago
2. el mar   la playa   el huésped   la arena
3. la isla   el campamento   el saco de dormir la tienda de campaña
4. el buceo   el andén   el clavadista   el esquí acuático
5. el mar   el velero   el barco   el paisaje

3-2 Un crucigrama sobre ecoturismo. En la revista *Viajar* apareció el siguiente crucigrama. Complétalo con las respuestas correctas.

Horizontales

1. lo respiramos todos
2. lo que se hace en un avión
3. lugar donde hay muchos árboles y animales salvajes
4. subir al avión

Verticales

1. sinónimo de barco
2. tierra rodeada de agua; por ejemplo, las Galápagos en el Pacífico (pl.)
3. nadar debajo de la superficie del agua
4. masa grande de agua rodeada de tierra; por ejemplo, el Titicaca entre Bolivia y Perú

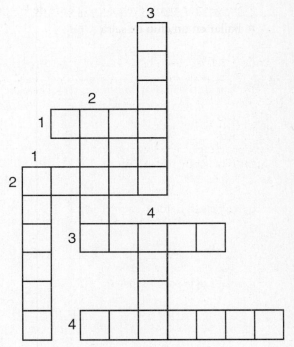

3-3 Mi país. Hay muchas canciones sobre los lugares y los sentimientos que nos inspiran ciertos sitios. Escribe la primera estrofa de una canción sobre un viaje inolvidable por tu país. Repasa el vocabulario del capítulo para incluir las palabras que necesites. Puedes usar las siguientes sugerencias.

soleado   inesperado   pasarlo bien   el paisaje   la vista   el aire   quedarse   la arena   la montaña

Salí a descubrir _____

Volé _____

Llegué _____

Hice _____

Disfruté de _____

3-4 El ejecutivo y el estudiante. Lee el siguiente párrafo, y luego indica qué información describe mejor las vacaciones de Alberto y las de Víctor.

Alberto y Víctor son hermanos pero sus vidas son muy diferentes. Alberto es director de una compañía de seguros y está casado. Cuando su esposa y él van de vacaciones no les importa gastar dinero. Víctor estudia fotografía y cine, y está soltero. Cuando va de vacaciones con su novia, intenta gastar muy poco dinero.

	Alberto	Víctor
1. Viaja siempre con muy poco equipaje.		
2. Da buenas propinas a los botones de los hoteles.		
3. Viaja a dedo cuando va de una ciudad a otra.		
4. Busca hoteles baratos para jóvenes.		
5. Cuando hace las maletas, pone ropa elegante para ir de fiesta.		
6. Aprovecha el viaje para filmar y sacar fotos.		

¡Sin duda!

3-5 Las claves. Alicia y Alberto les mandaron a sus hijos estas fotos para que averiguaran dónde estaban de vacaciones y qué preparativos habían hecho antes. Ahora los hijos están reconstruyendo la información con los verbos **irse, salir, partir** y **dejar** en el pretérito. Escribe la letra de la respuesta que completa las frases.

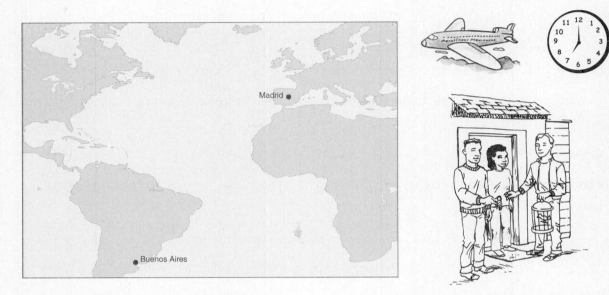

1. Papá y mamá salieron de _____	a. partió a las 7.
2. Se fueron _____	b. las llaves y el pájaro con los vecinos.
3. Su avión _____	c. Buenos Aires.
4. Dejaron _____	d. en avión a Madrid.

Así se dice

3-6 Planes para las vacaciones. Alicia, la esposa de Alberto, va a una agencia de viajes para organizar las próximas vacaciones. Completa de manera lógica la conversación de Alicia con el agente de viajes.

AGENTE: ¿Qué desea?

ALICIA: Buenas tardes, quisiera hacer una reserva para Madrid.

AGENTE: ¿A Madrid? ¿Y qué tipo de habitación quiere?

ALICIA: _____

AGENTE: Muy bien. Y, ¿necesita boletos de ida o de ida y vuelta?

ALICIA: _____

AGENTE: ¿En qué clase quiere viajar?

ALICIA: _____

AGENTE: Perfecto. Y ¿qué asiento prefiere?

ALICIA: _____

AGENTE: Le mando toda la información para confirmar la reserva.

ALICIA: Muchas gracias.

Sigamos con las estructuras

Repasemos 1   Talking about past activities: The preterite

3-7 **Crónica.** Completa esta página del diario de un viajero que está visitando México. Usa los verbos entre paréntesis en el pretérito.

Anteayer (1) _____ (llegar) a la ciudad de México después de un largo viaje en autobús

desde Matamoros. Estaba muy cansado porque no había podido dormir la noche anterior.

(2) _____ (buscar) una cafetería para desayunar y después tomé un taxi que me llevó al

hotel. Una vez en mi habitación, (3) _____ (dormir) unas cuatro horas.

    Me desperté a las cuatro de la tarde y me sentía como nuevo. (4) _____ (deshacer) la

maleta y (5) _____ (poner) la ropa en el armario; me duché y bajé a la recepción. Salí a la

calle y (6) _____ (dar) un paseo por los alrededores. Después (7) _____

(ir) a comer a un restaurante y allí conocí a un par de españoles que estaban también de visita en México. Ellos

(8) _____ (venir) conmigo hasta mi hotel y quedamos en ir juntos a Teotihuacán al día

siguiente. Subí a mi cuarto y (9) _____ (leer) la información sobre las pirámides del sol, pero

no (10) _____ (poder) leerlo todo porque estaba cansadísimo. Mis nuevos amigos y yo

(11) _____ (visitar) Teotihuacán pero no (12) _____ (tener) tiempo de ir

al Museo de Arqueología ni al Palacio Nacional. Uno de los chicos, Roberto, tenía que llamar por teléfono a su

familia, así que él (13) _____ (despedirse) de nosotros temprano y (14) _____

(regresar) a su hotel. Rosa y yo (15) _____ (estar) en una discoteca hasta las dos de la

mañana y (16) _____ (divertirse) mucho.

Nombre: _____   Fecha: _____

Repasemos 2   Telling how long ago something happened: *Hace* + time expressions

3-8 Un año muy especial. El año pasado, algunos miembros de tu familia hicieron actividades muy interesantes. Escribe qué pasó, usando la estructura **hace + expresión de tiempo**.

MODELO: *Hace diez meses que papá y mamá visitaron su país de origen.*

tres meses	mi primo	salir en barco para la Antártida
ocho años	el abuelo y yo	recorrer los pueblos del sur
nueve meses	mamá	trabajar en las islas Galápagos
veinte años	mi hermano y mi cuñada	escalar una montaña en los Andes
siete años	el tío Carlos	ir a pescar al océano Pacífico
un mes	yo	bucear en Chile

1. _____
2. _____
3. _____
4. _____
5. _____
6. _____

3-9 Una cantante latina. Eres periodista, y ayer entrevistaste a la cantante cubana Gloria Estefan. Sin embargo, solamente tomaste algunas notas. Escribe toda la entrevista de acuerdo con las notas que tomaste.

MODELO: (salir de Cuba) / (1961)
   PERIODISTA: *¿Cuánto tiempo hace que saliste de Cuba?*
   GLORIA: *Hace 45 años que salí de Cuba.*

1. (empezar a cantar) / (1975)

   PERIODISTA: _____

   GLORIA: _____

2. (grabar el disco *Eyes of Innocence*) / (1984)

   PERIODISTA: _____

   GLORIA: _____

3. (componer el primer álbum en solitario) / (1989)

   PERIODISTA: _____

   GLORIA: _____

4. (sufrir el accidente de autobús) / (1990)

   PERIODISTA: _____

   GLORIA: _____

5. (presentar el álbum *Mi tierra*) / (1993)

   PERIODISTA: _____

   GLORIA: _____

6. (visitar a Bill Clinton) / (1999)

   PERIODISTA: _____

   GLORIA: _____

Repasemos 3   Describing how life used to be: The imperfect

3-10 Recuerdos. Rosa y Roberto están contando lo que hacían durante los veranos cuando eran niños. Usa el verbo apropiado en el imperfecto para completar la narración.

> soler   hacer   llevar   quedar   visitar   ver   ser   ir

Rosa:

De niña, (1) _____ visitar a mi abuela durante el verano. Por lo general, mis padres me

(2) _____ al pueblecito de la abuela y yo me (3) _____ sola con ella

durante dos meses. No (4) _____ a mis padres hasta el comienzo de las clases.

Roberto:

Cuando (5) _____ niño, nosotros con frecuencia (6) _____ al

extranjero y, por lo general, (7) _____ excursiones a las playas y las montañas de los

países que (8) _____.

Aprendamos 1   Narrating in the past: Preterite and Imperfect

3-11 Un viaje sin incidentes. Le estás contando a un grupo de personas algunas de las experiencias de tu viaje a México. Selecciona el tiempo apropiado para completar la narración.

En 1998, (1) (estuve / estaba) en México. (2) (Era / Fue) el mes de diciembre y (3) (hizo / hacía) sol
(4) (empecé / empezaba) mi aventura. Primero (5) (visité / visitaba) la ciudad de México, después (6)
(fui / iba) a Puebla y finalmente (7) (hice / hacía) un viaje a Veracruz.

En la ciudad de México (8) (fui / iba) a las ruinas aztecas de Teotihuacan. Cuando (9) (llegúe / llegaba),
(10) (subí / subía) a una pirámide.

Aprendamos 2   More uses of the preterite and imperfect

3-12 De película. El fin de semana pasado tu amigo vió la película española *Días contados* y ahora te está contando un poco del argumento en el siguiente resumen.

Paso 1.   Completa los espacios con la forma correcta del imperfecto o el pretérito.

El protagonista, Antonio, (1) _____ (llegar) a Madrid y (2) _____ (alquilar)

un apartamento en el centro. (3) _____ (Ser) un hombre callado y misterioso. Un día

(4) _____ (conocer) a Charo, su vecina, y se (5) _____ (enamorar) de ella.

Charo (6) _____ (tener) unos 18 años. Antonio le (7) _____ (mentir) a Charo

sobre su profesión y le (8) _____ (decir) que (9) _____ (ser) fotógrafo y que

(10) _____ (trabajar) para diferentes agencias. Charo (11) _____ (querer)

visitar la Alhambra y una noche los dos (12) _____ (salir) para Granada. Durante su viaje, Charo

(13) _____ (descubrir) cuál (14) _____ (ser) el verdadero trabajo de Antonio.

Antonio (15) _____ (estar) mirando las noticias mientras Charo se

(16) _____ (duchar) y, de repente, (17) _____ (aparecer) su foto en la

televisión. En ese momento, Charo (18) _____ (ver) la foto de Antonio. La policía lo

(19) _____ (estar) buscando porque (20) _____ (ser) miembro de la

organización ETA.

Paso 2.   ¿Qué pasó después? Como tu amigo no terminó de contarte el resumen de la película, ahora tú tienes que imaginar el resto. Escribe una continuación y un final original. Usa los verbos en el pretérito y en el imperfecto.

_____

_____

_____

_____

3-13 Unas malas vacaciones. Alejandro Vargas y su novia fueron a Costa Rica de vacaciones pero Alejandro descubrió algo terrible en el bar del hotel. Aquí tienes los datos desordenados sobre lo que ocurrió esa noche trágica. Si los pones todos juntos, vas a reconstruir la historia completa.

Paso 1.   Indica cuáles de estas oraciones requieren el uso del pretérito y cuáles requieren el perfecto.

	Pretérito	Imperfecto
1. llegar la policía		
2. ser las once de la noche		
3. bajar de la habitación del hotel		
4. ir a otro bar		
5. decidir manejar su auto		
6. hacer mucho calor		
7. ver a su novia con un hombre		
8. llevar gafas		
9. entrar en el bar del hotel		
10. no ver un camión aparcado		

Paso 2.   La narración. Ahora, escribe lo que le pasó a Alejandro la noche del accidente ordenando lógicamente la información anterior. Usa el pretérito y el imperfecto, y añade los detalles que quieras.

_____

_____

_____

_____

_____

_____

_____

3-14 La investigación. Después de una semana, Alejandro salió del hospital, pero tuvo que responder a algunas preguntas de la policía de San José. Contesta las preguntas sobre la noche del accidente, como lo haría Alejandro.

POLICÍA: ¿Adónde fue la noche del accidente?

ALEJANDRO: _____

POLICÍA: ¿Por qué fue allí?

ALEJANDRO: _____

POLICÍA: ¿Con quién estaba su novia?

ALEJANDRO: _____

POLICÍA: ¿Y ellos lo vieron a usted?

ALEJANDRO: _____

POLICÍA: ¿Qué estaban haciendo ellos?

ALEJANDRO: _____

POLICÍA: ¿Cuánto bebió?

ALEJANDRO: _____

POLICÍA: ¿Por qué decidió manejar su auto esa noche?

ALEJANDRO: _____

POLICÍA: ¿Adónde quería ir cuando salió del bar?

ALEJANDRO: _____

POLICÍA: ¡Sr. Vargas, creo que vamos a retirarle su licencia de conducir por unos meses!

Aprendamos 3   Talking about past activities: Verbs that change meaning in the preterite

3-15 El mensaje de Isabel. Alejandro recibió un correo electrónico de su ex-novia Isabel explicándole lo que pasó la noche trágica del accidente. Usa el pretérito o el imperfecto de los verbos entre paréntesis para completarlo.

Querido Alejandro:

Ayer (1) _____ (saber) que ya estabas fuera del hospital y quiero explicarte algo. La noche

de tu accidente (2) _____ (conocer) a un hombre en el bar del hotel. Yo

(3) _____ (querer) hablar contigo, pero no te (4) _____ (encontrar)

en la habitación. Después, (5) _____ (descubrir) que estabas en el hospital. Yo no (6)

_____ (poder) hacer nada por ti en Costa Rica, así que (7) _____

(regresar) a Perú con este hombre en el primer vuelo que encontramos. Cuando llegué a Lima,

(8) _____ (tener) que hablar con mis padres y explicarles el asunto. Mis padres no

(9) _____ (querer) aceptar a mi amigo y lo obligaron a irse de casa. Dos días más tarde

(10) _____ (poder) ponerme en contacto con el hospital y me dijeron que estabas mejor.

Ahora sé que te quiero y que ese hombre no significa nada para mí. Por favor, llámame. Necesito hablar

contigo.

Isabel

Workbook

Lectura

3-16 El ecoturismo en el Perú. Cada día hay más posibilidades para disfrutar las bellezas naturales de un país. Aquí tienes diferentes regiones del Perú que podrías visitar.

Observación de la naturaleza-Ecoturismo

La naturaleza, su observación y estudio constituyen una de las formas más emocionantes del turismo. En el Perú, el fabuloso Imperio de los Incas, la práctica del ecoturismo es ideal por sus tres regiones: costa, sierra y selva. Aquí podemos observar la flora más rica del mundo: formaciones geológicas y volcánicas de indescriptible antigüedad; es decir, un paraíso para los estudiosos de la naturaleza.

Manu (Región—Inca)

Parque Nacional y Reserva Biosfera del Manu (1.881.200 hectáreas). Mayor riqueza biológica del mundo: 1.000 especies de aves, 13 especies de monos, 2.000 a 5.000 especies de plantas.

Clima tropical cálido y húmedo (100–70°F, 37–21°C). Lluvias de noviembre a marzo. La altura varía de 365 a 4.000 m. Precipitación anual en zona baja 4.000 mm.

Acceso: Vuelos de itinerario desde Lima y Cuzco a Puerto Maldonado. Bus desde Cuzco.

Cañón del Colca (Región—Arequipa)

Paisaje imponente. El Cañón del Colca es el más profundo del mundo. Se pueden observar cóndores.

Clima seco (días soleados, noches frescas). Altura 2.700 m, 75–42°F, 6°C. Lluvias de diciembre a marzo. Albergue en Achoma, cerca del cañón.

Acceso: A 143 km de Arequipa. Vuelos desde Lima, Cuzco y Puno. Tren de Puno.

Paracas-Ica (Región—Libertadores)

Reserva nacional que comprende tierra y mar. Rica fauna marina. Excursiones en yate a Islas Ballestas.

Clima cálido y seco (85–50°F, 30–10°C). Prácticamente no llueve, pero hay mucho viento. Hoteles en Balneario y en Ica.

Acceso: 288 km de Lima por la carretera Panamericana Sur hasta Pisco, puerto cercano a Paracas.

Lago Titicaca (Región Moquegua—Tacna-Puno)

Reserva Nacional del Titicaca: Lago navegable más alto del mundo. Superficie 816 km^2. Profundidad máxima 281 m. Transparencia del agua de 65 a 15 m. Fauna y flora variada.

Clima soleado, seco y frío (66–32°F, 0°C). Altura del lago 3.808 m. Lluvia de diciembre a abril. Precipitación promedio anual 728 mm.

Acceso: Vuelos frecuentes de Lima y Arequipa a Juliaca (Puno). Tren de Cuzco y Arequipa.

Iquitos (Región—Amazonas)

Iquitos está a orillas del río Amazonas, el más caudaloso del mundo. Se puede viajar en cruceros o internarse en la selva.

Altura 100 m. Clima cálido y húmedo (100–70°F, 37–21°C). Albergues turísticos desde 30 minutos hasta 6 horas de Iquitos.

Acceso: Vuelos desde Lima, de Miami (EE.UU.) o Manaus (Brasil).

Paso 1.   Los datos. Después de leer el folleto decide si la siguiente información es **cierta** (C) o **falsa** (F).

1. El Perú no tiene acceso al mar.   _____
2. Se puede llegar a Manu en barco.   _____
3. Hace mucho calor por la noche en el Cañón del Colca.   _____
4. Paracas-Ica está cerca del mar.   _____
5. Se puede navegar en el Lago Titicaca.   _____
6. Iquitos es una región selvática.   _____

Paso 2.   Los lugares. En el mapa, busca y marca los lugares mencionados en el folleto sobre los viajes ecológicos que se pueden hacer en el Perú.

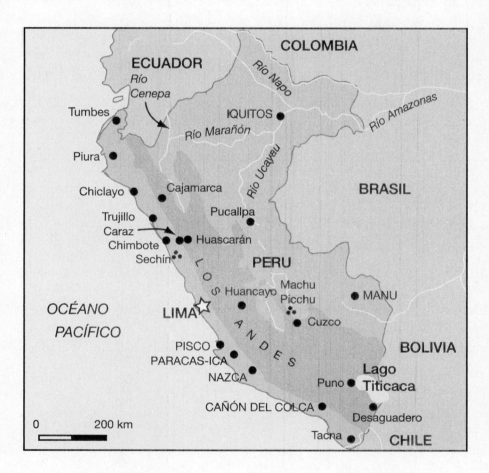

Atando cabos

3-17 Una postal desde el Perú. Imagina que estás en una de las regiones del Perú. Escribe una postal a tu familia para describir tu viaje. Repasa el vocabulario del capítulo y el uso del pretérito y el imperfecto antes de escribir.

_____

_____

_____

_____

_____

_____

_____

_____

_____

_____

En marcha con las palabras

3-18 **¿Esquiar en la selva?** Escucha las siguientes oraciones y decide si son **lógicas** (L) o **ilógicas** (I).

1. _____   5. _____
2. _____   6. _____
3. _____   7. _____
4. _____   8. _____

3-19 **Mi último viaje.** Escucha el siguiente relato de viaje de Miguel y decide si las afirmaciones son **ciertas** (C) o **falsas** (F).

1. Fue a México, en la península Ibérica.   _____
2. En Cancún se puede practicar buceo.   _____
3. A las ruinas de Chichén Itzá se llega por carretera.   _____
4. Cozumel es una montaña en Costa Rica.   _____
5. En Cozumel hay playas.   _____
6. Hizo ecoturismo en Costa Rica.   _____
7. En Costa Rica, estuvo en un hotel de tres estrellas.   _____
8. El parque nacional Tortuguero tiene arrecifes de coral.   _____

¡Sin duda!

3-20 **Un viaje.** Escucha el siguiente diálogo sobre las últimas vacaciones de Ana y luego escoge la letra de la respuesta correcta.

1. Ana se fue de vacaciones:
   a. por una semana.
   b. por el fin de semana.

2. Ana viajó en:
   a. avión.
   b. autobús.

3. Salió de Medellín:
   a. a las seis de la tarde.
   b. a las seis de la mañana.

4. Dejó a su perro:
   a. en su casa.
   b. en casa de sus padres.

Así se dice

3-21 ¿Con baño privado? Escucha las siguientes preguntas y marca la letra de la respuesta apropiada.

1. a. No.
   b. Sí, con ducha.
2. a. Todas las noches.
   b. A las diez de la mañana.
3. a. Sí.
   b. No, sólo con desayuno.
4. a. Ésta, la número veintitrés.
   b. El vuelo 550 embarca ahora.
5. a. Sí, y el pasaporte.
   b. La visa sí, el pasaporte no.
6. a. Una, en Tenerife.
   b. Sí, es un billete de ida y vuelta.
7. a. Me da igual.
   b. Con baño privado, por favor.
8. a. Yo no fumo, ¿y usted?
   b. En una hora.

Sigamos con las estructuras

Repasemos 1   Talking about past activities: The preterite

3-22 De viaje. Escucha las frases en el presente y completa los espacios en blanco con el verbo en el pretérito.

MODELO: Ves: _____ de viaje en agosto.
           Escuchas: Salgo de viaje en agosto.
           Escribes: *Salí* de viaje en agosto.

1. _____ de mi casa a las diez.
2. _____ el avión por la mañana.
3. _____ para leer en el barco.
4. _____ de los paisajes.
5. _____ una montaña muy alta.
6. _____ en la tienda de campaña.
7. _____ dedo en la carretera.
8. _____ con el sol.

Repasemos 2   Telling how long ago something happened: *Hace* + time expressions

3-23 **¿Hace mucho?** Escucha las siguientes preguntas y respóndelas de acuerdo al modelo.

> MODELO: Ves: tres meses
> Escuchas: ¿Cuánto tiempo hace que viajaste a México?
> Escribes: *Hace tres meses que viajé a México.*

1. un año

_____

2. dos días

_____

3. una semana

_____

4. cuatro meses

_____

5. un rato

_____

6. muchos años

_____

7. unos días

_____

8. dos horas

_____

Repasemos 3   Describing how life used to be: The imperfect

3-24 **Las vacaciones de la infancia.** Santiago habla sobre sus vacaciones cuando era niño. Cambia los verbos de las oraciones según el modelo.

> MODELO: Escuchas: Ellas van de vacaciones a Costa Rica.
> Escribes: Ellas *iban* de vacaciones a Costa Rica.

1. Nosotros _____ cerca del bosque.

2. Mis amigos _____ en las vacaciones.

3. Mis padres _____ cerca del río.

4. Yo _____ una siesta todos los días.

5. Mi abuelo y yo _____ a pescar al lago.

6. En invierno _____ en las montañas.

7. Mi hermana _____ su cama.

8. Mi familia siempre _____ con otras familias.

Aprendamos 1 Narrating in the past: Preterite and imperfect

3-25 El viaje de los González. Primero escucha la narración del viaje de Santiago y Marcela.

Paso 1. Escribe oraciones completas en el pretérito o en el imperfecto de acuerdo al modelo.

> MODELO: Ayer los González / tener / un día muy ocupado
> *Ayer los González tuvieron un día muy ocupado.*

1. Por la mañana / ir / en una excursión al mar

   _____

2. Ellos / salir / muy temprano

   _____

3. Hacer / calor y no / haber / viento

   _____

4. El guía / ser / una persona muy inteligente y divertida

   _____

5. Ver / unos peces increíbles

   _____

6. Por la tarde / escalar / un volcán

   _____

7. Marcela / tener / una cámara nueva

   _____

8. Cuando / bajar / empezar / a soplar un viento muy fuerte

   _____

Paso 2. Vuelve a escuchar la narración y decide si las afirmaciones son **ciertas** (C) o **falsas** (F).

1. El día estaba soleado.   _____
2. Ellos salieron con un guía.   _____
3. Por la mañana, bucearon.   _____
4. Por la tarde, nadaron en un lago.   _____
5. Marcela se sentía feliz.   _____
6. Era la primera vez que Marcela escalaba.   _____

3-26 Leyenda quechua: El sol y el viento. Escucha con atención esta leyenda y luego marca una "X" bajo la categoría correspondiente.

Verbo	Acción completa en el pasado	Acción repetida en el pasado	Descripción
se encontraban	_____	_____	_____
visitaban	_____	_____	_____
llevaba	_____	_____	_____
veía	_____	_____	_____
era	_____	_____	_____
decidieron	_____	_____	_____
compitieron	_____	_____	_____
sopló	_____	_____	_____
calentó	_____	_____	_____
se quitó	_____	_____	_____

3-27 Costumbres. Este año esta gente ha cambiado un poco sus costumbres. Escucha las oraciones y completa los espacios en blanco con las formas correctas del pretérito o del imperfecto.

MODELO: Ellas *iban* cada verano a Puerto Rico, pero este verano no *fueron*. (ir)

1. Nosotros _____ todos los años a Costa Rica, pero este año no
   _____. (viajar)

2. Antes yo siempre _____ los museos nuevos, pero este año no los
   _____. (recorrer)

3. Ustedes generalmente _____ a sus padres en las vacaciones, pero en estas
   vacaciones _____ a sus primos. (visitar)

4. Tú siempre _____ a tu novia los fines de semana, pero este sábado no la
   _____. (ver)

5. Marcelo _____ a trabajar todos los veranos en el parque nacional, pero el último
   verano no _____. (ir)

6. Por lo general, yo _____ en hoteles baratos, pero en estas vacaciones
   _____ en un hotel de cuatro estrellas. (dormir)

Aprendamos 2   More uses of the preterite and imperfect

3-28 Interrupciones. Escribe oraciones completas en el pretérito o en el imperfecto de acuerdo al modelo. Luego, escucha las oraciones correctas.

MODELO: Pablo / sacar fotos / empezar a llover
           Pablo sacaba fotos cuando empezó a llover.

1. mis amigos / estar en el aeropuerto / aterrizar el avión
   _____

2. hacer / mucho viento / nosotras / llegar a la cima de la montaña
   _____

3. ser / las cinco de la tarde / comenzar a nevar
   _____

4. yo / tener / quince años / ir a Nicaragua
   _____

5. ellas / no hablar / español / mudarse a México
   _____

6. tú / dormir / en el hotel / sonar el teléfono
   _____

Aprendamos 3 Talking about past activities: Verbs that change meaning in the preterite

3-29 Querer es poder. Completa las frases usando los verbos entre paréntesis en el imperfecto o en el pretérito. Luego escucha las oraciones correctas.

> MODELO: Tú siempre (querer) _____ hacer una excursión, pero no (poder) _____ esta vez.
>
> *Tú siempre querías hacer una excursión, pero no pudiste esta vez.*

1. Ayer yo (conocer) _____ a Silvina; es muy simpática.

2. Ella (conocer) _____ la historia de España muy bien.

3. Nosotros siempre (querer) _____ tomar el tren de las ocho, pero esta mañana no (poder) _____.

4. Cada primavera, tú (querer) _____ conocer Madrid, pero sólo (poder) _____ ir este año.

5. Yo (tener) _____ que salir temprano esta mañana porque (tener) _____ que tomar el autobús a las siete.

6. Usted (querer) _____ ir a Barcelona, pero esta vez (ir) _____ a Santander.

Atando cabos

3-30 Vacaciones. Escucha las siguientes preguntas y luego marca la letra de la respuesta más lógica.

1. a. No, no me gusta tomar el sol.
   b. No, olvidé mi tienda de campaña.

2. a. Sí, fui a Cuzco y a Machu Picchu.
   b. Sí, las ruinas mayas son impresionantes.

3. a. No, estaba lleno.
   b. Sí, me divertí mucho.

4. a. Sí, iba con mis padres cuando era pequeño.
   b. Sí, muy caro, sobre todo la entrada a las ruinas.

5. a. A veces a Argentina y otras veces a Venezuela.
   b. En verano y en invierno.

6. a. Sí, y las maletas también.
   b. No, sólo el desayuno.

7. a. No, era un vuelo directo.
   b. Sí, pero tuve que pagar extra.

8. a. No, no tengo videocámara.
   b. Sí, nadar y también escalar.

3-31 **¡Buen viaje!** Escucha la siguiente conversación telefónica entre Martina y Beatriz, su agente de viajes. Luego marca la letra de la respuesta correcta.

1. La agencia de viajes se llama:
   a. Buen viaje.
   b. Viaje feliz.
   c. Feliz viaje.

2. La agente de viajes le ofrece a Martina:
   a. dos viajes interesantes.
   b. sólo un viaje a México.
   c. sólo un viaje a España.

3. El viaje a España:
   a. es de tres semanas.
   b. incluye un pasaje en primera clase.
   c. ofrece excursiones a otras ciudades.

4. El viaje a México:
   a. incluye excursiones a Ávila y a Toledo.
   b. incluye dos semanas en Puerto Vallarta.
   c. no incluye nada.

5. El viaje a España incluye:
   a. Sólo Madrid.
   b. Toledo, Ávila y Madrid.
   c. Madrid y Puerto Vallarta.

6. El precio del viaje a México:
   a. es más caro.
   b. cuesta 1.400 dólares.
   c. cuesta 1.200 dólares.

7. Martina prefiere:
   a. un asiento del pasillo.
   b. un asiento de la ventanilla.
   c. un asiento en el medio.

8. Martina:
   a. necesita pasaporte.
   b. elige el viaje a España.
   c. no quiere los folletos.

Lab Manual

3-32 ¿A dónde fueron? Escucha la descripción de los viajes de algunas personas y completa la tabla.

Nombre	Destino	Lugares visitados	Duración del viaje	Compras

3-33 Dictado: Leyenda. Escucha y escribe este fragmento de la *Leyenda del viento y el sol.*

Dos paisajes latinoamericanos

Introducción

Un viaje por Latinoamérica revela paisajes muy variados. En este video visitaremos dos lugares muy diferentes: el Bosque Lluvioso de El Yunque (Puerto Rico) y Tierra del Fuego (una isla compartida por Argentina y Chile). El primer lugar le ofrece al visitante la oportunidad de conocer un bosque lluvioso y de caminar por sus senderos para observar una densa vegetación, flores exóticas y el famoso coquí. Tierra del Fuego, en el punto más austral del continente, con sus paisajes espectaculares, sus grandes montañas y sus imponentes glaciares, es un lugar ideal para exploradores, aventureros y amantes de la naturaleza. Así que ¡vamos de viaje!

Vocabulario

el entorno natural	*natural setting*	**el caracol**	*snail*
la selva	*jungle, dense forest*	**el ave / las aves**	*bird(s)*
la cordillera	*mountain range*	**el coquí**	*a tree frog native to Puerto Rico*
el altiplano	*high plateau*	**el sapo**	*frog, toad*
austral	*southern*	**la cascada**	*waterfall*
el bosque lluvioso	*rain forest*	**la escasa comunicación**	*limited means of transportation (to the mainland)*
el orgullo	*pride*		
velar (sobre)	*to keep watch (over)*	**salvaje**	*wild, untamed*
el pico	*mountain peak*	**la puesta del sol**	*sunset*
el guardabosques	*forest ranger*	**el reto**	*challenge*
la pulgada	*inch*	**el acantilado**	*cliff*
la especie	*species*	**la piedra afilada por el hielo**	*rock sharpened by ice*
el promedio	*average*		
el enano	*dwarf*	**el asado**	*an Argentine roast or barbecue*
reluciente	*shiny*	**la estancia ganadera**	*a livestock ranch*
el sendero	*path*	**la fogata / la hoguera**	*bonfire*
el helecho	*fern*	**la ganadería**	*ranching*
la orquídea	*orchid*	**la esquila de lana**	*wool shearing*
la lagartija	*lizard*		

Video Manual

Antes de mirar el video

3-34 Dos paisajes diferentes: El video que vas a ver muestra dos paisajes muy diferentes, **El Yunque** un bosque lluvioso tropical y **Tierra del Fuego** un lugar frío y salvaje en el extremo sur del continente. A continuación hay una lista con características típicas de cada uno de los dos lugares. Determina a cuál de los dos te parece que corresponde cada uno de los elementos citados: El Yunque (**Y**) o Tierra del Fuego (**TF**).

1. _____ cascadas cristalinas
2. _____ densa vegetación verde
3. _____ doscientas pulgadas de lluvia al año
4. _____ glaciares
5. _____ humedad constante
6. _____ lagartijas
7. _____ naturaleza feroz
8. _____ orquídeas
9. _____ piedras afiladas por el hielo
10. _____ temperaturas de entre tres y doce grados centígrados
11. _____ vientos muy fuertes

3-35 Un grupo de estudiantes viaja por Latinoamérica. El verano pasado un grupo de diez estudiantes de la Universidad de Quiensabedónde, acompañados por su profesor, el Dr. Sabelotodo, hizo un viaje de quince días por varios países latinoamericanos. En su viaje visitaron El Yunque, Tierra del Fuego y otros muchos lugares. Participaron en muchas actividades durante esos quince días. Estas actividades incluyeron:

caminar   hacer investigación   navegar   sentir   divertirse   llegar   observar   escalar   nadar   oír

Lee las frases siguientes y llena los espacios en blanco con el verbo más adecuado, usando el pretérito para descubrir qué hicieron y dónde lo hicieron.

En El Yunque

1. _____ por los senderos.
2. _____ la flora (árboles, helechos, orquídeas) y la fauna (lagartijas, caracoles).
3. _____ en el agua cristalina de las cascadas.
4. _____ el canto del coquí.

En Tierra del Fuego

5. _____ a las islas en barco.
6. _____ los acantilados de piedras afiladas por el hielo.
7. _____ en un centro científico.
8. _____ las aguas frías de los ríos.
9. _____ el misterio de la naturaleza salvaje.
10. _____ en los bares y discotecas.

Al mirar el video

3-36 En busca de información. Mira y escucha el video y marca las respuestas correctas.

1. El Bosque Lluvioso de El Yunque es
   a. la vergüenza de Puerto Rico
   b. el orgullo de Puerto Rico
   c. un lugar poco conocido de Puerto Rico

2. Los tainos creían que el dios Yuquiyú
   a. los protegía desde las alturas de las montañas
   b. les mandaba lluvia cuando estaba enfadado
   c. les exigía sacrificios humanos

3. Cada año _____ de galones de agua caen sobre El Yunque.
   a. un millón
   b. cien millones
   c. cien billones

4. Todas las especies de plantas que hay en los bosques nacionales de los EE. UU. son
   _____ las especies de plantas que hay en El Yunque.
   a. tantas como
   b. más que
   c. menos que

5. Si das un paseo en los senderos de El Yunque no vas a ver
   a. helechos
   b. monos
   c. orquídeas

6. El coquí es
   a. un insecto que canta por la noche
   b. una bebida servida en los restaurantes de El Yunque
   c. una pequeña rana de árbol

7. Se puede llegar a Tierra del Fuego
   a. por tren o autobús
   b. por barco o avión
   c. en coche

8. En Tierra del Fuego en verano hay espectaculares
   a. tormentas de nieve
   b. puestas del sol
   c. festivales de teatro y cine

9. El nombre "Tierra del Fuego" se refiere a
   a. su clima
   b. un fuego que destruyó su tierra en el siglo XIX
   c. las fogatas o hogueras que protegían a los indígenas del frío

10. En el Siglo XIX el animal más importante para la economía de Tierra del Fuego era
    a. la oveja
    b. el caballo
    c. la vaca

11. Los científicos en Tierra del Fuego están investigando
    a. las teorías de Darwin
    b. los cambios de clima del planeta
    c. el viaje de Magallanes

3-37 Escuchar con más atención. Mira y escucha el video de nuevo para buscar las palabras que faltan.

1. En América Latina hay todo tipo de paisajes: selvas, ríos, cordilleras, _____, altiplanos, _____ e incluso glaciares.

2. El Yunque se encuentra al _____ de la isla de Puerto Rico, en las montañas de la Sierra de Loquillo.

3. Los picos de las montañas de El Yunque se ven cubiertos de _____, dándoles un misterio que evoca la presencia de divinidades del mundo natural.

4. El Yunque tiene cuatro diferentes _____: el bosque de tabanuco, el bosque de palo colorado, el bosque de palma de sierra y el bosque enano.

5. El Yunque es un lugar ideal para un gran número de especies de animales acuáticos como_____, reptiles y anfibios.

6. Tierra del Fuego es compartida por dos países: _____ y _____.

7. El clima de Tierra del Fuego es _____ y puede cambiar en el curso de un día del _____ a la calma o de la lluvia al sol.

8. Los primeros europeos que tuvieron contacto con esta isla en _____ fueron los miembros de una expedición _____ al mando de Fernando de Magallanes.

9. Hoy es posible visitar las viejas _____, extensiones de tierra con fincas o casas de campo, con sus máquinas para la esquila de _____.

10. Los restos fósiles encontrados en Tierra del Fuego indican que esta isla estaba poblada hace _____ de _____.

Después de mirar el video

3-38 Dramatizaciones turísticas. Trabajando en parejas, escriban una escena dramática en base a una de las situaciones siguientes. Después, presenten su escena ante la clase.

1. Una escena entre un joven de 17 años que quiere pasar unos quince días en Tierra del Fuego y sus padres, los cuales tienen miedo de los peligros posibles de ese viaje.

2. Una escena entre un empleado de la agencia de viajes Aventuras Latinas y un cliente que no puede decidir entre una visita a El Yunque o a Tierra del Fuego.

3. Una escena entre dos compañeros que quieren pasar unas vacaciones juntos; uno es deportista y activo, y el otro prefiere sacar fotos de flores y cascadas.

4. Una escena entre un ecologista y un turista que no respeta la belleza natural de El Yunque.

3-39 Buenos y malos recuerdos de un viaje a El Yunque o a Tierra del Fuego. Imagínate que has pasado una semana en El Yunque o en Tierra del Fuego y que quieres recordar tu viaje en tu diario. No tienes tiempo para escribirlo todo pero recuerdas:

1. la belleza increíble del paisaje y del entorno natural
2. un momento de exaltación y de alegría durante el viaje
3. un/a compañero/a de viaje problemático/a
4. un momento de alta tensión
5. lo que sentiste al final del viaje

Escribe una breve entrada de diario de unas 125 palabras sobre uno o más de estos recuerdos. (Como el viaje ya ha terminado sería lógico usar los tiempos pasados para tu narración.)

_____

_____

_____

_____

_____

_____

_____

_____

_____

_____

Repaso 1

R1-1 Familia, emigración, viajes. En cada serie de palabras, marca la palabra que no pertenezca al grupo.

1. suegro   cuñado   yerno   hermana
2. justo   leal   sensato   perezoso
3. maternidad   embarazo   viudo   bebé
4. bracero   emigrante   lucha   trabajador migratorio
5. maltrato   prejuicio   racismo   bienestar
6. mudarse   suspirar   emigrar   establecerse
7. avión   velero   barco   equipaje
8. disfrutar   divertirse   abordar   pasarlo bien
9. navegar   bucear   escalar   esquí acuático

R1-2 Los viajes. La hermana de Manolo está visitando Costa Rica. Usa las palabras apropiadas para completar los párrafos a continuación y haz los cambios necesarios.

> divertido   río   gustar   nivel de vida   paisaje   según

Mi hermana está de vacaciones en Costa Rica con dos amigos. A los tres les (1) _____ mucho Costa Rica. Ella dice que tiene un (2) _____ bellísimo, con muchos (3) _____ y playas. (4) _____ ella, lo mejor de Costa Rica es su naturaleza.

La gente costarricense es muy (5) _____ y tiene un buen (6) _____. Mi hermana me dice que está muy contenta en Costa Rica.

R1-3 Una postal. Ana le escribe una postal a su hermano Manolo desde Costa Rica. Escribe la postal desde el punto de vista de Ana utilizando cinco de las siguientes palabras. Puedes investigar un poco del país antes de escribir.

> población   cultivar   montañas   sacar fotos   la estadía   excursión   soleado

Querido Manolo:

_____

_____

_____

_____

_____

Un abrazo,
Ana

R1-4 La boda de Julia. La otra hermana de Manolo va a casarse el próximo sábado; en su casa todos están muy contentos y ocupados con los preparativos. Usa los verbos **ser** y **estar** en el presente para completar los párrafos a continuación.

Nosotros (1) _____ muy contentos por la boda de Julia. (2) _____ el próximo sábado a las seis de la tarde en la Iglesia del Carmen. La recepción (3) _____ en un restaurante típico donde sirven comida mexicana. Julia (4) _____ un poco nerviosa, pero yo creo que sin razón porque ya todo (5) _____ preparado.

    Carlos, su novio, (6) _____ simpático y se lleva bien con nuestra familia. Ahora Julia y él (7) _____ planeando su luna de miel en España. ¡Ellos (8) _____ tan enamorados!

R1-5 El parque central. Las hermanas de Manolo deciden pasar el día con sus amigas en el parque. Escribe la letra que complete la oración lógicamente.

1. Las chicas están nadando _____.
2. Unos muchachos van navegando un velero a _____.
3. Ester anda corriendo por _____.
4. Yo me dormí y estaba soñando _____.
5. Hay unos niños jugando _____.
6. Algunas aves andan volando _____.
7. Una joven está haciendo _____.

a. el bosque
b. en el lago
c. esquí acuático
d. la isla en el medio del lago
e. que me caía de un acantilado
f. con la arena
g. de un árbol a otro

R1-6 La familia de Ana. Ana les cuenta a sus amigas lo que hacen ella y su familia. Completa las oraciones con la forma correcta del verbo en el presente.

1. Mi hermano Manolo _____ el más divertido de la casa. (ser)
2. Nosotros _____ cada domingo a visitar a los abuelos. (ir)
3. Mis abuelos _____ cocinar comida mexicana para nosotros. (preferir)
4. Yo _____ cada fin de semana con mis primos. (salir)
5. Mis padres _____ juntos todos los días. (almorzar)
6. Julia _____ tenis todos los sábados con su novio. (jugar)

R1-7 Un día accidentado. Manolo y su familia no tuvieron un buen día. Usa los verbos apropiados con la estructura **se + objeto indirecto** para completar el párrafo a continuación.

> descomponer   escapar   quemar   perder

Ayer tuvimos un mal día. A mí (1) _____ el perro y casi lo mata un coche. A Julia

(2) _____ todos sus documentos y ahora tiene que volver a pedirlos. A Carlos y a ella

(3) _____ el coche y el mecánico les cobró mil dólares por arreglarlo. Y para terminar, a

mi madre y a mí (4) _____ dos pasteles de manzana porque nos pusimos a ver la tele y

nos olvidamos de que estaban en el horno.

R1-8 David y Cristina. David y Cristina son dos amigos cubanos de Julia que estudian con ella en la universidad. Los tres están hablando sobre la cultura cubana. Escribe lo que dicen los amigos uniendo las frases.

A mi madre	me encanta	unos plátanos para hacer el arroz a la cubana
A ti	nos interesan	la música de Cuba
A mí	les fascina	la cocina cubana
A algunos estudiantes	no le quedan	muchos parientes en Cuba
A nosotros	te faltan	las noticias sobre Cuba

1. _____

2. _____

3. _____

4. _____

5. _____

R1-9 Opiniones de la familia. Rebeca y sus amigos de Costa Rica están compartiendo algunas opiniones propias y de su familia sobre los hispanos. Escribe sus ideas, añadiendo las palabras necesarias y teniendo cuidado con las formas de los verbos.

1. a ti / disgustar / las condiciones de los inmigrantes

   _____

2. a mí / molestar / las actitudes racistas de algunas personas

   _____

3. a mi madre / fascinar / la comida que prepara mi abuela mexicana

   _____

4. a Carlos y a mi hermana Julia / caer bien / nuestro vecino guatemalteco

_____

5. a todos nosotros / parecer / que debemos mantener nuestra lengua y nuestra cultura

_____

R1-10 La historia de mi familia materna. Julia escribió la historia de su familia materna en el presente. Cambia el texto al pasado usando el **pretérito** o el **imperfecto** según sea necesario, y escribe los verbos abajo.

Mis abuelos (1) emigran a California en 1944. (2) Son los años de la segunda guerra mundial y las fábricas (3) necesitan trabajadores, porque muchos norteamericanos (4) están luchando en Europa. Al llegar, no (5) tienen problemas para encontrar trabajo. A los dos años (6) compran un coche y una casa. Mi madre (7) nace en 1950. Cuando (8) es una niña (9) habla solamente español, pero en la escuela (10) empieza a estudiar inglés.

1. _____
2. _____
3. _____
4. _____
5. _____
6. _____
7. _____
8. _____
9. _____
10. _____

R1-11 Los abuelos paternos. Para terminar, Julia cuenta también cómo se conocieron sus abuelos paternos. Usa el **pretérito** o el **imperfecto** de los verbos entre paréntesis para completar su narración.

El abuelo Luis:

Mi abuelo (1) _____ (tener) que emigrar a los Estados Unidos porque era el hijo mayor de una familia muy pobre y necesitaba mandar dinero a sus padres. Mi abuelo no (2) _____ (saber) inglés y por eso sus primeros dos años aquí fueron muy difíciles. Por suerte, antes de venir (3) _____ (conocer) a otros jóvenes de su ciudad que también vinieron a trabajar con él. Después de trabajar muy duro por muchos años, (4) _____ (poder) abrir su propio restaurante.

La abuela Pilar:

La abuela (5) _____ (conocer) al abuelo una Nochebuena. Su hermano tuvo un problema con el camión en la carretera. Un joven mexicano que también trabajaba con un camión, paró y lo trajo a casa. Lo invitaron a quedarse a cenar, pero el joven no (6) _____ (querer) aceptar la invitación. Mi abuela era camarera y vio de nuevo al joven en el restaurante donde trabajaba. Él iba al restaurante cada vez con más frecuencia y por fin, un día, la invitó al cine. Así empezó todo. Mi abuela (7) _____ (saber) después, que aquella primera Nochebuena mi abuelo cenó solo y pensó en ella toda la noche.

R1-12 ¿Y tus abuelos? Escribe un pequeño párrafo para contar cómo se conocieron tus abuelos. Escribe mínimo cinco oraciones.

_____

_____

_____

_____

_____

_____

_____

Capítulo

4   Hablemos de la salud

En marcha con las palabras

En contexto

4-1 **Sopa de letras.** Juan fue al médico y, mientras esperaba, resolvió el pasatiempos de una revista.

Busca las palabras que corresponden a las definiciones.

```
C E J A S U C R O M E
B I E N Y Ñ V O I V I
R A E S P A L D A S M
L U C H O S A I O Ñ O
A S C T O B I L L O A
B M I D N A S L Y T U
I C O O R U A A Z O N
O C L O M N O T A R A
```

1. Es la parte de atrás del cuerpo.
2. Está en la parte de delante de la boca.
3. Doblamos el brazo por él.
4. Están encima de los ojos.
5. Doblamos la pierna por ella.
6. Está entre la pantorrilla y el pie.
7. Está al final del dedo.
8. Es la parte de arriba de la pierna.

En la sopa de letras hay un consejo secreto con las letras que sobran. ¿Cuál es?

_____;

_____.

4-2 Peligros para la salud. Elvira no se cuida mucho últimamente porque está muy estresada en el trabajo. Escribe la letra correspondiente para indicar la consecuencia de cada problema.

Problemas

1. Come mucha sal. _____

2. Come alimentos con mucha grasa. _____

3. Usa zapatos muy viejos y baratos, y corre a todas partes. _____

4. Toma 8 tazas de café al día. _____

5. Vomita y tiene mareos constantemente. _____

6. Cuando estornuda, no se tapa la nariz ni la boca. _____

Consecuencias

a. Un día va a torcerse un tobillo.

b. Va a contagiar a todos sus compañeros de trabajo.

c. Va a engordar muchísimo.

d. Puede tener insomnio.

e. Un día va a desmayarse en la calle.

f. Va a acabar con la tensión arterial muy alta.

4-3 Un folleto. En el consultorio del médico, Clara lee un folleto de salud. Escribe cinco oraciones del folleto con las siguientes palabras. Debe quedar claro el significado de la palabra.

MODELO: ser alérgico/a

Si usted es alérgico/a a algún medicamento, debe decírselo a su médico antes de empezar cualquier tratamiento.

adelgazar   cuidar   régimen   malestar   pulmones   sano   agotado

1. _____

2. _____

3. _____

4. _____

5. _____

¡Sin duda!

4-4 Una gran lección. Josefina Palacios, la compañera de trabajo de Elvira, tuvo problemas de salud el año pasado y, por eso, se cuida mucho ahora. Usa el **pretérito** y el **imperfecto** del verbo apropiado para completar el párrafo a continuación.

sentir   sentirse   hacer caso   prestar atención

El año pasado Josefina (1)_____ estresada, le dolía el estómago con frecuencia y no (2) _____ a lo que comía y bebía. Un día, fue al hospital porque, de repente, (3) _____ un dolor muy fuerte en el estómago. Allí le dijeron que tenía gastritis y la pusieron a dieta. Afortunadamente, Josefina le (4) _____ al doctor y dejó sus malos hábitos.

Así se dice

4-5 El insomnio. Ahora, Josefina presta mucha atención a su salud y le da algunos consejos a su amiga Elvira para que ella se sienta bien. Escribe los consejos de Josefina usando el vocabulario del capítulo.

MODELO: *Es bueno comer muchas frutas y verduras.*

1. Es importante _____

2. Es mejor _____

3. Tienes que _____

4. Debes _____

5. No es bueno _____

6. No es necesario _____

4-6 En otras palabras. Lee las siguientes expresiones y reescríbelas en otras palabras.

MODELO: Quiero pedir hora con la Dra. Uribe.
Quisiera un turno con la Dra. Uribe.

1. Necesito ver al Dr. García urgentemente.

_____

2. ¿Puede darme un turno con la Dra. Gómez para el próximo mes?

_____

3. Me cayeron mal los frijoles.

_____

4. Me duele el estómago.

_____

Sigamos con las estructuras

Repasemos 1   Indicating location, purpose, and cause: *Por* vs. *para*

4-7 ¡Cuidado con los medicamentos! Rafael tuvo algunos problemas serios el mes pasado a causa de un medicamento. Usa las siguientes expresiones con **para** para completar el párrafo a continuación.

> para bien   para colmo   para siempre   para variar

El mes pasado Rafael tuvo un fuerte resfriado. Un día se levantó con mucho dolor de garganta y,

(1)_____, le estuvo molestando el estómago toda la mañana. Generalmente, tomaba jarabe

para el resfriado, pero ese día decidió tomarse unas pastillas, (2) _____. Salió de casa en su

moto y tuvo un pequeño accidente porque las pastillas le hicieron sentirse mareado. Se hizo una herida grande

en la mejilla y probablemente va a tener una cicatriz (*scar*) (3) _____. Sus padres y su novia

se asustaron tanto que Rafael decidió, (4) _____ de todos, vender la moto.

4-8 En el consultorio médico. Ramón fue al consultorio porque quería hacer régimen para adelgazar. Marca la expresión correcta con **por** para completar el diálogo lógicamente.

RAMÓN: Doctora Robles, quiero hacer régimen porque cada día estoy más gordo. (1) (Por lo menos / Por si acaso) quiero adelgazar diez kilos.

MÉDICA: Ramón, (2) (por lo pronto / por fin) vamos a hacerte un análisis de sangre. (3) (Por lo tanto / Por cierto), ¿estás muy estresado en el trabajo?

RAMÓN: Bastante. Estamos trabajando en un proyecto muy importante y, (4) (por casualidad / por eso) no tengo tiempo para cocinar ni casi para dormir.

MÉDICA: Ya veo. Seguramente cuando vas a casa estás tan cansado que llamas a la pizzería, (5) (por último / por ejemplo), y tú comes una pizza sin pensar.

RAMÓN: Pues sí, doctora. Hago eso casi todas las noches.

MÉDICA: Bueno, (6) (por ahora / por lo menos) vamos a hacer los análisis (7) (por si acaso / por un lado) tienes algún problema de salud. Si estás bien, vas a ir a un nutricionista para empezar un régimen efectivo y fácil de seguir. Pero debes olvidarte del teléfono de la pizzería durante un tiempo.

RAMÓN: ¡(8) (Por lo tanto / Por supuesto), doctora!

4-9 A dieta. A Antonia no le gusta estar a dieta pero necesita adelgazar unas libras. Ahora está muy contenta porque encontró una dieta que no le exige muchos sacrificios. Completa los espacios en blanco con **por** o **para**.

¡Estoy otra vez a dieta! (1) _____ suerte esta dieta es (2) _____ gente como yo. Es una buena dieta (3) _____ adelgazar sin muchas restricciones; si prohiben algo, lo reemplazan con otra cosa. (4) _____ ejemplo, no permiten comer pan blanco, pero se puede comer pan integral. También cambian el arroz blanco (5) _____ arroz integral; o las pastas (6) _____ pastas hechas con harina integral. Básicamente la dieta consiste en comer muchos vegetales y proteínas. (7) _____ supuesto que todos los dulces y los postres están prohibidos, pero puedo comer frutas. En el verano hice esta dieta (8) _____ un mes y me sentía muy bien. Ahora quiero perder diez libras (9) _____ antes de la Navidad. (10) _____ una gordita como yo, no es mucho; pero me ayudará a verme mejor.

Repasemos 2 Talking to and about people and things: Uses of the definite article

4-10 Un correo electrónico. Manuela no se sintió bien el año pasado, pero ahora está mucho mejor y le está escribiendo un mensaje a su hermana. Usa el artículo definido apropiado donde sea necesario para completar el mensaje de Manuela.

De	Manuela
Para	Rosaura
Asunto	Hola

Querida Rosaura:

Espero que estés bien. ¡Yo me siento de maravilla! Sigo un régimen muy estricto. No como (1) _____ grasas y bebo 6 vasos de (2) _____ agua diariamente porque el médico me dijo que (3) _____ agua es muy importante en una dieta equilibrada.

(4) _____ lunes, miércoles y viernes voy a clases de natación (swimming) durante una hora. Hoy es (5) _____ sábado y también fui a nadar esta mañana porque me gusta mucho relajarme en (6) _____ piscina. Además, (7) _____ semana pasada conocí a una mujer francesa que no habla muy bien (8) _____ español y voy a enseñarle un poco después de nuestras clases de natación.

Desde que empecé con (9) _____ régimen y (10) _____ ejercicio, me siento mucho mejor.

Cuídate mucho y escríbeme pronto.

Manuela

Repasemos 3 Suggesting group activities: *nosotros* commands

4-11 Un día especial. Rafael ya está mejor después de su accidente en la moto. Vilma y él están pensando en hacer algo especial para celebrar su recuperación. Completa las oraciónes con los mandatos de la forma **nosotros**.

VILMA: Ahora que te sientes bien, ¿Quieres ver a algunos de tus amigos?

RAFAEL: Sí, (1)_____ a Paco y Laura para almorzar. (invitar)

VILMA: ¿Qué tal si salimos a caminar por el parque hoy por primera vez?

RAFAEL: Bien. Por ser la primera vez, (2) _____ por media hora. (salir)

VILMA: ¿Tienes ganas de comer algo rico? Hace mucho que no comemos algo especial.

RAFAEL: Sí, (3) _____ un pastel de chocolate. (comprar)

VILMA: ¿Qué te parece si hacemos una fiesta para celebrar que estás bien?

RAFAEL: Me parece fantástico. (4) _____ una fiesta dentro de unas semanas. (hacer)

Aprendamos 1 Telling people what to do: Formal and informal commands

4-12 Ejercicios sencillos. Una revista dedicada a la salud y la nutrición recogió varios ejercicios de diferentes profesores de gimnasia. Completa los mandatos de los profesores con la forma **usted.**

> repetir   ponerse   mover   doblar

Ejercicio de tronco:

(1) _____ de pie con los pies separados, (2) _____ el cuerpo a la derecha por la cintura, (3) _____ la mano derecha de arriba a abajo en la pierna derecha. (4) _____ el mismo ejercicio hacia el lado izquierdo.

(Juan José Reina, Ponce)

> acostarse   bajar   levantar   tomar

Ejercicio de brazos y hombros:

(1) _____ sobre una superficie firme, (2) _____ una pesa en cada mano con los brazos extendidos en cruz, (3) _____ los brazos rectos encima de la cabeza. Lentamente, (4) _____ los brazos hasta el suelo por ocho veces.

(Alfredo Castellanos, Aguadilla)

> flexionar   tocar   permanecer   dar   volver   hacer

Ejercicio de muslos:

De pie, (1) _____ un paso adelante con la pierna derecha, (2) _____ las piernas y (3) _____ el suelo con la rodilla izquierda. (4) _____ en esa posición durante cinco segundos. (5) _____ a la posición inicial. (6) _____ el mismo movimiento con la otra pierna.

(Fernando León, San Juan)

4-13 ¿Estás deprimido/a? Ana leyó una lista de sugerencias sobre lo que debe y no debe hacer una persona con depresión. ¿Qué piensas tú?

Paso 1. Marca en la columna correcta las cosas que debes o no debes hacer si estás deprimido/a:

	Debes	No debes
1. decir siempre cómo te sientes		
2. ser muy exigente contigo mismo/a		
3. quedarte solo/a en casa los fines de semana		
4. hacer una lista de 10 cosas positivas que vas a hacer en el próximo mes		
5. ir a clases de yoga		
6. salir con personas pesimistas		
7. dormir muy poco		
8. tener un trabajo que requiera mucha concentración y energía		

Paso 2.   Vuelve a escribir ahora los consejos usando los mandatos informales (**tú**) en la forma afirmativa o negativa, de acuerdo con la información.

1. _____
2. _____
3. _____
4. _____
5. _____
6. _____
7. _____
8. _____

4-14 La gripe.   Roberto tiene una gripe muy fuerte. Su madre lo llama por teléfono y le da algunos consejos. Escribe los consejos de la madre uniendo las dos partes de la información dada. Usa los mandatos informales (**tú**) en la forma negativa o afirmativa.

MODELO: *Hijo, ¡come mucha sopa de pollo!*

beber	al trabajo
hacer	ejercicios físicos fuertes
ir	en la cama unos días
ponerse	mucho líquido
quedarse	la temperatura todos los días
salir	antibióticos sin receta médica
tomar	una bufanda al salir a la calle
tomarse	por la noche con los amigos

1. _____
2. _____
3. _____
4. _____
5. _____
6. _____
7. _____
8. _____

Aprendamos 2 Telling people what to do: Placement of pronouns with commands

4-15 Opiniones. Cecilia le está dando a su hermana Carmen su opinión sobre lo que ella quiere hacer. Completa las opiniones de Cecilia usando los mandatos informales y el pronombre cuando sea necesario.

MODELO: CARMEN: Debo comprar mis medicinas.

CECILIA: *Sí, cómpralas.*

1. CARMEN: Voy a ponerme a régimen.

   CECILIA: No, _____

2. CARMEN: Tengo que hacer los ejercicios que me indicaron.

   CECILIA: Sí, _____

3. CARMEN: Quiero beber esa cerveza.

   CECILIA: No, _____

4. CARMEN: Debo comer verduras.

   CECILIA: Sí, _____

5. CARMEN: Necesito acostarme más temprano.

   CECILIA: Sí, _____

6. CARMEN: Quiero dejar mi trabajo.

   CECILIA: No, _____

4-16 Vida nueva. Javier y su esposa Ana fueron al médico para pedirle consejos porque quieren cambiar de estilo de vida. Responde a sus preguntas con mandatos usando la forma **ustedes** y el pronombre cuando sea necesario.

MODELO: JAVIER: Doctor, ¿podemos comer huevos todos los días?

DOCTOR: *No, no los coman todos los días.*

1. JAVIER: ¿Necesitamos hacer ejercicio?

   DOCTOR: Sí, _____.

2. ANA: ¿Debemos ir al gimnasio todos los días?

   DOCTOR: Sí, _____.

3. ANA: ¿Debemos empezar clases de yoga?

   DOCTOR: Sí, _____.

4. JAVIER: ¿Podemos beber café?

   DOCTOR: No, _____.

5. JAVIER: ¿Podemos almorzar con vino?

   DOCTOR: No, _____.

6. JAVIER: ¿Necesitamos ponernos a régimen?

   DOCTOR: Sí, _____.

7. ANA: ¿Podemos dormir la siesta después del almuerzo?

   DOCTOR: No, _____.

Lectura

4-17 Los balnearios. Lee la información sobre los balnearios. Luego, contesta las preguntas.

¿Qué son los balnearios?

El uso de aguas termales para curar ciertas enfermedades crónicas del aparato locomotor, respiratorio y digestivo se llama termalismo. Estas aguas minerales con propiedades medicinales se han usado desde hace más de 2.000 años. En algunos casos pueden ser ingeridas por la boca o pueden usarse en forma de inhalaciones, baños o saunas sin efectos secundarios. La composición química varía de un lugar a otro, y así también varían sus propiedades terapéuticas.

Para enfermedades de la piel, o el aparato respiratorio y el locomotor, se recomiendan las aguas sulfuradas, mientras que las aguas sódicas son consideradas estimulantes. Las aguas ricas en hierro ayudan a la regeneración de la sangre, los casos de anemia, las enfermedades de la piel y también colaboran con los regímenes para adelgazar. Para las personas estresadas, ansiosas o depresivas se recomiendan las aguas radiactivas, las cuales tienen efectos sedantes y analgésicos, mientras que las aguas sulfatadas tienen efectos laxantes y diuréticos. Para problemas con el aparato digestivo se recomiendan las aguas bicarbonatadas.

Las aguas termales no sólo sanan sino que también previenen las enfermedades, regeneran el cuerpo y proporcionan descanso a la mente. Por esto los balnearios modernos se han convertido en lugares de vacaciones que proveen diversión para personas de todas las edades. Además de las aguas termales se ofrecen paseos, actividades culturales y deportivas, excursiones y otras atracciones para que los visitantes tengan unas vacaciones regeneradoras del cuerpo, la mente y el espíritu.

Preguntas:

1. ¿Para qué tipos de enfermedades son buenas las aguas termales?

   _____

2. ¿Desde cuándo se utilizan las aguas termales para tratar enfermedades?

   _____

3. ¿Qué efectos tienen las aguas sódicas?

   _____

4. ¿Qué tipos de aguas están indicadas para personas con anemia o que quieren hacer régimen?

   _____

5. ¿Qué tipos de agua se recomiendan para personas nerviosas?

   _____

6. ¿Para qué son buenas las aguas sulfatadas?

   _____

7. ¿Para qué se recomiendan las aguas bicarbonatadas?

   _____

8. ¿Qué ofrecen los balnearios, además de tratamientos para ciertas enfermedades?

   _____

Atando cabos

4-18 Decisión. Ahora que sabes más de los balnearios, explica en un párrafo si te parece buena o mala idea pasar una semana en un balneario.

_____

_____

_____

_____

_____

_____

_____

_____

_____

En marcha con las palabras

4-19 ¿Eres alérgico/a? Escucha las siguientes oraciones y decide si son **lógicas** (L) o **ilógicas** (I).

1. _____
2. _____
3. _____
4. _____

5. _____
6. _____
7. _____
8. _____

4-20 ¿Dónde está? Escucha las siguientes palabras y asócialas con una de las siguientes partes del cuerpo.

La pierna: _____, _____, _____

El brazo: _____, _____, _____

La cabeza: _____, _____, _____

4-21 En la farmacia. Escucha las siguientes conversaciones y luego marca la letra de la respuesta correcta.

Conversación A

1. Liliana tiene:
   a. dolor de oídos.
   b. dolor de garganta.
   c. dolor del estómago.

2. La farmacéutica le pregunta a Liliana:
   a. si tiene gripe.
   b. si tose.
   c. si tiene una cita con el médico.

3. A Liliana no le gusta:
   a. ir al médico.
   b. tomar jarabes para la tos.
   c. tener una infección.

4. Marcos tiene:
   a. gripe.
   b. tos.
   c. dolor de estómago.

Conversación B

1. Don Juan quiere:
   a. llevar a su nieto al médico.
   b. tomarse la presión.
   c. ponerse una inyección.

2. Alejandro se torció:
   a. una pierna.
   b. el tobillo.
   c. el codo.

3. Don Juan tiene:
   a. la presión normal.
   b. la presión alta.
   c. la presión baja.

4. La farmacéutica le manda:
   a. medicina a la casa de don Juan.
   b. una carta al medico de don Juan.
   c. saludos a la esposa de don Juan.

4-22 ¿Sufre de insomnio? Escucha las siguientes preguntas y marca la letra de la respuesta apropiada.

1. a. Sí, y fui a la farmacia también.

   b. Lleva un poco de pan integral y también harina de trigo.

2. a. El dentista está de vacaciones.

   b. Sí, tú el 15 y yo el 18.

3. a. Sí, creo que voy a vomitar.

   b. No, no me ponga el yeso.

4. a. No, la verdad que no.

   b. Bueno, hago ejercicio dos veces por semana.

5. a. Sí, y también lleva una dieta equilibrada.

   b. Sí, creo que sí. Comemos comida variada con muchas verduras y hacemos ejercicio.

6. a. ¡Uff! Muchísimo.

   b. Voy al dentista la semana que viene.

7. a. Quizás, pero yo también.

   b. No, no te preocupes.

8. a. No lo sé.

   b. No, no es necesario.

Sigamos con las estructuras

Repasemos 1   Indicating location, purpose, and cause: *Por* vs. *para*

4-23 ¿Por o para? Escucha las siguientes preguntas y completa los espacios en blanco con la preposición correcta.

MODELO: ¿Por dónde comenzó el dolor?
          Por

1. _____; _____

2. _____; _____

3. _____; _____

4. _____; _____

5. _____; _____

6. _____; _____

7. _____; _____

8. _____; _____

Repasemos 2   Talking to and about people and things: Uses of the definite article

4-24 En la cocina. Completa las oraciones con el artículo definido cuando sea necesario. Luego, escucha las oraciónes correctas.

PRESENTADOR: Está con nosotros (1) _____ cocinera del programa "Cocinando sano con doña Lola."

Buenas tardes, (2) _____ doña Lola.

DOÑA LOLA: Mucho gusto. Como saben, yo soy (3) _____ especialista en comida sana.

Abran (4) _____ libro en (5) _____ página 29.

Esta receta lleva (6) _____ pollo.

También van a necesitar (7) _____ arroz integral y cebollas.

Se cocina todo en (8) _____ horno, pero les enseño toda la receta luego.

PRESENTADOR: Bueno, hemos terminado. Muchas gracias y hasta (9) _____ próxima semana,

(10) _____ doña Lola.

Repasemos 3   Suggesting group activities: *Nosotros* commands

4-25 Vayamos a la playa. Escucha las preguntas y contéstalas utilizando el mandato **nosotros** en afirmativo o en negativo según se indica.

MODELO: Escuchas: ¿Quieres ir a la playa?
Ves: Sí, _____
Escribes: Sí, *vayamos a la playa;* No, *no vayamos a la playa.*

1. Sí, _____

2. No, _____

3. Sí, _____

4. No, _____

5. Sí, _____

6. No, _____

7. Sí, _____

8. No, _____

Lab Manual

Aprendamos 1   Telling people what to do: Formal and informal commands

4-26 Buena onda, buena forma.   Escucha el programa de radio "*Buena onda, buena forma*" y escribe la letra del ejercicio junto al dibujo correcto.

1. _____   2. _____   3. _____

a

b

c

4-27 Mente sana en cuerpo sano.   Escucha las preguntas de un amigo y escribe la respuesta usando los mandatos informales (**tú**).

MODELO: Escuchas: ¿Como en restaurantes todos los días?
Ves: No, _____.
Escribes: No, *no comas en restaurantes todos los días;* Sí, *come en restaurantes todos los días.*

1. No, _____

2. Sí, _____

3. No, _____

4. Sí, _____

5. No, _____

6. Sí, _____

7. No, _____

8. Sí, _____

4-28 Para estar en forma. Escucha los mandatos que te da tu compañera para estar en forma. Luego, escríbelos en la lista apropiada.

> MODELO: ¡Corre por lo menos media hora por semana!
> ¡Sí! *¡Corre por lo menos media hora por semana!*

¡Sí!   **¡No!**

_____   _____

_____   _____

_____   _____

Aprendamos 2   Telling people what to do: Placement of pronouns with commands

4-29 Con el veterinario. El gato de tu amigo Juan está enfermo y él lo lleva al veterinario. Contesta las preguntas de Juan como si fueras el/la veterinario/a, con los mandatos formales (**usted**).

> MODELO: Escuchas: ¿Tengo que ponerle una inyección?
> Ves: Sí, _____
> Escribes: Sí, *póngale una inyección;* No, *no le ponga una inyección.*

1. Sí, _____

2. No, _____

3. Sí, _____

4. No, _____

5. Sí, _____

6. No, _____

4-30 Llegan los invitados. Tienes invitados hoy que están por llegar y no todo está listo. Por suerte tienes a alguien que te ayuda. Contesta las preguntas con los mandatos formales (**usted**) y el pronombre necesario.

> MODELO: Escuchas: ¿Pongo la mesa en el jardín?
> Ves: Sí _____
> Escribes: Sí, *póngala en el jardín;* No, *no la ponga en el jardín.*

1. Sí, _____

2. No, _____

3. Sí, _____

4. Sí, _____

5. No, _____

6. No, _____

7. Sí, _____

8. Sí, _____

Atando cabos

4-31 Mensajes. Escucha los mensajes telefónicos que recibió la doctora Parrechi y coloca el nombre del/de la paciente y su número telefónico en cada una de las recomendaciones de la médica.

Nombre del paciente:
_____

Teléfono:
_____

Consejo: Darle una cita para hoy y tomar algo para bajar la fiebre.

Nombre del paciente:
_____

Teléfono:
_____

Consejo: Darle una cita para la próxima semana y hacerse una prueba de embarazo.

Nombre del paciente:
_____

Teléfono:
_____

Consejo: Enviarle la dieta de los ejecutivos y el folleto para dejar de fumar. Darle una cita para la semana que viene.

Nombre del paciente:
_____

Teléfono:
_____

Consejo: Venir al hospital y hacerse una radiografía urgente.

4-32 Encuesta. Una radio local hace una encuesta en la calle para saber si la gente joven lleva una vida sana. Escucha las entrevistas y escribe **Sí** o **No** según las respuestas de cada persona.

Pregunta	Clara	Inés	Federico
1. ¿Haces ejercicio por 20 minutos tres veces por semana o más?			
2. ¿Tienes tiempo libre para ti y tus amigos?			
3. ¿Manejas positivamente las situaciones estresantes de tu vida?			
4. ¿Te haces un examen médico anual?			
5. ¿Fumas?			

4-33 Dictado: Defensas mentales. Transcribe el fragmento del artículo "La actitud mental: un arma contra la enfermedad" que escucharás a continuación.

_____

_____

_____

_____

_____

_____

Las riquezas de la cocina mexicana

Introducción

La cocina mexicana es rica, nutritiva y muy variada en sus platillos e ingredientes. Esta cocina tiene raíces en las culturas prehispánicas y siguió desarrollándose con la llegada de los españoles. El video presenta algunos de los muchos platillos mexicanos servidos no sólo en México sino también en todas partes del mundo, junto con instrucciones para la preparación de la tortilla, la base de platillos como las enchiladas y los tacos. Verás la gran variedad de chiles que dan sabor y carácter a esta cocina y quizás te sorprenderá descubrir cómo los mexicanos incorporan ingredientes exóticos como el cactus, el chocolate e incluso un insecto seco en sus recetas. ¡Es para chuparse los dedos!

Vocabulario

el maíz	*corn*	**la canasta**	*basket*
los frijoles	*beans*	**relleno (de) / el relleno**	*filled (with) / filling, stuffing*
el achiote	*annatto*	**crujiente**	*crispy*
el ganado	*livestock*	**colorado**	*red*
el arroz	*rice*	**la olla**	*pot*
el trigo	*wheat*	**el guiso**	*stew, casserole*
la cebolla	*onion*	**el nopal**	*a type of edible cactus*
el ajo	*garlic*	**pelar**	*to peel*
la especia	*spice*	**la espina**	*prickle (of a cactus)*
la receta	*recipe*	**la hierba**	*herb*
la masa	*dough*	**el cilantro**	*coriander*
cocer	*to cook*	**el laurel**	*bay leaf*
la cal	*lime*	**la canela**	*cinnamon*
reposar	*to rest*	**el comino**	*cumin*
moler	*to grind*	**el chapulín**	*a type of grasshopper*
aplastar	*to flatten*	**picante**	*hot, spicy*
redondo	*round*	**la almendra**	*almond*
el comal	*ceramic dish for cooking tortillas*	**amargo**	*bitter*
colocar	*to place*	**la monja**	*nun*

Video Manual

Antes de mirar el video

4-34 Categorías de ingredientes. A continuación se presentan varios tipos de ingredientes y platillos típicos de la comida mexicana. Para cada uno determina a cuál de las siguientes categorías pertenece.

> **Categorías**
>
> carne   hierba   platillo   especia   grano   legumbre   fruta

1. achiote _____
2. arroz _____
3. chile _____
4. cilantro _____
5. enchilada _____
6. frijol _____
7. laurel _____

8. maíz _____
9. canela _____
10. pavo _____
11. pollo _____
12. tomate _____
13. tortilla _____
14. trigo _____

4-35 Cómo preparar una tortilla. Pepe Cocinero ha comprado un libro de recetas mexicanas en una librería de libros de segunda mano. Compró este libro a un precio muy barato porque faltan algunas páginas y en las otras páginas faltan unas palabras. Este es el caso de la receta para la tortilla. ¡Curiosamente todas las palabras que faltan son los mandatos! Por favor, ayuda al Sr. Cocinero a descifrar la receta. A continuación tienes una lista de verbos. Para cada espacio en blanco decide qué verbo es el que falta y ponlo en la forma del mandato formal.

> aplastar   cocer   dejar   preparar   calentar   colocar   moler   servir

1. Para preparar una tortilla, primero _____ la masa.
2. Y para preparar la masa, primero _____ el maíz en agua con un poco de cal.
3. _____ que el grano cocido repose durante la noche.
4. Al día siguiente _____ este grano hasta formar la masa.
5. Después, con las dos manos _____ una bola de masa para crear la forma plana y redonda de la tortilla.
6. _____ las bolas sobre un comal creando así una tortilla caliente.
7. _____ la tortilla en una canasta.
8. Y finalmente _____ la tortilla caliente a sus invitados y familia.

Al mirar el video

4-36 ¿Cierto o falso? Mira y escucha el video para determinar si las frases siguientes son **ciertas** (C) o **falsas** (F).

1. La cocina mexicana es muy semejante a las otras cocinas del mundo hispánico. _____

2. Los pueblos nativos, como los mayas y los toltecas, cultivaron tres ingredientes básicos: el maíz, los frijoles y los chiles, junto con una gran variedad de condimentos, flores y frutos. _____

3. Luego los españoles introdujeron ganado, aves, arroz y trigo. _____

4. La base de la dieta mexicana es la carne. _____

5. Las quesadillas son tortillas dobladas en dos con un relleno de carne o vegetales y mojadas de salsa, queso y crema. _____

6. Los frijoles se sirven refritos o de la olla, o en guisos tradicionales. _____

7. El nopal es un cactus que se come entero, incluso las espinas. _____

8. Una de las especias de la comida mexicana es un insecto seco. _____

9. El chile tiene propiedades medicinales y también estimula el apetitito. _____

10. Todos los chiles que se usan en la comida mexicana son picantes. _____

11. El ingrediente principal de todos los moles es el chocolate amargo. _____

12. Según la leyenda, el mole poblano nació en Puebla en el siglo XVI y fue la creación de una monja. _____

4-37 En busca de información. Mira y escucha el video, y luego, marca las respuestas correctas.

1. Antes de la llegada de los españoles, la dieta de los pueblos nativos de México no incluía
    a. frutas cítricas.
    b. maíz.
    c. vainilla.

2. El maíz es una fuente de
    a. proteína.
    b. carbohidratos complejos.
    c. grasa.

3. Siempre hay que servir las tortillas
    a. con frijoles.
    b. con salsa.
    c. calientes.

4. Las tortillas crujientes y fritas se llaman
    a. tamales.
    b. moles.
    c. tostadas.

5. El frijol más conocido es el frijol
    a. blanco.
    b. colorado.
    c. negro.

6. El nopal es rico en
   a. grasas y proteínas.
   b. carbohidratos.
   c. fibra y calico.

7. ¿Cuál de estos tres ingredientes no es típico de la comida mexicana?
   a. la canela
   b. el trigo
   c. el comino

8. ¿Cuál de estos chiles es de color oscuro y sabor dulce e intenso?
   a. el chile pasilla
   b. el chile jalapeño
   c. el chile serrano

9. El plato principal de las grandes celebraciones mexicanas es
   a. el frijol.
   b. el mole.
   c. el pavo.

Después de mirar el video

4-38 **Un platillo mexicano sano.** En pequeños grupos busquen en la red una receta mexicana que en la opinión del grupo

- sea diferente de las comidas mexicanas que ya conocen.
- tenga ingredientes que no se encuentran en los mercados típicos de los EE.UU.
- sea sana y nutritivo.
- les parezca sabrosa.

Después los grupos deben presentar el nombre de la receta a la clase indicando la región donde se prepara el platillo y las razones por las cuales eligieron ese paltillo.

4-39 **Una receta en pantomima.** Piensa en un plato favorito que te guste preparar y enséñalo a la clase, usando pantomima para representar las acciones de la preparación del plato. Si quieres, puedes intentar confundir a la clase agregando unos pasos o unos ingredientes equivocados. La clase tiene que adivinar qué estás haciendo y cuál es la receta.

Capítulo

5 Hablemos de donde vivimos

En marcha con las palabras

En contexto

5-1 Palabras y más palabras.

Paso 1.   Elimina la palabra que no pertenece a cada grupo.

1. vidrio	cartón	torre
2. cesto	cubo de basura	aerosol
3. envase	recipiente	rascacielos
4. medio ambiente	planeta	catástrofe
5. reaprovechar	guardar	tirar
6. reutilizar	malgastar	reciclar
7. residuos	municipio	desecho

Paso 2.   Explica por qué la palabra no pertenece a cada grupo o la relación entre cada pareja de palabras en el Paso 1.

MODELO: basura   desecho   cosmético

Cosmético no pertenece porque es algo que se usa en la piel.

1. _____.
2. _____.
3. _____.
4. _____.
5. _____.
6. _____.
7. _____.

5-2 Asociaciones. Tu amigo te dio una lista de palabras para que las asociaras. Escribe junto a cada palabra la letra con la que mejor se asocia.

1. emisión de gases _____	a. contaminación
2. tela _____	b. edificios
3. rascacielos _____	c. Marte
4. buzón _____	d. vestido
5. planeta _____	e. carta
6. cosméticos _____	f. lápiz labial

5-3 Prueba de memoria. Ayer estuviste leyendo unos textos sobre el medio ambiente y aprendiste estas palabras. Escribe la palabra correcta para cada una de las definiciones siguientes.

> basura   contaminado/a   jabón   talar   calentamiento global   cartón

MODELO: Lugar donde se hacen objetos: *fábrica*

1. Desechos, residuos: _____

2. Problema que describe el aumento de temperatura en nuestro planeta: _____

3. Sucio, con muchos desechos: _____

4. Cortar los árboles: _____

5. Producto que se usa para bañarse o para limpiar: _____

6. Material duro que se usa para hacer envases o cajas: _____

5-4 Tus definiciones. Tu amiga te hace una prueba para ver cuántas palabras aprendiste sobre el medio ambiente. Escribe la definición de cada palabra.

MODELO: desempleado

> *Un desempleado es una persona que no tiene trabajo.*

1. Una lata _____.

2. Un cesto _____.

3. Alquilar _____.

4. Malgastar _____.

5. Un glaciar _____.

¡Sin duda!

5-5 Un parque público. En el pueblo de San Fernando se publicó un anuncio para invitar a todos los vecinos a participar en la construcción de un parque. Usa el verbo apropiado en la forma correcta para completar el anuncio de la alcaldesa.

> alcanzar   conseguir   lograr   obtener

Un Parque Para Todos

Ciudadanos:

El año pasado nuestro municipio (1) _____ un nuevo terreno para la

construcción de un parque público. El mes pasado, por fin (nosotros) (2) _____ los

10.000 árboles gratis que habíamos pedido al Servicio de Parques Nacionales. Queremos plantar

todos los árboles el próximo fin de semana. Para (3) _____ nuestro objetivo,

necesitamos la ayuda de todos. Por fin vamos a (4) _____ tener el parque con el

que siempre hemos soñado. ¡Vengan todos el sábado y el domingo, y planten un árbol!

Así se dice

5-6 Elecciones municipales. Uno de los candidatos a alcalde del municipio de Santa Rosa habló para un grupo de ciudadanos sobre su plan ecológico. Escribe su discurso utilizando el vocabulario del capítulo y las siguientes expresiones.

Ciudadanos:

1. Debemos pensar que _____.

2. Tenemos que darnos cuenta de que _____.

3. Hay que considerar que _____.

4. Por un lado, _____.

5. Por otro lado, _____.

Por lo tanto, voten por mí. ¡Yo soy la mejor opción para el medio ambiente!

Sigamos con las estructuras

Repasemos 1   Distinguishing between people and things: The personal *a*

5-7 Ciudadanos conscientes. El gobierno de la ciudad ha enviado a todas las casas unas sugerencias sencillas para cuidar de las calles y parques de la ciudad. Completa la información con la preposición **a** donde sea necesaria.

Saque (1) _____ su perro al parque, pero no se olvide de limpiar después. No ponga (2) _____ el vidrio con el resto de la basura. Si no hay transporte público cerca, lleve (3) _____ sus vecinos al trabajo en su coche y comparta (4) _____ los gastos de gasolina con ellos. No deje (5) _____ las bolsas de basura en la acera, póngalas en los contenedores. Enséñeles (6) _____ sus niños que no deben tirar papeles en la calle. Si cambia (7) _____ los electrodomésticos de la cocina, elija los que consuman menos energía. Cuide (8) _____ la ciudad donde vive como si fuera su propia casa.

Repasemos 2   Avoiding repetition of nouns: Direct object pronouns

5-8 Buenos planes. Rebeca le describe a un amigo lo que hace para no contaminar.

Paso 1.   Su amigo está de acuerdo con ella. Escribe lo que él dice según el modelo. Hay dos maneras de hacerlo.

MODELO: Tengo que buscar el centro para reciclar.
Yo también tengo que buscarlo. o
Yo también lo tengo que buscar.

1. Voy a comprar productos de limpieza en envases reciclables.

   _____

2. Estoy guardando todo el papel.

   _____

3. Debo ahorrar agua.

_____

4. Pienso reciclar las pilas.

_____

Paso 2. Ahora su amigo le está dando algunos consejos. Reescribe sus consejos usando los pronombres de objeto directo que correspondan.

MODELO: Pon la secadora solamente en el invierno.

Ponla solamente en el invierno.

1. No tengas siempre la televisión encendida.

_____

2. Echa los restos en el cubo de basura.

_____

3. No uses servilletas de papel.

_____

4. Compra jabón biodegradable.

_____

5. No tires las bolsas de plástico a la basura.

_____

5-9 **Los buenos ecologistas.** El municipio de San Fernando de Henares (Madrid) envió un cuestionario a los ciudadanos para saber lo que hacen por el medio ambiente. Contesta el cuestionario usando pronombres de objeto directo.

MODELO: ¿Está usted reciclando el papel?

Sí, lo estoy reciclando. o

No, no estoy reciclándolo.

1. ¿Recicla usted el vidrio?
   Sí, _____.

2. ¿Lleva las pilas al depósito del pueblo?
   Sí, _____.

3. ¿Toma usted el transporte público para ir al trabajo?
   No, _____.

4. ¿Compra usted aerosoles sin CFC?
   Sí, _____.

5. ¿Malgasta mucha agua?
   No, _____.

Repasemos 3   Indicating to whom or for whom actions are done: Indirect object pronouns

5-10 El colegio ecológico. Un profesor del colegio de Santiago tiene un plan original para enseñarles a los estudiantes a cuidar el medio ambiente. Ahora está hablando con el jefe del departamento sobre su plan. Usa los mandatos de la forma **usted** y los pronombres de objeto indirecto para escribir la reacción del jefe.

MODELO: no decir / nada / a los estudiantes todavía.

No les diga nada a los estudiantes todavía.

1. presentar / al director / su plan "Colegio ecológico"

   _____

2. pedir permiso / a los profesores / para hablar con los niños

   _____

3. no pedir / a nadie / dinero para el proyecto

   _____

4. hablar / a los niños / sobre el proyecto del medio ambiente

   _____

5. explicar / a nosotros / ahora todos los detalles

   _____

6. dar / a los padres / ideas para ayudar a los niños

   _____

7. enseñar / a nosotros / los resultados del proyecto

   _____

8. mandar / al alcalde / un video sobre las actividades de los alumnos

   _____

5-11 Un nuevo trabajo. Álvaro ha conseguido un trabajo en la Comisión del Medio Ambiente de Caracas. Ahora está contándole a su amigo José sobre el nuevo trabajo. Escribe las preguntas de José basándote en cada respuesta. Presta atención a los pronombres.

MODELO: JOSÉ: *¿Qué te mandaron?*

   ÁLVARO: Me mandaron una carta.

1. JOSÉ: ¿_____?

   ÁLVARO: Me decían que me habían aceptado para trabajar en la Comisión del Medio Ambiente.

2. JOSÉ: ¿_____?

   ÁLVARO: Le dije a mi novia que tenía que mudarme inmediatamente.

3. JOSÉ: ¿_____?

   ÁLVARO: Sí, les voy a mandar mi dirección a mis padres tan pronto como encuentre apartamento allí.

4. JOSÉ: ¿_____?

   ÁLVARO: Bueno, te explicaré todos los detalles cuando los tenga, ¿de acuerdo?

Aprendamos 1   Avoiding repetition of nouns: Double object pronouns

5-12 Una playa limpia. La playa de Santa Cruz del Mar está contaminada y el municipio va a limpiarla. Carlota trabaja en el proyecto. Vuelve a escribir las oraciones a continuación usando los pronombres de objeto directo e indirecto.

MODELO: Ayer nos enviaron la carta con todos los datos.

Ayer nos la enviaron.

1. Ayer me dieron toda la información sobre el programa de descontaminación.

   _____

2. Mañana le voy a explicar los detalles al jefe de Medio Ambiente.

   _____

3. Esta tarde el jefe de Medio Ambiente le presenta el plan a la alcaldesa.

   _____

4. Mañana la alcaldesa nos tiene que dar su opinión sobre el programa.

   _____

5. La próxima semana le escribimos una carta al ministro.

   _____

6. Me van a encargar el trabajo de promoción del plan.

5-13 El trabajo de promoción. Carlota está muy contenta porque va a encargarse de promocionar el plan de limpieza de la playa. Ahora su amiga María le está haciendo algunas preguntas sobre su futuro trabajo. Responde a las preguntas usando los pronombres de objeto directo e indirecto.

MODELO: MARÍA: ¿Quién te recomendó este proyecto?

CARLOTA: *Mi jefe me lo recomendó.*

1.   MARÍA: ¿Le vas a dedicar mucho tiempo a ese trabajo?

   CARLOTA: Sí, _____

2.   MARÍA: ¿Les vas a enviar a los profesores del colegio un video del plan?

   CARLOTA: Sí, _____

3.   MARÍA: ¿Nos vas a dar más detalles del proyecto a todos tus amigos?

   CARLOTA: Sí, _____

4.   MARÍA: ¿Me vas a mandar un folleto? ¡Es un plan fabuloso!

   CARLOTA: Sí, _____

5.   MARÍA: ¿Les puedo explicar todo esto a mis padres?

   CARLOTA: Sí, _____

5-14 Una carta muy repetitiva. Manolo está corrigiendo una carta sobre el consumo de energía para su jefe. En la carta hay muchas repeticiones. Ayúdale a escribir el siguiente párrafo de nuevo usando los pronombres de objeto directo e indirecto donde corresponda.

Esta carta es para comunicar (1) _____ (a todos los empleados) que debemos reducir el consumo de energía en nuestra empresa. Quiero explicar (2) _____ (a todos los empleados) que malgastamos el papel inútilmente, (3) _____ tiramos (el papel) en la papelera casi sin usar y no (4) _____ reusamos (el papel). La empresa le está dando a nuestro departamento cien mil hojas de papel semanales, pero ahora tiene que dar (5) _____ (a nosotros) (6) _____ (cien mil hojas de papel) diariamente. El director quiere explicar (7) _____ (a nosotros) por qué esto no puede continuar así. El director va a enviar (8) _____ (a nosotros) la carta con el plan de ahorro de papel. Él está escribiendo (9) _____ (la carta) ahora y quiere mandar (10) _____ (la carta) la próxima semana.

Aprendamos 2   Expressing inequality: Comparisons

5-15 ¿Quién cuida mejor el medio ambiente? Comparen los hábitos de Estela y Carlos hacia el medio ambiente.

Carlos	Estela
Recicla todas las revistas.	Sólo recicla algunas revistas.
Sólo compra el periódico los domingos y los recicla.	Compra el periódico todos los días y lo recicla.
Reusa todas las bolsas de plástico.	Reusa las bolsas de plástico algunas veces.
Recicla todas las botellas vacías que encuentra en la calle y en su casa.	Recicla sólo las botellas de su casa.
Nunca usa bolsas de papel.	Usa bolsas de papel algunas veces.

MODELO: Carlos recicla _____ revistas _____ Estela.

Carlos recicla *más* revistas *que* Estela.

1. Carlos recicla _____ periódicos _____ Estela porque compra menos.

2. Carlos reusa _____ bolsas de plástico _____ Estela.

3. Carlos recicla _____ botellas _____ Estela.

4. Carlos usa _____ bolsas de papel _____ Estela.

5-16 ¿Cuánto sabes sobre la ecología global? Completa estas oraciones con las palabras dadas para descubrir cuánto sabes sobre estas situaciones mundiales.

> peor / mejor que   más / menos que   más de

1. En la provincia peruana de Cajamarca se destruyeron _____ 9.000 hectáreas de bosque en un solo año.

2. La contaminación que produce una casa es _____ la que produce un coche.

3. El mediterráneo recibe cada año _____ 220 millones de turistas lo cual causa un deterioro de la riqueza natural y cultural de la región.

4. Las plantas sufren por la contaminación _____ los animales.

5. Todos sabemos que los glaciares están en retroceso debido al calentamiento global. Si se derrite el hielo de los glaciares, las aguas de la costa aumentarán _____ 8 metros.

6. La organización del reciclado en los países industrializados es _____ en los países en vías de desarrollo.

Aprendamos 3   Expressing equality: Comparisons

5-17 Dos primas. Alicia y Sonia son muy similares; lee el siguiente párrafo y luego completa las oraciones con las comparaciones de igualdad.

A Alicia y Sonia les gusta mucho viajar. Este verano Sonia visitó 10 países europeos en sus vacaciones. Alicia también visitó 10 países, pero en Latinoamérica. Ellas trabajan mucho durante el año. Sonia trabaja hasta 50 horas por semana en una oficina de abogados. Alicia trabaja el mismo número de horas en su oficina como arquitecta. Las dos viven en un apartamento de dos dormitorios, pero una vive en Boston y la otra en San Francisco. Ellas asistieron a la misma universidad en Texas. Ahora se comunican por correo electrónico. Alicia le escribe 15 mensajes por semana y Sonia se los contesta. Para las Fiestas de fin de año van a estar juntas en Nueva York donde viven sus padres.

MODELO: Este verano Sonia visitó _____ países _____ Alicia.
Este verano Sonia visitó *tantos* países *como* Alicia.

1. A Alicia le gusta viajar _____ _____ a Sonia.

2. Alicia trabaja _____ horas por semana _____ Sonia.

3. El apartamento de Sonia es _____ grande _____ el de Alicia.

4. Alicia escribe _____ mensajes por semana _____ Sonia.

5. _____ los padres de Alicia _____ los de Sonia viven en Nueva York.

6. _____ Alicia _____ Sonia van a estar en Nueva York para las Fiestas.

5-18 Comparando países y ciudades. Completa los espacios con las estructuras de comparación. Sigue el modelo.

MODELO: Costa Rica tiene mucho ecoturismo.

Nicaragua tiene muy poco ecoturismo.

Costa Rica tiene *más* ecoturismo *que* Nicaragua.

Nicaragua no tiene *tanto* ecoturismo *como* Costa Rica.

1. Buenos Aires tiene 11 millones de habitantes.

   Ciudad de México tiene 20 millones de habitantes.

   Buenos Aires tiene _____ habitantes _____ México.

   Buenos Aires no es _____ grande _____ México.

2. Costa Rica tiene un 25% de reservas naturales.

   El Salvador sólo tiene el 5%.

   Costa Rica tiene _____ reservas naturales _____ El Salvador.

   El Salvador no tiene _____ reservas naturales _____ Costa Rica.

3. Costa Rica tiene el 5% de las especies animales del planeta.

   Colombia tiene el 10% de las especies animales del planeta.

   Costa Rica tiene _____ especies animales _____ Colombia.

   Costa Rica no tiene _____ especies animales _____ Colombia.

4. En Panamá van a plantar árboles en 7.000 hectáreas.

   En Honduras van a reforestar sólo 700 hectáreas.

   En Panamá van a plantar _____ árboles _____ en Honduras.

   En Honduras no van a plantar _____ árboles _____ en Panamá.

Lectura

5-19 Reciclaje creativo. Amalia está estudiando arquitectura en la Universidad de Río Piedras. Ayer en la clase estuvieron hablando del famoso arquitecto catalán Antonio Gaudí. Éstas son algunas de las notas que Amalia tomó en la clase.

Antonio Gaudí es, sin duda, el arquitecto catalán más famoso de la historia. Nació en 1852 y murió atropellado por un tranvía en Barcelona en 1926. Gaudí se licenció en la Escuela Superior de Arquitectura de Barcelona. Era un arquitecto de gran creatividad y usó soluciones muy innovadoras para su tiempo. Una de las técnicas más originales que utilizó en la decoración de los edificios que construía era el *trencadis*, que consistía en usar elementos cerámicos reaprovechados de edificios destruidos. Gaudí combinaba esta cerámica de diferentes colores de una manera única y personal, lo cual se puede ver en muchos de sus edificios que todo el mundo reconoce. Muchas de estas obras se encuentran en Barcelona y las más famosas son la catedral de la Sagrada Familia, el parque Güell y las casas Milá y Batlló.

Paso 1. Ahora Amalia está haciendo una síntesis de las notas que tomó. Ayúdala a completarla.

1. Gaudí nació a mediados del siglo _____.

2. Su muerte fue causada por _____.

3. Estudió en _____.

4. De profesión era _____.

5. Utilizaba cerámica de edificios destruidos para _____.

6. Uno de los monumentos religiosos de Gaudí es _____.

Paso 2. Ahora ayúdale a Amalia a escribir dos ventajas del *trencadis* para el medio ambiente.

1. _____.

2. _____.

Atando cabos

5-20 Buenos propósitos. En los últimos días has estado pensando mucho en la importancia de proteger el medio ambiente, y has decidido hacer algunas cosas al respecto. Éstos son tus planes:

Desde este momento voy a _____,

y a _____.

De esta manera _____.

De hecho, no voy a _____

ni a _____.

Por eso, _____.

En marcha con las palabras

5-21 Hay mucha contaminación. Escucha las siguientes oraciones y decide si son **lógicas** (L) o **ilógicas** (I).

1. _____
2. _____
3. _____
4. _____

5. _____
6. _____
7. _____
8. _____

5-22 Orientación profesional. Seis estudiantes están pensando en hacer algún tipo de estudio sobre el medio ambiente. Tú debes ayudarlos a encontrar el curso apropiado. Escucha lo que desea cada uno y escribe su nombre en la línea correcta.

1. Tema: Nuevas formas de sembrar la tierra y de aprovechar los recursos naturales.

   Lugar: Chile

   Duración: Un mes

   Fechas: Julio y agosto

   Este curso es apropiado para _____.

2. Tema: Limpieza de ríos y vías navegables, especialmente recuperación de las aguas contaminadas por desechos del petróleo.

   Lugar: México

   Duración: Dos semanas

   Fechas: 1 al 15 de julio

   Este curso es apropiado para _____.

3. Tema: El calentamiento del planeta y la protección de la capa de ozono. El efecto de los aerosoles en el calentamiento. El cambio climático y sus consecuencias.

   Lugar: Chile y por Internet. Los cursos se siguen por Internet y hay un examen final en Santiago durante el mes de marzo.

   Este curso es apropiado para _____.

4. Tema: Estudios para la protección de los bosques y otros recursos naturales.

   Lugar: España

   Duración: Tres cursos de dos semanas cada uno

   Fechas: Cursos en el otoño, la primavera o el verano

   Este curso es apropiado para _____.

5. Tema: El problema del calentamiento. Análisis de las especies animales en vías de extinción.

   Lugar: España

   Duración: Un mes

   Fechas: Todo el año excepto en los meses de julio y agosto

   Este curso es apropiado para _____.

6. Tema: Nuevas perspectivas en el reciclado de materiales de desecho. Reaprovechamiento creativo de la basura generada en las casas y viviendas. Nuevos métodos de reutilización del papel y el cartón. Envases ecológicos.

   Lugar: España

   Duración: 30 horas

   Fechas: julio y agosto

   Este curso es apropiado para _____.

Lab Manual

5-23 Definiciones. Escucha las definiciones y decide a qué palabra se refiere cada una. Luego, escribe la letra correcta.

1. envase _____
2. reutilizar _____
3. cartón _____
4. recursos naturales _____

5. basura _____
6. pila _____
7. energía solar _____
8. ecología _____

5-24 Una meta. Escucha el siguiente informe sobre un programa ecológico, y completa los espacios en blanco con el verbo apropiado.

El mes pasado nuestro proyecto (1) _____ una ayuda económica del gobierno, y este mes, por fin, (2) _____ los 100.000 pesos que nos faltaban, pero para (3) _____ nuestra meta necesitamos 50.000 pesos más. Si continuamos trabajando de esta manera vamos a (4) _____ acumular el presupuesto deseado.

Sigamos con las estructuras

Repasemos 1   Distinguishing between people and things: The personal *a*

5-25 ¿Un trabajo? Tienes un amigo que busca trabajo y va a conocer tu empresa. Escucha las siguientes oraciones y coloca la preposición **a** cuando sea necesaria. Utiliza la contracción **al** cuando sea necesaria. Luego escucha las oraciones correctas.

1. ¿Buscas _____ el encargado de recursos naturales? Soy yo.
2. En mi trabajo, busco _____ soluciones para los problemas ambientales.
3. Ése que está allí, es _____ el presidente de la comisión de reciclado.
4. Te presento _____ la responsable del medio ambiente del municipio.
5. Te presento _____ el presidente de la comisión de ecología.
6. Tú tienes que escribirle _____ la directora si quieres trabajar acá.
7. Vamos a hablarle _____ la ingeniera Domínguez.

Repasemos 2   Avoiding repetition of nouns: Direct object pronouns

5-26 ¿A qué se refieren? Escucha las siguientes oraciones y decide a qué o a quién se refieren. Luego escoge la letra del objeto correcto.

1. a. a los ingenieros de la fábrica
   b. a las personas del municipio
2. a. los envases
   b. la basura
3. a. las latas
   b. los bosques tropicales

4. a. la capa de ozono
   b. el medio ambiente
5. a. los aerosoles
   b. la contaminación
6. a. las fábricas
   b. el cartón

5-27 ¿Quién lo hace? En la oficina hay mucho trabajo y tienes que repartir las tareas. Contesta las preguntas de acuerdo al modelo.

> MODELO: Escuchas: ¿Quién llama a Susana?
> Ves: Yo
> Escribes: *Yo la llamo.*

1. Nosotros
   _____

2. Ustedes
   _____

3. Yo
   _____

4. Él
   _____

5. Ellas
   _____

6. Usted
   _____

7. Tú
   _____

8. La directora
   _____

Repasemos 3   Indicating to whom or for whom actions are done: Indirect object pronouns

5-28 ¿A quién? Tú eres un/a representante de tu comunidad y los ciudadanos te plantean sus gustos y preocupaciones. Escúchalos y decide a quién se refiere cada oración. Luego, escoge la letra de la respuesta correcta.

1. a. a ellas
   b. a nosotras

2. a. a mí
   b. a él

3. a. a ellos
   b. a ti

4. a. a mí
   b. a ellos

5. a. a nosotros
   b. a ellas

6. a. a él
   b. a ellos

7. a. a mí
   b. a ti

8. a. a mí
   b. a ella

5-29 Responsabilidades. Escucha los siguientes mandatos de tu jefe y luego decide a quién se refiere cada objeto indirecto. Escribe la letra de la respuesta correcta.

1. _____   a. a la ingeniera
2. _____   b. a ti
3. _____   c. a mí
4. _____   d. a nosotros
5. _____   e. a los políticos

Aprendamos 1 Avoiding repetition of nouns: Double object pronouns

5-30 ¿Me lo explicas? En la oficina hay mucha gente nueva y todos tienen preguntas. Contesta las preguntas de acuerdo al modelo.

MODELO: ¿Me explicas el nuevo programa?
Sí, te lo explico. o
No, no te lo explico.

1. Sí, _____.
2. No, _____.
3. Sí, _____.
4. No, _____.
5. Sí, _____.
6. No, _____.
7. Sí, _____.
8. No, _____.

5-31 ¡Dámelo! Todo está un poco desorganizado en la oficina y te piden muchas cosas. Contesta los mandatos de acuerdo al modelo.

MODELO: Escuchas: Dales las pilas.
Ves: No, _____.
Escribes: *No, no se las doy.*

1. Sí, _____.
2. No, _____.
3. Sí, _____.
4. No, _____.
5. Sí, _____.

Aprendamos 2 Expressing inequality: Comparisons

5-32 ¿Cuánto tardan? Escucha las siguientes afirmaciones y decide si son **ciertas** (C) o **falsas** (F) basándote en la información de la tabla.

Productos	Tiempo de descomposición
periódicos	10 años
pañuelos de papel	3 meses
billetes de metro	3–4 meses
fósforos (cerillas)	6 meses
corazón de una manzana	6–12 meses
filtros de cigarrillos	1–2 años
folletos de propaganda	5 años
revistas	10 años

1. _____
2. _____
3. _____
4. _____
5. _____
6. _____

5-33 Apartamentos en Buenos Aires. Lee la información sobre las ofertas inmobiliarias. Luego, escucha las afirmaciones y decide si son **ciertas** (C) o **falsas** (F).

Tenemos tres apartamentos para ofrecerle. Estos son los datos:

Apartamento 1	**Apartamento 2**	**Apartamento 3**
Ubicación: Barrio norte	Ubicación: Zona sur	Ubicación: Zona sur
Tamaño: dos dormitorios y un baño	Tamaño: tres dormitorios y dos baños	Tamaño: un dormitorio y un baño
Precio: 1500 pesos	Precio: 1400 pesos	Precio: 1200 pesos

Podemos visitarlos todos esta mañana. Los de la zona sur a las diez y el de barrio norte a las once y media.

1. _____   5. _____
2. _____   6. _____
3. _____   7. _____
4. _____   8. _____

Aprendamos 3   Expressing equality: Comparisons

5-34 Más comparaciones. Vuelve a leer la información sobre las ofertas inmobiliarias. Luego, escucha las afirmaciones y decide si son **ciertas** (C) o **falsas** (F).

1. _____   5. _____
2. _____   6. _____
3. _____   7. _____
4. _____   8. _____

5-35 Tres ciudades junto al mar. Escucha y escribe las comparaciones sobre La Solariega, Villa del Bosque y Mar azul. Luego, escribe el nombre de cada una de las ciudades.

Ciudad:	_____	_____	_____
habitantes	30.000	30.000	50.000
campings	8	6	7
cines	4	4	10
pistas de tenis	6	5	6
restaurantes	12	8	12
piscinas	4	4	2
playas	5	4	10
campos de golf	0	1	1
lluvia por año	100 ml	100 ml	200 ml

1. _____ .
2. _____ .
3. _____ .
4. _____ .
5. _____ .
6. _____ .
7. _____ .
8. _____ .

Atando cabos

5-36 Econoticia. Escucha la noticia de la radio y di si las afirmaciones son **ciertas** (C) o **falsas** (F). Luego, corrige las afirmaciones falsas.

1. Los residuos de las ciudades equivalen al 13% del total de basura. _____

   Corrección: _____ .

2. El 46% son papeles. _____

   Corrección: _____ .

3. El 21% es materia orgánica. _____

   Corrección: _____ .

4. El 11% son plásticos. _____

   Corrección: _____ .

5. El 5% son residuos textiles. _____

   Corrección: _____ .

6. El 20% lo componen otros residuos. _____

   Corrección: _____ .

5-37 Conciencia ecológica. Una radio local hace una encuesta en la calle para conocer los hábitos de la gente. Escucha la encuesta y marca con una "X" en el cuadro las respuestas afirmativas que da cada persona.

Pregunta	Marta	Cecilia	Ignacio
1. ¿Recicla papeles y cartones?			
2. ¿Recicla el vidrio?			
3. ¿Usa pilas recargables?			
4. ¿Va en su auto al trabajo?			
5. ¿Usa transporte público?			

5-38 Dialoguitos. Escucha las siguientes oraciones y decide a qué dibujo corresponde cada una. Luego escribe la letra del dibujo correcto.

1. _____

2. _____

3. _____

4. _____

5. _____

5-39 Dictado: Propuestas verdes en España. Transcribe el fragmento a continuación.

_____

_____

_____

_____

_____

_____

_____

_____

_____

Nombre: _____   Fecha: _____

La lucha contra la contaminación

Introducción
La rápida urbanización, la creciente industrialización y la explosión demográfica están contribuyendo al problema de la contaminación del medio ambiente en América Latina. En algunas partes los humos tóxicos de los coches, las fábricas y otras fuentes de contaminación son visibles, sobretodo en las megaciudades latinoamericanas. Este video examina el problema pero también sus posibles soluciones asì como la manera en que se está limpiando el medio ambiente. La guerra contra la contaminación se está luchando con vigor en esta región del planeta. Si se va a ganar o perder esta guerra es todavía un interrogante.

Vocabulario

rezar	to pray	la basura	garbage
la cosecha	crop, harvest	enterrar	to bury
la megaciudad	megacity	quemar	to burn
el crecimiento	growth	la amenaza	threat
el nivel	level	mudar	to move
los humos tóxicos	toxic fumes	la circulación	traffic
el plomo	lead	la placa de matriculación	license plate
la fábrica	factory	la señal	sign
el combustible	fuel	la multa	fine
el suelo	ground	el parabrisas	windshield
el derivado	by-product		
el derrame de petróleo / la marea negra	oil spill		

Antes de mirar el video

5-40 La lucha contra la contaminación: asociación de palabras y conceptos. A continuación se presentan en la primera columna algunas fuentes de contaminación. En la segunda columna se encuentran palabras o conceptos que se asocian con el tema de la contaminación. Determina qué palabra o concepto se asocia con cada contaminante. (¡Algunos de los términos pueden asociarse con más de una fuente de contaminación!)

Fuentes de contaminación
1. cada vez más gente en el planeta
2. los coches
3. las fábricas
4. la búsqueda de petróleo en los océanos
5. montones de basura
6. la creciente urbanización

Palabras y conceptos
a. los derrames o mareas negras
b. ¿enterrar o quemar?
c. el abandono del campo
d. la explosión demográfica
e. la emisión de humos tóxicos
f. el combustible

5-41 ¿Qué sabes ya de la ecología y del medio ambiente? Probablemente ya sabes mucho sobre la ecología y el medio ambiente. Para determinar cuánto sabes sobre este importante tema elige la respuesta más adecuada para completar cada una de las siguientes frases.

1. Hay más contaminación ahora porque más gente vive en
   a. el campo.
   b. las grandes ciudades.
   c. casas de una sola habitación.
   d. las fábricas.

2. En ciudades como México y Los Angeles la contaminación del aire es
   a. poca.
   b. visible.
   c. invisible.
   d. saludable.

3. Los coches emiten _____ al aire.
   a. mercurio
   b. oxígeno
   c. plomo
   d. agua

4. Las compañías petroleras extraen petróleo
   a. de los ríos.
   b. sólo del suelo.
   c. sólo del océano.
   d. del suelo y del océano.

5. Para reducir las emisiones tóxicas de los coches algunos países
   a. prohiben el uso de los coches durante la noche.
   b. tienen pruebas de verificación de las emisiones de los coches.
   c. han producido un combustible alternativo derivado del trigo.
   d. no importan el petróleo.

6. Los árboles son buenos para el medio ambiente porque producen
   a. CO2.
   b. hojas.
   c. agua potable.
   d. oxígeno.

Al mirar el video

5-42 Imágenes para la protección del medio ambiente. Mira el video con o sin sonido para determinar qué imágenes se usan para ilustrar las ideas que aparecen a continuación.

1. **Idea:**

   Las antiguas civilizaciones indígenas adoraban la tierra.

   Imagen:

   a. unos indígenas rezando a sus dioses

   b. unas pirámides en medio del campo

   c. Hernán Cortés y los conquistadores españoles

2. **Idea:**

   La gente sale del campo para vivir en las ciudades.

   Imagen:

   a. fincas y cultivos abandonados

   b. gente llevando sus maletas

   c. gente cruzando la calle

3. **Idea:**

   La contaminación en la Ciudad de México es fuertemente visible.

   Imagen:

   a. los dos volcanes que son difíciles de ver claramente

   b. el humo que sale de una chimenea de una fábrica

   c. un mexicano en un hospital con tubos de oxígeno

4. **Idea:**

   La actividad industrial empeora el medio ambiente.

   Imagen:

   a. el humo negro emitido al aire por las fábricas

   b. unos trabajadores en una fábrica

   c. un reloj que marca la hora en una fábrica

5. **Idea:**

   Cada coche de la Ciudad de México debe pasar una prueba de verificación de sus emisiones.

   Imagen:

   a. coches abandonados en la carretera

   b. un conductor de coche que compra combustible

   c. unos monitores que leen los gases de escape del coche

6. **Idea:**

   México tiene un programa llamado "Hoy no circula."

   Imagen:

   a. unos coches en un garaje

   b. un hombre que camina a su trabajo

   c. unas señales que indican el día prohibido de circulación

Video Manual

5-43 Escuchar con más atención. Mira y escucha el video de nuevo para buscar las palabras que faltan.

1. Las antiguas civilizaciones de Latinoamérica se mantenían de los cultivos de la tierra y rezaban a los dioses y les pedían _____ y unas buenas _____.

2. La _____ del siglo XX y la _____ de la economía en el siglo XXI han cambiado de una manera radical la relación del hombre con la tierra.

3. Tres de las megaciudades más grandes del mundo son _____ (Argentina), _____ (Brasil) y _____ (México).

4. En la Ciudad de México circulan más de _____ de vehículos.

5. Los derrames de petróleo, o mareas negras, contaminan océanos y mares, extinguiendo especies enteras de _____.

6. No hay tierra suficiente para _____ toda la basura y una de las respuestas es quemarla.

7. En la Ciudad de México cada coche debe pasar una prueba de verificación de sus emisiones _____ veces al _____.

8. Los conductores que no obedecen estas leyes de circulación en México reciben una _____ elevada e incluso pueden _____ su coche.

9. Los conductores que tienen avisos oficiales pegados a los parabrisas de sus coches sienten _____.

10. Los habitantes de Latinoamérica están decididos a _____ la lucha contra la contaminación.

Después de mirar el video

5-44 Los obstáculos al uso de las energías alternativas. Además de los combustibles fósiles como el petróleo, la gasolina y el carbón, hay muchas formas alternativas de energía que son baratas, limpias, renovables y naturales, como la energía solar, la energía eólica (del viento) y la energía del agua. Sin embargo, muchas de estas formas son escasamente utilizadas. Con unos/as compañeros/as de clase, preparen una lista de las razones políticas, económicas, personales, etc. que limitan nuestro uso de estas formas alternativas. Después de examinar su lista, el grupo debe decidir cuál es el mayor obstáculo y por qué.

5-45 Debate: Los norteamericanos y sus vehículos. En la actualidad el debate en torno al uso de los vehículos grandes (*SUVs*) tiene mucho impacto en los Estados Unidos. Mientras unos condenan su consumo excesivo de los combustibles, otros defienden el derecho del individuo a la libertad de elección. La clase debe dividirse en dos grupos y preparar puntos de vista para un debate sobre el tema: *Los vehículos grandes: ¿amenaza o libertad?*

Capítulo

6 Hablemos de los derechos humanos

En marcha con las palabras

En contexto

6-1 Los derechos de los pueblos. Completa este crucigrama que contiene vocabulario sobre los derechos humanos.

Horizontales

1. nativo
2. una persona que vive explotada y esclavizada, vive así
3. en muchos países del mundo no se respetan los derechos. . .
4. atrapar, capturar
5. una persona que ha perdido su herencia cultural o sus señas de identidad
6. un grupo organizado de personas que luchan con armas

Verticales

7. director, gobernador, superior
8. cien años es un. . .
9. prohibir, no permitir
10. jefes indígenas
11. mujer que cultiva y vive de la tierra

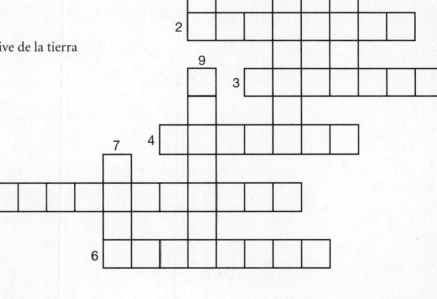

6-2 Opuestos. Encontraste este ejercicio en el periódico. Encuentra el opuesto de cada palabra de la izquierda y escribe la letra de la palabra correcta.

1. rodeado _____
2. entero _____
3. guerra _____
4. anciano _____
5. igual _____
6. bajar _____

a. desigual
b. incompleto
c. subir
d. paz
e. aislado
f. joven

6-3 Algunos datos importantes. En el mismo periódico había también una sección con algunos datos importantes sobre Latinoamérica. Complétala con las siguientes palabras. Haz los cambios necesarios.

> costumbre   atacar   matar   paz   pueblos   sacerdote   oro

1. Hernán Cortés _____ la ciudad azteca de Tenochtitlán en 1521. Los _____ aztecas no pudieron defender los templos y palacios de su grandiosa ciudad.

2. Los incas no pudieron salvar la vida del emperador Atahualpa a pesar de todo el _____ y la plata que le entregaron a Pizarro. Éste lo _____ de todas maneras.

3. La guerra entre México y los Estados Unidos duró dos años de 1846 a 1848. En el año 1848 los dos países firmaron la _____.

4. Los líderes indígenas exigen que se respeten sus _____ y su lengua.

5. En los años sesenta, algunos _____ católicos latinoamericanos desarrollaron una nueva interpretación del evangelio llamada Teología de la Liberación.

6-4 Palabras nuevas. Al leer el periódico aprendiste estas palabras nuevas. Escribe su definición en una oración.

MODELO: rostro

Es la parte del cuerpo delante de la cabeza.

1. mercado _____.

2. mestizo _____.

3. aldea _____.

4. bandera _____.

5. vena _____.

¡Sin duda!

6-5 Los murales del Palacio Nacional. Rogelio visitó el Palacio Nacional de la Ciudad de México el mes pasado y le escribió a su hermana un correo electrónico hablándole de la visita. Usa las palabras a continuación y haz los cambios necesarios para completar el mensaje correctamente.

> a veces   cada vez   época   hora   rato   otra vez   tiempo

De	Rogelio
Para	Rosaura
Asunto	Hola

Querida hermana:

El lunes pasado fui al Palacio Nacional para ver los murales de Diego Rivera. Pasé dos (1)

_____ mirándolos. Algunos murales reflejan la vida de los indígenas en la (2)

_____ anterior a la conquista. Parece que en aquellos (3) _____ los

pueblos indígenas vivían mejor que ahora. Cuando llegué al Palacio casi no había nadie, pero al (4)

_____ llegó un grupo grande de una escuela y los niños empezaron a gritar y a correr por

todas partes. (5) _____ la profesora les decía "silencio" y ellos se callaban, pero

inmediatamente empezaban a gritar (6) _____. Me pregunto por qué (7)

_____ que voy a un museo o un lugar de interés me encuentro rodeado de niños.

Ya te escribiré otro mensaje desde Chichén Itzá.

Abrazos,
Rogelio

Así se dice

6-6 Ciudad en peligro. Un grupo de arqueólogos visitó una antigua ciudad maya en la selva de Guatemala. Los arqueólogos opinan que las autoridades deben hacer algo para protegerla.

> Esquema de los arqueólogos sobre la ciudad:
> - pirámide muy interesante
> - observatorio en ruinas
> - ciudad con mucho interés arqueológico
> - templo con estatuas destruidas
> - pinturas hermosas en una pirámide

Escribe lo que los arqueólogos piensan que debe hacer el gobierno para salvar la ciudad. Usa las expresiones de obligación y necesidad para escribir las oraciones.

1. Es necesario. . . _____.

2. Hay que. . . _____.

3. Tenemos que. . . _____.

4. El gobierno debe. . . _____.

Sigamos con las estructuras

Repasemos 1   Expressing hope and desire: Present subjunctive of regular verbs

6-7 **La lucha.** Un miembro de la guerrilla le está explicando a un periodista sus opiniones sobre el problema entre su grupo y el gobierno del país. Usa el subjuntivo o el infinitivo cuando se requiera para completar las ideas del guerrillero.

MODELOS: el líder / desear / luchar / indefinidamente   o   el líder / desea / las mujeres / luchar

El líder desea luchar indefinidamente.   *El líder desea que las mujeres luchen.*

1. el gobierno / esperar / firmar la paz con la guerrilla

   _____

2. el gobierno / querer / la guerrilla / entregar las armas

   _____

3. nosotros / desear / hablar / con los líderes del gobierno

   _____

4. ojalá / los pueblos oprimidos / conseguir/ más tierra

   _____

5. el líder de la guerrilla / esperar / el ejército / no atacar / a las mujeres y los niños

   _____

Repasemos 2   Expressing hope and desire: Present subjunctive of irregular verbs

6-8 **Los deseos.** Pablo es un médico que trabaja en un pueblo de Guatemala y le está explicando a un visitante algunas de las cosas que los habitantes quieren. Usa el subjuntivo presente de los verbos entre paréntesis para completar las oraciones.

1. Los indígenas quieren que los políticos (reconocer) _____ sus derechos. También desean que sus comunidades (tener) _____ más oportunidades.

2. Los indígenas quieren que sus hijos (recordar) _____ la lucha de sus antepasados.

3. Los campesinos indígenas esperan que los patronos les (pagar) _____ mejor. También quieren que sus hijos (poder) _____ asistir a la escuela.

4. Ojalá que (haber) _____ una buena cosecha este año. Así todos van a poder vivir un poco mejor.

5. Los pueblos indígenas desean que sus lenguas (ser) _____ respetadas y quieren que los estudiantes (saber) _____ también de su historia.

6-9 Puntos de vista. Es el siglo XV; éstas son las opiniones y los temores de tres hombres de Tenochtitlán antes de la llegada de Cortés. Usa el subjuntivo presente de los verbos entre paréntesis para completar sus opiniones.

Un sacerdote azteca:

Ojalá que nuestros pueblos (1) _____ (hacer) muchos sacrificios a los dioses en los próximos meses porque tenemos miedo de que unos hombres extranjeros con mucho pelo y ojos claros (2) _____ (atacar) nuestras aldeas si los dioses no están contentos.

Un soldado azteca:

Me alegro de que nuestros enemigos de los pueblos vecinos no (3) _____ (estar) preparados para atacarnos, pero temo que en el futuro (4) _____ (llegar) por el mar hombres con armas mejores que las nuestras.

Un hombre del pueblo:

Mi familia espera que yo (5) _____ (ir) a luchar con los otros guerreros. A todos les molesta que yo no (6) _____ (mostrar) interés por la guerra.

Repasemos 3   Expressing opinion, judgment, and feelings: Impersonal expressions with the subjunctive

6-10 La situación de los oprimidos. Ayer leíste un informe de Amnistía Internacional sobre los problemas de los indígenas. Usa el subjuntivo presente para completar las frases, según el modelo.

MODELO: Muchas tierras están en manos extranjeras.

Es una lástima que muchas tierras *estén* en manos extranjeras.

1. Algunos pueblos todavía viven como esclavos.

Es horrible que algunos pueblos todavía _____ como esclavos.

2. Los huracanes destruyen casi siempre las casas y los edificios.

Es una lástima que los huracanes _____ casi siempre las casas y los edificios.

3. Amnistía Internacional denuncia las violaciones de los derechos humanos.

Es importante que Amnistía Internacional _____ las violaciones de los derechos humanos.

4. Algunas personas apoyan la violencia contra los indígenas.

Es sorprendente que algunas personas _____ la violencia contra los indígenas.

5. Algunas asociaciones no gubernamentales tratan de ayudar a los indígenas.

Es necesario que algunas asociaciones no gubernamentales _____ de ayudar a los indígenas.

6-11 Una reunión de campesinos. Unos campesinos están reunidos en la escuela del pueblo porque no están contentos con sus condiciones de trabajo. Usa el presente del subjuntivo o del indicativo cuando se requiera para completar sus quejas.

> MODELO: es verdad / mucha gente / no entender / nuestros problemas
>
> *Es verdad que mucha gente no entiende nuestros problemas.*

1. es aconsejable / nosotros / cultivar / nuestra propia tierra

   _____.

2. es imposible / nuestras familias / comer / con tan poco dinero

   _____.

3. es evidente / alguien / explotar / a nosotros

   _____.

4. no hay duda de / nosotros / tener que / organizarnos

   _____.

5. es triste / el gobierno / no devolver / a nosotros / las tierras de nuestros antepasados

   _____.

Aprendamos 1   Giving advice, suggesting, and requesting: Subjunctive in noun clauses

6-12 Los poderosos. Los campesinos están cansados de oír las mismas órdenes. Completa las frases que repiten los campesinos, siguiendo el modelo con el subjuntivo.

> MODELO: ¡Trabajen más!
>
> El jefe ordena que *trabajemos* más.

1. ¡Dennos sus tierras!
   El gobernador exige que le _____ nuestras tierras.

2. ¡Váyanse a vivir a las montañas!
   El gobierno insiste en que nos _____ a vivir a las montañas.

3. ¡Cállense!
   Los soldados nos piden que nos _____.

4. ¡No hablen su lengua, hablen español!
   Los maestros del pueblo prefieren que _____ español.

5. ¡Háganse soldados del ejército del país!
   El presidente dice que nos _____ soldados del ejército del país.

6-13 El cacique. Es el siglo XV; un cacique azteca no está contento con lo que hace la gente de su pueblo y da ciertas órdenes para que las cosas cambien. Completa las oraciones con el subjuntivo del verbo entre paréntesis.

1. Prohíbo que los campesinos _____ todo el maíz para su familia. (guardar)
2. Exijo que los arquitectos _____ templos más grandes. (construir)
3. No permito que los soldados _____ a los pueblos amigos. (atacar)
4. Mando que los sacerdotes no _____ muchos sacrificios. (hacer)
5. Insisto en que todos _____ por la paz con otras tribus. (trabajar)

6-14 Una visita a Chiapas. Elena quiere visitar Chiapas para entrevistar a los indígenas. Dale algunos consejos para que su viaje sea productivo. Usa los siguientes verbos en tus oraciones.

ir   dar   decir   buscar   organizar   leer   llevar

MODELO: Te aconsejo *que lleves libros y medicinas para la gente.*

1. Te aconsejo _____.
2. Te propongo _____.
3. Te recomiendo _____
   y también _____.
4. Te sugiero _____.

Aprendamos 2   Expressing doubt, denial, and uncertainty: Subjunctive in noun clauses

6-15 Testimonios y opiniones. Martín y Magdalena tienen puntos de vista diferentes sobre la misma realidad. Completa sus opiniones de acuerdo a sus testimonios. Presta atención al uso del indicativo o del subjuntivo.

Martín Larrea, dueño de las tierras del pueblo

Mis trabajadores no reciben mucho dinero, pero viven bien. Sus mujeres trabajan mucho en la casa y ganan bastante dinero en el mercado. Además, ¿para qué lo necesitan? Tienen su pequeña tierra y sus animales y no les falta comida. Mi familia sí que tiene gastos. ¡Imagínese! Mantener tanta tierra, una casa grande y tres hijos perezosos que siempre piden algo.

MODELO: Sé que *mis trabajadores viven bien.*

Opiniones de Martín:

1. No niego que _____.
2. No creo que _____.
3. Dudo que _____.
4. No pienso que _____.

Magdalena Marcos, una mujer indígena

A mi esposo no le pagan mucho en el trabajo. Con ese dinero es imposible dar de comer a toda la familia y por eso trabajo en casa muchas horas haciendo suéteres y cultivando un pedacito de tierra para venderlo todo en el mercado. Los niños me ayudan con el trabajo de la casa después de la escuela. La vida es muy dura para nosotros.

Opiniones de Magdalena:

1. No hay duda de que _____.

2. Dudo que _____.

3. Es cierto que _____.

4. Creo que _____.

6-16 ¿Qué le pasa al niño? El hijo de Magdalena llegó enfermo de la escuela. Magdalena trata de pensar qué tiene. Completa los pensamientos de Magdalena usando el subjuntivo.

Hoy mi hijo tardó mucho en andar el camino de la escuela a la casa. Tenía mucho frío cuando llegó y no tenía ganas de comer ni de beber. Además, empezó a llorar después de un rato y no quiso decir ni una palabra. Luego, en casa, se quedó dormido en una silla durante dos horas. ¿Qué le pasa?

1. Quizás _____.

2. Acaso _____.

3. Tal vez _____.

4. Probablemente _____.

Nombre: _____   Fecha: _____

Lectura

6-17 Bolivia. En la página de una enciclopedia encontraste los siguientes datos sobre Bolivia. Lee la información y luego contesta las preguntas.

Bolivia y Paraguay son los únicos países de Sudamérica que no tienen costa. Bolivia limita al oeste con Perú y Chile, al sur con Argentina y Paraguay y al norte y al este con Brasil. Al oeste del país se encuentra la cordillera andina y en ella está situada su capital, La Paz, que es la más elevada del mundo, y el lago Titicaca, el lago navegable más alto del planeta.

Entre los años 1000 y 1300, junto al lago Titicaca floreció el Imperio Tiahuanaco, que se convirtió en una civilización muy importante antes del desarrollo de la civilización inca. Las ruinas de Tiahuanaco demuestran el gran desarrollo técnico que llegó a alcanzar esta civilización. Hoy en día los aymaras, descendientes de la cultura de Tiahuanaco que siguen viviendo junto al lago Titicaca, han mantenido su lengua y su cultura y constituyen el grupo indígena más numeroso de Bolivia.

Cuando los españoles entraron en el territorio que hoy corresponde a Bolivia, explotaron sus ricas minas de plata y, alrededor de ellas, fundaron grandes ciudades, como la propia capital y la ciudad de Potosí. En las minas, los españoles impusieron un sistema de trabajo forzado conocido como **la mita**. Los mineros eran indígenas de entre dieciocho y cincuenta años que tenían que trabajar en condiciones inhumanas durante un año. Después de este tiempo eran reemplazados por otros indígenas, pero podían ser nuevamente obligados a trabajar después de varios años.

La situación de los indígenas bolivianos hoy en día ha mejorado, pero todavía son víctimas de muchos abusos. Domitila Barrios de Chungara es una mujer que ha luchado toda su vida por mejorar las condiciones de vida de los mineros, por los derechos de las mujeres bolivianas y por hacer conocer la vida de los indígenas de Latinoamérica. Sus obras testimoniales *Si me permiten hablar. . . Testimonios de Domitila, una mujer de las minas de Bolivia* (1977) y *¡Aquí también, Domitila!* (1985) han sido una ventana al mundo de las injusticias que sufren sus compatriotas.

1. ¿Qué tienen en común Paraguay y Bolivia?
_____

2. ¿Dónde está situada La Paz?
_____

3. ¿Qué cultura preincaica floreció junto al lago Titicaca?
_____

4. ¿Quiénes son los aymaras?
_____

5. ¿Qué era la mita?
_____

6. ¿Cómo es la situación de los indígenas ahora?
_____

7. ¿Quién es Domitila Barrios de Chungara?
_____

Atando cabos

6-18 Una buena organización. Busca información sobre alguna persona que realice un trabajo humanitario importante a nivel local, nacional o internacional. Completa los siguientes datos sobre la persona, y da tu opinión sobre su trabajo.

1. Creo que _____ (nombre de la persona) hace un trabajo

   humanitario muy importante porque _____ .

2. Las personas que reciben los beneficios de esta persona esperan que _____ .

3. Dudo que esta persona _____ .

4. Pienso que _____

   _____

   _____ .

5. Es importante que _____

   _____

   _____ .

En marcha con las palabras

6-19 Es importante salvar al oprimido. Escucha las siguientes oraciones y decide si son **lógicas** (L) o **ilógicas** (I).

1. _____
2. _____
3. _____
4. _____

5. _____
6. _____
7. _____
8. _____

6-20 Juego de palabras. Escucha las siguientes palabras y escribe la letra del opuesto para cada palabra de la lista a continuación.

1. oprimido _____
2. muerte _____
3. desgraciadamente _____
4. igualdad _____

5. destruir _____
6. pobreza _____
7. impedir _____
8. derecho _____

6-21 Definiciones. Escucha las siguientes definiciones y escribe la letra de la definición junto a la palabra que corresponda.

1. aislado _____
2. la hora _____
3. la aldea _____
4. el siglo _____

5. engañar _____
6. el analfabetismo _____
7. la guerra _____
8. el poder _____

6-22 ¿Un rato o mucho tiempo? Escucha el siguiente párrafo sobre Cristóbal Colón y completa los espacios con las palabras apropiadas.

Cristóbal Colón viajó a América cinco (1) _____ en su vida. Pasó mucho (2) _____ en el mar antes de llegar a tierra la primera (3) _____. Colón vivió en la (4) _____ de los Reyes Católicos en España. Fue la Reina Isabel la que le dio dinero para hacer su primer viaje después de que Colón le explicó por muchas (5) _____ sus ideas.

Sigamos con las estructuras

Repasemos 1   Expressing hope and desire: Present subjunctive of regular verbs

6-23 **Ojalá.** Escucha las siguientes oraciones y luego cámbialas de acuerdo al modelo.

MODELO: Escuchas: Las naciones no siempre viven en paz.

Escribes: Ojalá *las naciones vivan en paz.*

1. Ojalá _____ .

2. Ojalá _____ .

3. Ojalá _____ .

4. Ojalá _____ .

5. Ojalá _____ .

6. Ojalá _____ .

Repasemos 2   Expressing hope and desire: Present subjunctive of irregular verbs

6-24 **Deseos para un mundo mejor.** Di lo que esperas de las autoridades para lograr un mundo mejor. Escucha las siguientes preguntas y contéstalas con un deseo según el modelo.

MODELO: Escuchas: ¿Escogen nuevos jefes?

Escribes: Espero que las autoridades. . . *escojan nuevos jefes.*

Espero que las autoridades. . .

1. _____ .

2. _____ .

3. _____ .

4. _____ .

5. _____ .

6. _____ .

Repasemos 3   Expressing opinion, judgment, and feelings: Impersonal expressions with the subjunctive

6-25 Increíble. El pueblo quiché es uno de los grupos que más lucha por mantener sus tradiciones milenarias. Escucha las siguientes oraciones y luego cámbialas de acuerdo al modelo.

MODELO: Escuchas: Los gobiernos abusan de los pobres.

Escribes: Es una pena que. . . *los gobiernos abusen de los pobres.*

1. Es una lástima que _____.

2. Es imposible que _____.

3. Es importante que _____.

4. Es fantástico que _____.

5. Es probable que _____.

6. Es sorprendente que _____.

7. Es interesante que _____.

8. Es posible que _____.

6-26 Es importante. Has oído una serie de recomendaciones generales, pero las quieres hacer más específicas. Escucha las siguientes oraciones y transfórmalas con el sujeto indicado de acuerdo al modelo.

MODELO: Escuchas: Es importante respetar las culturas.
Ves: tú
Escribes: *Es importante que respetes las culturas.*

1. yo
_____.

2. tú
_____.

3. la iglesia
_____.

4. el presidente
_____.

5. nosotros
_____.

6. ustedes
_____.

7. los jefes
_____.

8. el gobierno
_____.

Aprendamos 1 Giving advice, suggesting, and requesting: Subjunctive in noun clauses

6-27 Propuestas creativas. Escucha los problemas de esta aldea y luego sugiere una solución de acuerdo al modelo.

> MODELO: Escuchas: No mejoran la explotación de las tierras.
>
> Escribes: Aconsejamos que. . . *mejoren la explotación de las tierras.*

1. Proponemos que _____.

2. Aconsejamos que _____.

3. Recomendamos que _____.

4. Sugerimos que _____.

5. Exigimos que _____.

6. Insistimos en que _____.

7. Pedimos que _____.

8. Decimos que _____.

Aprendamos 2 Expressing doubt, denial, and uncertainty: Subjunctive in noun clauses

6-28 ¿Dudas o no dudas? Escucha las siguientes preguntas sobre las minorías y el poder, y luego contéstalas de acuerdo al modelo.

> MODELO: Escuchas: ¿Crees que los gobiernos son generosos con las poblaciones indígenas?
>
> Escribes: No creo que *los gobiernos sean generosos con las poblaciones indígenas.*

1. Dudo que _____.

2. No creo que _____.

3. No pienso que _____.

4. Niego que _____.

5. No hay duda de que _____.

6. Sí, pienso que _____.

6-29 ¿Optimista o escéptico/a? Escucha el siguiente párrafo sobre el Día Internacional de las Poblaciones Indígenas y la década especial que se creó para su desarrollo, y luego contesta la pregunta a continuación.

¿Cómo crees que el establecimiento de ese día y de esa década pueda contribuir al desarrollo de los indígenas?

> MODELO: Posiblemente *más personas vayan a enterarse de los problemas de los indígenas.*

1. Quizás _____.

2. Probablemente _____.

3. Tal vez _____.

Atando cabos

6-30 Rigoberta. Escucha la siguiente información sobre Rigoberta Menchú y luego decide si las afirmaciones son **ciertas** (C) o **falsas** (F).

Rigoberta Menchú Tum:

1. Nació en Nicaragua. _____

2. Es de origen maya–quiché. _____

3. Se dedica a promover la agricultura de América Latina. _____

4. En su libro habla de las tradiciones de los pueblos incas. _____

5. En 1992 ganó el Premio Nobel de la Paz. _____

6. Trabaja para la UNESCO. _____

6-31 Proyecto comunitario. Escucha el siguiente texto sobre la FAC (Fundación de Apoyo a Centroamérica) y luego decide si las afirmaciones son **ciertas** (C) o **falsas** (F).

1. La misión de la FAC es apoyar el desarrollo de las naciones de Norteamérica. _____

2. La misión de la FAC es fortalecer los programas de desarrollo de los pueblos indígenas. _____

3. La FAC provee becas. _____

4. La FAC provee fondos para viajes. _____

5. La FAC ayuda con asistencia técnica. _____

6. La FAC apoya proyectos dirigidos y controlados por las Naciones Unidas. _____

7. Los proyectos deben enfocarse en los problemas del medio ambiente y en el manejo de los recursos naturales. _____

8. Otras áreas de interés son la educación y la cultura. _____

6-32 Dictado: El eclipse. Transcribe el fragmento del cuento "El eclipse" que escucharás a continuación.

_____

_____

_____

_____

_____

_____

Machu Picchu y el imperio inca

Introducción

Las ruinas de Machu Picchu en Perú son espectaculares y misteriosas. Evocan el esplendor del antiguo imperio inca, una civilización muy avanzada que llegó a su apogeo en el Siglo XV y casi desapareció después de la conquista española de Siglo XVI. Una visita a las ruinas revela restos de un centro urbano muy desarrollado, con edificios de todo tipo, un sistema de riego y una larga serie de escalinatas. Ubicado en las alturas de las montañas entre barrancos y ríos turbulentos, el entorno natural de Machu Picchu es impresionante. Vamos a subir a las alturas de Machu Picchu, un lugar sagrado y protegido y que la UNESCO ha designado como Patrimonio de la Humanidad.

Vocabulario

el recinto	*enclosed space*	**la terraza**	*terrace*
las ruinas	*ruins*	**el animal de carga**	*beast of burden*
el nivel del mar	*sea level*	**el quipu**	*Inca rope used for counting*
la meseta	*plateau*	**las tropas**	*troops*
el pico	*mountain peak*	**la cuerda**	*rope*
el entorno natural	*natural setting*	**pender**	*to hang*
la ladera	*mountainside*	**el nudo**	*knot*
el barranco	*ravine*	**el puente (colgante)**	*(suspension) bridge*
empinado	*steep*	**el chasqui**	*Inca messenger*
la tribu	*tribe*	**el mensajero**	*messenger*
la planicie	*plain*	**el relevo**	*relay*
la cordillera	*mountain range*	**la ciudadela**	*citadel*
el apogeo	*apogee, zenith*	**la paja**	*straw*
el dueño	*owner*	**la callejuela**	*alley*
el granjero	*farmer*	**la escalinata**	*staircase*
la parcela	*parcel*	**el riego**	*irrigation*

Antes de mirar el video

6-33 Categorías. Para cada una de las siguientes categorías determina qué palabra o término no pertenece a la lista.

1. La topografía y los entornos naturales
   a. cordilleras
   b. planicies
   c. tribus
   d. mesetas

2. Elementos de una montaña
   a. la ladera
   b. el pico
   c. la altura empinada
   d. las ruinas

3. La agricultura
   a. el cultivo de parcelas de tierra
   b. los nudos
   c. las terrazas
   d. el sistema de irrigación (el riego)

4. La ingeniería
   a. el granjero
   b. el puente
   c. la escalinata
   d. el camino

5. Elementos de una ciudad o centro urbano de una civilización antigua
   a. templos
   b. barrancos
   c. palacios
   d. plazas

6. Las religiones
   a. el sacerdote
   b. los dioses
   c. los nombres sagrados
   d. la rueda

7. Conceptos relacionados con los grandes imperios
   a. conquistar otras tierras
   b. usar cemento
   c. llegar a un apogeo
   d. establecer un poderoso sistema político y gubernamental

6-34 Una expedición a las ruinas de Machu Picchu. Imagínate que una clase universitaria de antropología va a acompañar a su profesora, una arqueóloga muy famosa, en una expedición para explorar las ruinas de Machu Picchu. Los participantes y otras personas tienen esperanzas, miedos, preocupaciones, etc. respecto a este viaje. A continuación vas a encontrar una lista de estas personas y otra lista de sus sentimientos en torno a la expedición. Determina el sentimiento más lógico para cada persona.

   a. la profesora, una arqueóloga famosa
   b. el presidente de la universidad
   c. un estudiante muy tímido
   d. una estudiante aventurera
   e. un estudiante pesimista
   f. el padre de uno de los estudiantes
   g. un ecologista peruano
   h. el espíritu de un sacerdote inca del siglo XV
   i. un indígena peruano que vende fotos y otros recuerdos de Machu Picchu

1. Dudo que haya cosas de importancia entre esas viejas ruinas. ¿Por qué tenemos que visitarlas? _____

2. Es importante que nadie toque nuestros objetos sagrados. _____

3. Es importante que respeten el entorno natural y que no dejen basura en el recinto. _____

4. Es necesario que esta expedición sea un éxito para nuestra institución. _____

5. Ojalá que tengan un buen viaje y nos envíen noticias a menudo. _____

6. Espero que encontremos más artefactos de la civilización inca y que sepamos más sobre los incas. _____

7. No me gustan las montañas empinadas. Tengo miedo de que nos caigamos en los barrancos. _____

8. Ojalá que compren todo lo que tengo para ofrecer. _____

9. Quiero que escalemos las dos montañas de Machu Picchu y que nademos en el río también. _____

Al mirar el video

6-35 ¿Cierto o falso? Mira y escucha el video para determinar si las frases siguientes son **ciertas** (C) o **falsas** (F).

1. No se sabe exactamente para qué fue construido Machu Picchu ni quiénes lo habitaban. _____

2. Machu Picchu está ubicado a unos 2300 metros sobre el nivel del mar en lo alto de una meseta situada entre tres picos. _____

3. Se cree que la construcción de Machu Picchu se inició en el siglo XIII. _____

4. El emperador era considerado como un semidiós poderoso. _____

5. Los incas tenían un complejo sistema de irrigación para traer agua a sus cultivos. _____

6. Los incas usaban el burro como su animal de carga. _____

7. Los incas adoraban a un solo dios: Inti, el Sol. _____

8. El quipu era un sistema que usaban los incas para contar el número de personas en sus tropas y la cantidad de alimentos que tenían. _____

9. Los chasquis debían memorizar los mensajes, recorrer aproximadamente 4 kilómetros y medio y pasar el mensaje al chasqui siguiente que lo memorizaba a su vez. _____

10. Machu Picchu está dividido en dos grandes sectores - el sector religioso y el sector urbano, o la ciudadela. _____

11. Las plazas de la ciudad estaban conectadas por un sistema de estrechas callejuelas, muchas en forma de escalinatas. _____

12. Los incas usaban un sistema de riego muy desarrollado, con muchas fuentes de agua interconectadas por canales. _____

13. Los incas inventaron la rueda y la utilizaron en la construcción de sus edificios. _____

14. Machu Picchu todavía no ha sido declarado Patrimonio de la Humanidad por la UNESCO. _____

6-36 Escuchar con más atención. Mira y escucha el video de nuevo para buscar las palabras que faltan.

1. Las construcciones de Machu Picchu se levantan sobre una topografía abrupta de altas montañas con laderas casi _____, barrancos profundos y _____ turbulentos.

2. Machu Picchu fue redescubierta en _____ por el antropólogo americano Hiram Bingham.

3. Por el año 1400 el imperio inca ocupaba más de cuatro mil kilómetros de superficie y se extendía por lo que hoy es Perú, _____, Bolivia y _____.

4. La palabra inca significaba "_____ del _____."

5. Las parcelas de tierra que cultivaban, muchas veces estaban en las montañas y se construían _____ para poder cultivar en ellas.

6. Los incas adoraban el Sol como el dios de la _____. Lo acompañaba su esposa y hermana Mama Quila, el nombre que le daban a la _____.

Video Manual

7. El quipu consistía en una cuerda principal de la cual pendían otras cuerdas de varios _____ y tamaños, y que tenían _____ atados a diferentes niveles.

8. Los incas usaban a los chasquis, o mensajeros, para comunicarse entre las distintas regiones. Como los incas no tenían un lenguaje _____ los chasquis tenían que memorizar los mensajes. Estos podían recorrer, en relevos, hasta _____ kilómetros por día.

9. Según los arqueólogos los edificios más grandes se usaban con fines _____.

10. En Machu Picchu la perfección de la piedra es tal que están unidas unas sobre otras sin la utilización de _____. La separación entre ellas es tan mínima que es casi imposible introducir un _____ entre ellas.

Después de mirar el video

6-37 Recuerdos de la expedición a Machu Picchu. Imagínate que la clase de antropología y su profesora han vuelto de su excursión a Machu Picchu (ver Actividad 2 de la sección "Antes de mirar el video"). Algunos de ellos—y el presidente de la universidad—han sido invitados a escribir un breve artículo sobre la excursión para el periódico universitario. Cada uno escribe sobre la experiencia o sobre los resultados del viaje desde un punto de vista muy personal. Elige a una de las personas siguientes y escribe un artículo de acuerdo con la personalidad o interés particular de esa persona:

la profesora, una arqueóloga famosa
el presidente de la universidad
el estudiante tímido
la estudiante aventurera
el estudiante pesimista

6-38 Patrimonio de la Humanidad en América Latina. Machu Picchu es sólo uno de los muchos bienes latinoamericanos que pertenecen al Patrimonios de la Humanidad. Algunos son bienes culturales y otros son bienes naturales. En www.prenhall.com/atando puedes encontrar la lista completa. Elige uno de los bienes latinoamericanos que forman parte del Patrimonio de la Humanidad y prepara una breve presentación para la clase. Explica a tus compañeros/as por qué este bien pertenece al Patrimonio de la Humanidad y por qué debe ser conservado y protegido.

Repaso 2

R2-1 Situaciones diferentes. Raquel y Cristina son hermanas. La semana pasada fue muy diferente para cada una de ellas. Escoge las palabras apropiadas para completar sus relatos.

El problema de Raquel:

La semana pasada no pude ir al trabajo porque me enfermé. Cuando me (1)

_____ (tomé la temperatura / soné la nariz / hice régimen) descubrí que tenía

fiebre. Me dolía todo, especialmente (2) _____ (la pantorrilla / la garganta / la

rodilla), y por eso no podía hablar. Mi esposo me llevó al médico y él me dijo que tenía (3)

_____ (desmayo / insomnio / gripe), así que me (4) _____

(rechazó / recetó / aseguró) unos antibióticos y me dijo que debía beber jugo de naranja.

El trabajo de Cristina:

La semana pasada fui a una (5) _____ (piedra / fábrica / basura) donde hacían

envases de plástico y de (6) _____ (cartón / siglo / jabón) que eran reciclables.

Fue una visita muy interesante y me hizo pensar que nuestra compañía debe comprar esos

productos para envasar todos nuestros alimentos. (7) _____ (A su vez / De esta

manera / A causa de) nuestros clientes no tendrán que tirar a la (8) _____

(basura / lata / fuente) los envases, sino que podrán reciclarlos.

R2-2 Un repaso. Un profesor de español ha preparado un repaso de vocabulario para sus alumnos. Escribe en los espacios en blanco la letra del término que corresponda a la definición.

Paso 1.   ¿Qué es?

1. Visitar el cementerio el día de los muertos _____
2. La de Vietnam o la de México _____
3. Una pistola o una bomba _____
4. Un maya-quiché o un aymara _____
5. Una parte del brazo _____
6. Una persona que tiene muchos años _____
7. Algo que tomamos para sentirnos mejor _____
8. Un lugar con casas donde vive la gente _____

a. una guerra
b. un indígena
c. una costumbre de muchos hispanos
d. el codo
e. una aldea
f. un anciano
g. un medicamento
h. un arma

Paso 2.   ¿Qué significa?

1. Tomar aire por los pulmones _____
2. Perder peso _____
3. Quitarle a alguien la libertad _____
4. No pagarle a un trabajador el salario justo _____
5. Plantar, cuidar y cosechar la tierra _____
6. Perder la consciencia _____
7. Cortar un árbol _____

a. explotar
b. adelgazar
c. respirar
d. talar
e. desmayarse
f. cultivar
g. apresar

R2-3 Consejos para adelgazar. A Roberto le encanta comer bien y últimamente ha engordado un poco. Su médico le dio algunos consejos para adelgazar. Escribe la forma correcta del verbo usando los mandatos formales (**usted**).

Cosas que debe hacer:

1. (Evitar) ¡_____ las grasas!
2. (Hacer) ¡_____ un régimen!
3. (Ir) ¡_____ a un gimnasio!

Cosas que no debe hacer:

4. (No poner) ¡_____ mayonesa en todo!
5. (No comer) ¡_____ entre horas!
6. (No salir) ¡_____ a comer fuera todos los días!

R2-4 La clínica SOLYMAR. Roberto y su esposa Ana encontraron una clínica para adelgazar. Responde a sus preguntas usando los mandatos formales (**ustedes**) y los pronombres correspondientes.

MODELO: ROBERTO Y ANA: ¿Tomamos agua?
                          MÉDICO: Sí, *tómenla.* or No, *no la tomen.*

1. ROBERTO Y ANA: ¿Bebemos alcohol?

   MÉDICO: No, _____.

2. ROBERTO Y ANA: ¿Vemos a la nutricionista cada semana?

   MÉDICO: Sí, _____.

3. ROBERTO Y ANA: ¿Comemos alimentos sin grasa?

   MÉDICO: Sí, _____.

4. ROBERTO Y ANA: ¿Tomamos pastillas?

   MÉDICO: No, _____.

5. ROBERTO Y ANA: ¿Hacemos ejercicio?

   MÉDICO: Sí, _____.

R2-5 El viaje de Estrella. Estrella es una estudiante de arqueología de la universidad de Río Piedras. Va a pasar un año trabajando en unas ruinas mayas de Guatemala con un profesor y un grupo de estudiantes. Escribe la forma correcta de los verbos usando los mandatos informales (**tú**).

Su amiga le aconseja:

1. (Hacer) _____ una lista de todo lo que necesitas llevar.
2. (Dejar) _____ dinero en el banco para pagar las cuentas.
3. (Decirle) _____ a tu hermano que se ocupe de las cuentas.
4. (Venir) _____ con frecuencia a visitarme.
5. (Disfrutar) _____ de esta gran experiencia.

Su madre le aconseja:

6. (No ir) _____ nunca sola a lugares aislados.
7. (No salir) _____ por la noche hasta muy tarde.
8. (No perder) _____ el tiempo.
9. (No descuidar) _____ tu salud.
10. (No olvidarse) _____ de escribir.

R2-6 Vienen tiempos mejores. En el pueblo donde Estrella va a vivir hubo algunos cambios muy positivos. Ahora ella está hablando con su profesor sobre esos cambios. Completa la conversación usando los pronombres de objeto directo e indirecto y los verbos necesarios.

1. ESTRELLA: ¿Quién organizó el plan de ayuda para los indígenas?

    PROFESOR: _____ el gobierno y una comisión especial.

2. ESTRELLA: ¿A quiénes les devolvieron ya sus tierras?

    PROFESOR: _____ a los campesinos más pobres.

3. ESTRELLA: ¿Nos van a enseñar también a nosotros las técnicas de cultivo?

    PROFESOR: Sí, _____ .

4. ESTRELLA: ¿Le pidieron una opinión sobre el plan a usted?

    PROFESOR: No, _____ .

5. ESTRELLA: ¿Me puede dar un folleto del plan?

    PROFESOR: Por supuesto, _____ .

R2-7 Dos aldeas en Guatemala. Estrella está leyendo sobre la aldea en la que va a vivir y una aldea vecina. Lee la información de las dos y luego escribe comparaciones según el modelo.

	La aldea de Estrella	**Una aldea vecina**
Población:	1000 habitantes	1500 habitantes
Fundación:	en el siglo XVII	en la época precolombina
Geografía:	en el norte del país	en el noreste del país
Superficie:	100 km^2	150 km^2
Distancia a la capital:	50 km	62 km
Temperatura:	16 grados	12 grados

MODELO: *La aldea de Estrella es menos antigua que la aldea vecina.*

1. _____.
2. _____.
3. _____.
4. _____.
5. _____.

R2-8 Más comparaciones. Estrella ha tomado nota al leer sobre las aldeas. Completa sus oraciones con las estructuras para las comparaciones de igualdad según el modelo.

MODELO: La aldea de Estrella no es *tan* antigua *como* la otra.

1. La aldea de Estrella no tiene _____ habitantes _____ la otra aldea.

2. Para ir de la capital a su aldea no hay que manejar _____ _____ para ir de la capital a la otra aldea.

3. Su aldea no es _____ grande _____ la otra.

4. No hace _____ frío en su aldea _____ en la vecina.

R2-9 La carta de Estrella. Estrella acaba de llegar a Guatemala y escribe una carta a su madre. Usa el infinitivo, el presente del indicativo o el presente del subjuntivo de los verbos, según corresponda, para completar la carta.

Querida mamá:

Espero que todos en casa (1) _____ (estar) bien. Mi viaje a Guatemala fue bueno y ahora estoy viviendo con una familia muy cariñosa. Creo que la gente de esta ciudad (2) _____ (ser) muy amable y ha recibido a todo nuestro grupo con los brazos abiertos. En las próximas semanas queremos (3) _____ (empezar) las excavaciones y el jefe de la expedición quiere que algunos jóvenes del pueblo (4) _____ (venir) siempre con nosotros para ayudarnos en el trabajo. El dice que no (5) _____ (ir) a ser difícil contratar a varias personas. El alcalde está muy interesado en nuestro proyecto y nos aconseja que (6) _____ (comenzar) pronto porque dentro de cuatro meses empieza la época de las lluvias y entonces va a ser difícil trabajar en el campo. Es posible que para entonces nosotros (7) _____ (tener) material suficiente para poder empezar a estudiarlo en una de las habitaciones del ayuntamiento que él nos ha cedido. Verdaderamente me sorprende que (8) _____ (haber) gente tan generosa y tan receptiva en el mundo. No hay duda de que esta experiencia (9) _____ (ir) a ser inolvidable. Mamá, saluda a todos de mi parte y diles que me (10) _____ (escribir).

Un beso,

Estrella

R2-10 **El diario de Estrella.** Durante su estancia en Guatemala, Estrella escribe todas las noches algo en su diario. Usa el infinitivo, el presente del indicativo o del subjuntivo, según corresponda, para completar lo que escribió anoche.

MODELO: nosotros / esperar / nuestro grupo / conocer a mucha gente
Nosotros esperamos que nuestro grupo conozca a mucha gente.

1. yo / esperar / nosotros / encontrar / algo especial

_____.

2. nuestro profesor / sugerir / el grupo / hacer / un diario de actividades

_____.

3. nosotros / necesitar / alguien / dibujar / algunas de las figuras

_____.

4. el profesor / dudar / la universidad / darnos / más dinero

_____.

5. yo / creer / los indígenas / estar / ayudándonos mucho

_____.

6. nosotros / querer / aprender / la lengua de los indígenas

_____.

7. quizás / un maestro del pueblo / enseñarnos / a hablar la lengua de la región

_____.

8. ojalá / nuestro grupo / recoger / material interesante en este viaje

_____.

Capítulo

7   Hablemos del trabajo

En marcha con las palabras

En contexto

7-1 Definiciones desordenadas. Estás buscando trabajo y tu futuro jefe quiere saber si puedes explicar estas palabras relacionadas con el mundo del trabajo. Escribe la letra de la definición correcta.

1. gerente _____
2. forma _____
3. ventaja _____
4. informática _____
5. sueldo _____
6. jubilación _____
7. candidato/a _____

a. Estudios relacionados con las computadoras y la programación de computadoras
b. Salario, pago por un trabajo
c. Persona que solicita un trabajo
d. Dinero que recibe una persona cuando deja de trabajar
e. Persona que dirige un grupo o una empresa
f. Aspecto positivo de un trabajo
g. Manera, modo

7-2 La jefa de personal. La semana pasada entrevistaste a varios candidatos para un puesto de trabajo y hoy debes presentar un informe sobre ellos a los directivos de la compañía. Escoge la(s) palabra(s) correcta(s) para competar el informe.

Departamento de personal

15 de noviembre

Después de entrevistar a los cuatro (1) _____ (aspirantes / empleadores / gerentes), creo que Esperanza Gutiérrez es la persona ideal para nuestra compañía. La Sra. Gutiérrez tiene más experiencia en el área de la (2) _____ (jubilación / administración / iniciativa) que los otros tres candidatos. Además, (3) _____ (entrena / domina / enfoca) otros idiomas, como el portugués y el inglés, y podría servirnos mucho en el departamento de (4) _____ (ocio/ disculpa / capacitación). Por último, ninguno de los otros candidatos tiene (5) _____ (solicitud de empleo / facilidad de palabra / antecedentes laborales) porque se licenciaron el verano pasado en la universidad, pero Esperanza Gutiérrez ya trabajó en una empresa de importaciones.

María José Varela
Jefa de personal
cc: MFA, MRO, JED

7-3 Ideas cortadas. Raquel consiguió un trabajo de ingeniera en una empresa importante. El jefe de su departamento le escribió una nota con frases desordenadas para felicitarla y recordarle lo que tiene que hacer. Une la primera parte de las oraciones con su continuación lógica. Escribe la letra correspondiente en los espacios en blanco.

1. Bienvenida al departamento. Espero que te guste _____

2. Leí tu hoja de vida y vi que tienes la experiencia en _____

3. Quedé muy bien impresionado después de tu entrevista. _____

4. Hoy yo tengo una reunión con los directivos de la empresa _____

5. Quisiera reunirme contigo mañana temprano _____

a. Creo que vas a ascender dentro de la compañía muy rápidamente.

b. para proponer el desarrollo de un nuevo producto.

c. el ambiente empresarial que vas a hallar aquí.

d. programación de computadoras que necesitamos aquí.

e. para explicarte cuáles son las metas que queremos alcanzar para este mes.

7-4 Un anuncio. Quieres abrir tu propia empresa y necesitas contratar a un empleado. Escribe un pequeño anuncio con los detalles del trabajo. Usa cuatro palabras de la siguiente lista.

> sueldo   tiempo parcial   beneficios   horario   disponible   solicitar

Se necesita una persona para una nueva y dinámica empresa de _____

1. _____

2. _____

3. _____

4. _____

¡Sin duda!

7-5 Llamada a una empresa. Rafael está buscando trabajo y ayer llamó por teléfono a la empresa HOMESA para pedir más información sobre un puesto. Completa la conversación telefónica entre Rafael y el jefe de personal usando las siguientes palabras. Haz los cambios necesarios.

> forma   formulario   aplicar   solicitar

RAFAEL: ¿Puedo hablar con el jefe de personal por favor?

JEFE: Sí, con él habla.

RAFAEL: Lo llamo por el aviso del periódico. Dice que ustedes buscan un ingeniero en informática. ¿Me puede decir lo que necesito para (1) _____ el empleo?

JEFE: Sí, como no. Tiene que llenar varios (2) _____ y mandarlos junto con su currículum vitae a la dirección que está en el periódico.

RAFAEL: No los tengo. ¿Me los puede mandar de alguna (3) _____ rápida?

JEFE: Si usted tiene un número de fax, se los puedo enviar todos inmediatamente.

RAFAEL: Fantástico. Por favor envíelos a este número: 23-45-42-19.

JEFE: Debe mandarnos todo rápidamente porque la fecha de entrega es el lunes y no aceptamos nada después de esa fecha. Esta regla se (4) _____ estrictamente dentro de la compañía.

RAFAEL: Tendrá todos mis papeles el jueves sin falta. Muchas gracias por su atención.

Así se dice

7-6 ¡Lo lograste! Rafael consiguió el trabajo y está diciéndoselo a su amiga Laura. Haz el papel de Laura y reacciona a sus comentarios con diferentes expresiones que se usan para felicitar.

MODELO: Me han dado el trabajo.

   ¡Felicitaciones!

RAFAEL: El ambiente empresarial es muy bueno.

LAURA: (1) _____

RAFAEL: El sueldo es excelente.

LAURA: (2) _____

RAFAEL: Además voy a estar encargado del departamento más grande.

LAURA: (3) _____

RAFAEL: La próxima semana voy a comenzar la capacitación.

LAURA: (4) _____

Sigamos con las estructuras

Repasemos 1   Talking about generalities and giving information: Impersonal *se*

7-7 Ofertas de trabajo. En el periódico del domingo pasado se publicaron unas ofertas de trabajo muy interesantes. Escríbelas de nuevo usando el **se** pasivo con los verbos correspondientes.

> BUSCAMOS vendedores
> para la zona norte.
> Proveemos coche.
> Ofrecemos buenos
> sueldos y seguro médico.
> Teléfono 5 55 99 99
> HISPATUR.

> NECESITAMOS persona
> para atender el teléfono.
> Pedimos conocimientos
> de inglés y de francés.
> Preferimos candidatos
> con experiencia laboral.
> Teléfono 8 88 44 22
> HOTEL LUZ.

Anuncio 1:

Se buscan _____

_____

Anuncio 2:

Se necesita _____

_____

Repasemos 2   Describing general qualities: *Lo* + adjective

7-8 Ventajas y desventajas. Hace dos años que Elena trabaja en casa como traductora para una agencia. Usa las siguientes frases para completar sus impresiones sobre su trabajo.

> lo difícil   lo que   lo más aburrido   lo mejor

1. _____ de mi trabajo es que tengo un horario muy flexible.

2. _____ de trabajar en casa es que no puedes hablar con nadie.

3. _____ hago mientras traduzco es escuchar música clásica.

4. _____ de muchas traducciones técnicas es encontrar la palabra precisa.

Repasemos 3 Explaining what you want others to do: Indirect commands

7-9 Organicémonos. Tú estás encargado/a de organizar a la gente en tu departamento para que se cumplan las tareas de hoy. Dile a tu secretario lo que cada uno debe hacer. Usa los mandatos indirectos.

> MODELO: Luisa y Pedro / atender al público
> *Que Luisa y Pedro atiendan al público.*

1. Ana / entrenar a la nueva empleada

   _____.

2. Ricardo / tener en cuenta el mensaje que mandó el gerente

   _____.

3. todos / cumplir con las tareas de hoy

   _____.

4. Elena, Lucía y Antonio / trabajar en equipo en la nueva propuesta

   _____.

5. Laura / contratar a la gente para la publicidad

   _____.

6. Mónica y Susana / resolver el problema de los avisos

   _____.

Aprendamos 1 Denying and contradicting: Indefinite and negative words

7-10 Un hombre muy ocupado. Eduardo le escribió un mensaje electrónico a su novia describiendo el ambiente de trabajo de su nueva empresa. Usa las palabras a continuación para completar su mensaje.

> alguien   ninguno   nadie   ni   ningún   algunas

De	Eduardo
Para	Marta
Asunto	La nueva empresa

Querida Marta:

Estoy contento en mi trabajo, pero (1) _____ veces me siento un poco frustrado porque aquí (2) _____ sabe idiomas y yo tengo que hacer todas las traducciones del inglés. (3) _____ de mis compañeros de trabajo ha estudiado otras lenguas y mi jefe dice que el mes próximo va a buscar a (4) _____ competente para enseñar una clase de inglés a los empleados.

   Como ya sabes, estoy encargado de la publicidad y de las ventas, así que no tengo mucho tiempo libre, pero me gusta este trabajo y voy a trabajar mucho para poder ascender. Entonces, eso quiere decir que no voy a poder ir a verte este mes (5) _____ el próximo. Espero que no te importe, y te prometo que, después de estos dos primeros meses, no estarás sin mí (6) _____ fin de semana.

Un beso,
Eduardo

7-11 La incógnita. Juan está nervioso porque tuvo una entrevista de trabajo y está esperando la respuesta de la empresa. Usa las palabras negativas y los verbos apropiados para responder a las preguntas que le hace Juan a su madre.

     MODELO: JUAN: Si me contratan, ¿me puedo poner siempre pantalones vaqueros para ir a trabajar?

                    MADRE: No, no *te puedes poner pantalones vaqueros nunca para ir a trabajar.*

1.   JUAN: ¿Me llamó alguien hoy?

    MADRE: No, no _____ hoy.

2.   JUAN: ¿Dejaron algún mensaje en el contestador?

    MADRE: No, no _____ mensaje.

3.   JUAN: ¿Llegó ya mi título de licenciado y la carta de mi profesor?

    MADRE: No, no _____ el título
_____ la carta de tu profesor.

4.   JUAN: ¿Pero recibí algo en el correo?

    MADRE: No, no _____ en el correo. ¡Pero tranquilízate, todo va a salir bien!

7-12 Una empresa familiar. HOMESA es una empresa pequeña de productos congelados. Aquí tienes información importante sobre sus empleados. Léela y escribe un informe usando palabras indefinidas y negativas.

HOMESA	
Número total de empleados	20
Directivos	5
Licenciados en administración	10
Licenciados en informática	5
Hablan inglés	10
Hablan italiano	0
Seguro de desempleo	20
Participantes en el plan de jubilación	20
Aumentos de sueldo	Todos los años

1. _____ de los empleados no hablan inglés.

2. _____ de los empleados habla italiano. Necesitan a _____ para poder hablar con los clientes de Italia. No necesitan a _____ más para entender las cartas en inglés.

3. _____ empleado está sin seguro de desempleo.

4. Los empleados reciben _____ aumentos de sueldo al comienzo del año.

5. _____ empleados son licenciados _____ en informática _____ en administración.

6. Todos los empleados tienen seguro de desempleo y _____ participan en el plan de jubilación.

Aprendamos 2 Describing unknown and nonexistent people and things: Adjective clauses

7-13 Cosas de la empresa. Pedro y Pablo están tomándose un café y hablando de su empresa. Usa el presente del indicativo o del subjuntivo, según corresponda, de los verbos para completar el diálogo.

PEDRO: ¿Conoces al nuevo empleado que (1) _____ (trabajar) en la empresa?

PABLO: No, no lo conozco todavía, pero me dijeron que es muy simpático.

PEDRO: Sí, es muy simpático y además, vive en una calle que (2) _____ (estar) muy cerca de mi casa, así que me lleva y me trae siempre en coche.

PABLO: ¿Y qué hace aquí exactamente?

PEDRO: Se ocupa de la publicidad que (3) _____ (querer) hacer la empresa en Puerto Rico.

PABLO: La verdad es que necesitábamos gente nueva en el departamento de publicidad. Por cierto, ¿sabes si todavía están buscando a alguien que (4) _____ (saber) programación? Conozco a un chico que (5) _____ (acabar) de licenciarse en informática y estaría muy interesado en el puesto.

PEDRO: No sé nada, la verdad. Lo que sí sé es que todavía no han encontrado a ningún empleado que (6) _____ (querer) trasladarse a la oficina de Berlín.

PABLO: No me extraña. Aquí no hay nadie que (7) _____ (hablar) alemán.

7-14 Bolsa de trabajo. Ayer viste este anuncio en el periódico. Usa cláusulas adjetivas con el indicativo o el subjuntivo de los siguientes verbos, según corresponda, para reescribir el anuncio.

SE BUSCA persona para el departamento de ventas, con buena presencia y responsable. Hacemos negocios con compañías nacionales y extranjeras.	SE BUSCA una persona que _____ (trabajar) en ventas, que _____ (tener) buena presencia y que _____ (ser) responsable. Hacemos negocios con compañías que _____ (estar) en el país y en el extranjero.

7-15 Lo que tengo y lo que quiero. Verónica está buscando un nuevo trabajo porque el lugar donde trabaja ahora no es muy conveniente para ella. Escribe oraciones sobre su trabajo actual y sobre el trabajo que busca, según el modelo.

MODELO: desde las 5 de la mañana / desde las 8 de la mañana
Tengo un trabajo que empieza a las 5 de la mañana. Busco un trabajo que empiece a las 8 de la mañana.

Trabajo actual:

1. de 5 de la mañana a 1 de la tarde
2. lejos de casa
3. beneficios no incluidos
4. aburrido

Trabajo que busca:

1. de 8 de la mañana a 4 de la tarde
2. cerca de casa
3. con beneficios incluidos
4. estimulante

1. _____.
   _____.
2. _____.
   _____.
3. _____.
   _____.
4. _____.
   _____.

Lectura

7-16 Opiniones. Alicia, Olga y Victoria encontraron trabajo el año pasado. Lee las opiniones de cada una sobre su trabajo y después responde a las preguntas.

ALICIA

Tengo un sueldo fabuloso, pero no estoy muy contenta en mi trabajo. Creo que soy muy buena programadora y cumplo con lo que me piden, pero parece que a nadie le importa. Mi jefe jamás me dice que he hecho las cosas bien, simplemente me exige que haga algo y lo tenga listo para una fecha determinada; eso es todo. No tengo nunca tiempo libre y el ambiente no es bueno; me paso días enteros encerrada en mi oficina sin ver a nadie.

OLGA

Me encantan mis alumnos y mis compañeros de trabajo. En la enseñanza hay que trabajar duro y no se gana mucho, pero hay muchas vacaciones. Lo malo de este trabajo es que es temporal y el año que viene voy a tener que buscar otro. Espero encontrar pronto un puesto que sea más estable. No se puede vivir cambiando constantemente.

VICTORIA

Tuve mucha suerte al encontrar este trabajo porque en la empresa me permiten realizar mis propios proyectos con toda libertad. Lo importante para ellos son las ideas originales, y para una arquitecta como yo, eso no es difícil. Lo peor del trabajo es el sueldo; la empresa es nueva y todavía no puede pagar mucho; sin embargo, a mí me interesa más la experiencia que el dinero.

---

1. ¿Cuál de los trabajos es perfecto para una persona que quiera tener mucho tiempo de ocio durante los veranos?
   El trabajo de _____
2. ¿Cuál de los trabajos es malo para una persona que no quiera cambiar de ambiente?
   El trabajo de _____
3. ¿Cuál de los trabajos es malo para una persona a quien le guste el contacto con otras personas?
   El trabajo de _____
4. ¿Cuál de los trabajos es perfecto para una persona que tenga mucha imaginación?
   El trabajo de _____
5. ¿Cuál de los trabajos es bueno para una persona que quiera solamente ganar dinero?
   El trabajo de _____

Atando cabos

7-17 El trabajo ideal. Todavía no tienes trabajo, pero el próximo año vas a empezar a buscar uno. Haz una lista de las características de tu trabajo ideal:

Espero encontrar un trabajo que _____,

que _____

y que _____.

Lo importante es _____.

No quiero un trabajo que _____ ni que

_____.

No me interesa ni _____ ni

_____.

Nunca voy a aceptar un trabajo que _____.

Workbook

En marcha con las palabras

7-18 ¡Felicitaciones, te dieron un ascenso! Escucha las siguientes oraciones y decide si son **lógicas** (L) o **ilógicas** (I).

1. _____   5. _____
2. _____   6. _____
3. _____   7. _____
4. _____   8. _____

7-19 La primera entrevista. Escucha la siguiente conversación y marca la letra de la afirmación correcta.

1. Carlos Rodríguez:
   a. es analista de sistemas.
   b. es estudiante.
   c. busca trabajo.

2. El Sr. Rodríguez:
   a. no tiene antecedentes laborales.
   b. sí tiene antecedentes laborales.
   c. no tiene mucha experiencia.

3. La empresa le ofrece:
   a. un puesto por un año.
   b. un contrato ilimitado.
   c. contratos de seis meses.

4. El Sr. Rodríguez:
   a. no habla otros idiomas.
   b. domina únicamente el inglés.
   c. domina tres idiomas.

5. Los beneficios que se incluyen en el puesto son:
   a. seguro médico para toda la familia.
   b. 15% para la jubilación.
   c. seguro de desempleo.

6. La empresa:
   a. hace una evaluación de los empleados cada seis meses.
   b. no ofrece posibilidades de ascender.
   c. asciende a todos sus empleados.

7. Al final:
   a. Carlos rechaza el puesto.
   b. Carlos acepta el puesto.
   c. Carlos decide pensarlo y contestar después.

7-20 Palabras claves. Escucha las siguientes frases. Luego, escoge la letra de la descripción que completa cada una.

1. a. la despedida de una carta comercial.
   b. el saludo de una carta comercial.
   c. el título del currículum vitae.

2. a. una parte de una carta comercial.
   b. una fórmula de cortesía.
   c. una condición para obtener algunos puestos.

3. a. hoja de vida.
   b. solicitud de empleo.
   c. carta de recomendación.

4. a. pido una licencia.
   b. rechazo la oferta.
   c. escribo cartas de presentación.

5. a. la renuncia.
   b. el seguro.
   c. el puesto.

6. a. la solicitud.
   b. la agencia.
   c. la aspirante.

7. a. ascender.
   b. aumentar.
   c. renunciar.

7-21 Asociaciones. Escucha las siguientes palabras y asocia cada una con una palabra de la lista. Escribe la letra correcta.

1. dinero _____
2. vacaciones _____
3. computadores _____
4. beneficios _____
5. público _____
6. capacitación _____

Sigamos con las estructuras

Repasemos 1 Talking about generalities and giving information: Impersonal se

7-22 Se buscan vendedores. Contesta las preguntas que escuchas; usa el **se** impersonal, de acuerdo al modelo.

MODELO: ¿Necesitamos vendedores?
          Sí, *se necesitan* vendedores.

1. Sí, _____ _____ arquitectos.
2. Sí, _____ _____ solicitudes.
3. Sí, _____ _____ aumentos.
4. Sí, _____ _____ entrevistas.
5. Sí, _____ _____ el dominio del inglés.
6. Sí, _____ _____ gente.

Repasemos 2   Describing general qualities: Lo + adjective

7-23 Lo bueno. ¿Qué es lo esencial de este nuevo trabajo? Contesta las preguntas de acuerdo al modelo.

> MODELO: Escuchas: ¿Qué es lo bueno?
> Ves: Los beneficios
> Escribes: *Lo bueno son los beneficios.*

1. El ambiente de trabajo

   _____.

2. La posibilidad de ascender en la empresa

   _____.

3. El trabajo administrativo

   _____.

4. Los planes de jubilación

   _____.

5. Los antecedentes laborales

   _____.

6. El horario

   _____.

7. El salario

   _____.

8. El trabajo en equipo

   _____.

Repasemos 3   Explaining what you want others to do: Indirect commands

7-24 ¡Que lo haga él! Escucha las siguientes frases e indica quién debe realizar las acciones, de acuerdo al modelo.

> MODELO: Escuchas: Hay que hacer las fotocopias.
> Ves: El asistente
> Escribes: *Que las haga el asistente.*

1. la arquitecta

   _____.

2. el contador

   _____.

3. el secretario

   _____.

4. los directores

   _____.

5. las ingenieras

   _____.

Lab Manual

6. la gerente de ventas

   _____.

7. la jefa de personal

   _____.

8. los abogados

   _____.

Aprendamos 1   Denying and contradicting: Indefinite and negative words

7-25 Todo lo contrario. Escucha las siguientes oraciones y luego cámbialas a su opuesto, según el modelo.

> MODELO: Hay alguien en la oficina.
> *No hay nadie en la oficina.*

1. _____.
2. _____.
3. _____.
4. _____.
5. _____.
6. _____.

7-26 No, no escriba nada. Escucha las siguientes preguntas y luego contéstalas en forma negativa, con un mandato formal (**usted**).

> MODELO: ¿Miro algunas solicitudes?
> *No, no mire ninguna.*

1. _____.
2. _____.
3. _____.
4. _____.
5. _____.
6. _____.

Aprendamos 2 Describing unknown and nonexistent people and things: Adjective clauses

7-27 Lo que tengo y lo que busco. Tú eres el/la jefe/a de personal y te encuentras con aspirantes que no cumplen con los requisitos. Escucha las siguientes oraciones. Luego, cámbialas de acuerdo al modelo.

> MODELO: Tengo un candidato que no está bien preparado.
> *Busco un candidato que esté bien preparado.*

1. _____.
2. _____.
3. _____.
4. _____.
5. _____.
6. _____.
7. _____.
8. _____.

7-28 A la búsqueda. Ahora que ya sabes lo que quieres, pides ayuda para conseguir mejores aspirantes. Responde a las preguntas de acuerdo al modelo.

> MODELO: Escuchas: ¿Conoces algún candidato que tenga iniciativa?
> Ves: No, . . . o Sí, . . .
> Escribes: No, *no conozco ningún candidato que tenga iniciativa.* o
>   Sí, *conozco a un candidato que tiene iniciativa.*

1. No, _____.
2. Sí, _____.
3. No, _____.
4. Sí, _____.
5. No, _____.
6. Sí, _____.

Lab Manual

Atando cabos

7-29 **Aviso.** Mira el aviso y decide si las afirmaciones que escuchas son **ciertas** (C) o **falsas** (F).

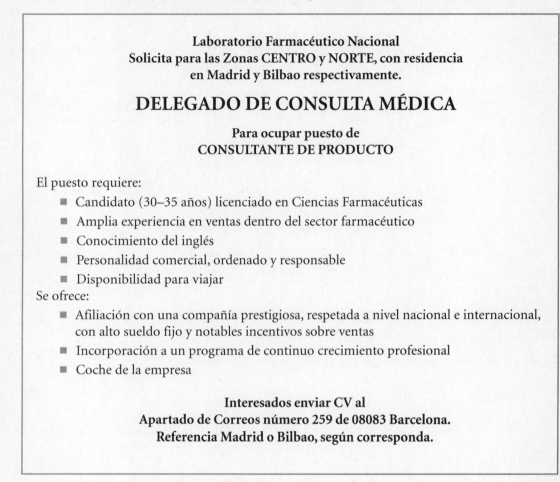

Laboratorio Farmacéutico Nacional
Solicita para las Zonas CENTRO y NORTE, con residencia
en Madrid y Bilbao respectivamente.

DELEGADO DE CONSULTA MÉDICA

Para ocupar puesto de
CONSULTANTE DE PRODUCTO

El puesto requiere:
- Candidato (30–35 años) licenciado en Ciencias Farmacéuticas
- Amplia experiencia en ventas dentro del sector farmacéutico
- Conocimiento del inglés
- Personalidad comercial, ordenado y responsable
- Disponibilidad para viajar

Se ofrece:
- Afiliación con una compañía prestigiosa, respetada a nivel nacional e internacional, con alto sueldo fijo y notables incentivos sobre ventas
- Incorporación a un programa de continuo crecimiento profesional
- Coche de la empresa

Interesados enviar CV al
Apartado de Correos número 259 de 08083 Barcelona.
Referencia Madrid o Bilbao, según corresponda.

1. _____
2. _____
3. _____
4. _____
5. _____
6. _____
7. _____
8. _____

7-30 Astronauta. Nadie es perfecto. Lee los perfiles, escucha los requisitos para el trabajo de astronauta y di cuáles son los requisitos que **no** cumple cada uno de los candidatos.

Ana María: 25 años, 1,63 m de altura.

Ingeniera con dos años de experiencia.

Goza de buena salud, usa gafas.

Resultados de la prueba psicológica: persona muy motivada, flexible y con gran capacidad para trabajar en equipo.

Disponibilidad para viajar.

Requisitos que no cumple Ana María:

_____

_____

_____

Juan Antonio: 28 años, 1,90 m de altura.

Biólogo con cuatro años de experiencia.

Goza de buena salud, tiene un poco de sobrepeso para su altura.

Resultados de la prueba psicológica: personalidad agresiva, pero flexible y con una excelente memoria.

Disponibilidad para viajar.

Requisitos que no cumple Juan Antonio:

_____

_____

_____

José Agustín: 38 años, 1,70 m de altura.

Piloto de avión, con cinco años de experiencia. Sin título universitario.

Goza de buena salud. Tiene muy buena vista y oído.

Resultados de la prueba psicológica: estabilidad emocional, capacidad de trabajo en equipo, nivel bajo de agresividad, gran flexibilidad.

Requisitos que no cumple José Agustín:

_____

_____

_____

Lab Manual

Sonia: 39 años, 1,50 m de altura.

Ingeniera informática con cuatro años de experiencia.

Piloto de avión.

Resultados de la prueba psicológica: buena capacidad de razonamiento, memoria y concentración.

Personalidad agresiva e individualista. Muy buenas destrezas manuales.

Requisitos que no cumple Sonia:

_____

_____

_____

7-31 Dictado: Adicto al trabajo. Transcribe el fragmento del artículo "El trabajo como adicción" que escucharás a continuación.

_____

_____

_____

_____

_____

_____

_____

_____

_____

_____

En busca de trabajo: algunos consejos y experiencias personales

Introducción

La búsqueda de trabajo es un paso importante y a veces difícil en la vida de muchísimas personas. ¿Cómo se prepara uno para buscar trabajo? ¿Qué se necesita para lograr este objetivo y tener éxito en esta empresa? En este video dos españoles, un trabajador y una empresaria, nos ofrecen sus consejos y narran sus experiencias.

Vocabulario

el equilibrio	balance	la expectativa	expectation
el ocio	leisure time	enterarse de	to find out about
la guía	guide	la plaza libre	job opening
la empresaria	business woman	escaso	scarce
la empresa	business	el/la ingeniero/a	engineer
la animación	programmed group activities	la mano de obra	labor, laborers
		el/la informático/a	computer scientist
el ayuntamiento	city council	el/la electricista	electrician
llevar a cabo	to carry out	el/la fontanero/a	plumber
el taller	workshop	la plaza pública	civil service position
el campamento	camp	asegurar	to guarantee
la tercera edad	senior citizens	los servicios inmobiliarios	real estate
la infancia	childhood, young children		
la ayuda a domicilio	home care	el turno	(work) shift
hecho a medida	made to order	seguido	in a row, continuous
resaltar	to highlight	parar	to stop
exigir	to demand	la guardería	child care center
estar pendiente de alguien	to devote attention to someone	¡manos a la obra!	Let's get down to work!

Antes de mirar el video

7-32 Consejos de una experta. Varios estudiantes de la Universidad de Majalahonda están a punto de graduarse y necesitan encontrar trabajo pronto. Algunos de estos estudiantes ya han solicitado diferentes trabajos pero otros ni siquiera han empezado la búsqueda. Hoy todos han decidido consultar a la consejera Juana Torres Mercado y pedirle ayuda. Hace muchos años que ella trabaja como orientadora y sabe dar muy buenos consejos. Decide cuál es el consejo más apropiado para cada estudiante.

Consejo

a. Busca un trabajo que tenga horarios flexibles.

b. Es importante que recuerdes que cada empleo necesita un currículum hecho a medida y que tendrás que preparar más de un currículum.

c. Es importante que tengas paciencia. Espera unos días más.

d. No sé qué recomendarte porque no hay ningún centro educativo o escuela que pague muy bien.

e. Prepara un currículum que resalte tu experiencia y tus conocimientos pero que no sea demasiado largo.

f. Te recomiendo que estudies bien el mercado laboral para tener una idea clara de las posibilidades.

g. Te recomiendo que te imagines las preguntas que te pueden hacer y que tengas una respuesta preparada.

Estudiante y problema

1. **Alfonso:** Los trabajos son escasos y no sé dónde empezar. _____

2. **Alicia:** No sé exactamente qué trabajo quiero pero sé que me gustan los niños y que quiero un buen sueldo. _____

3. **Carlos:** He solicitado varios trabajos esta semana y de ninguno me han contestado todavía. _____

4. **Cristina:** Tengo una entrevista mañana por la mañana y estoy muy nerviosa. _____

5. **Isabel:** No sé qué cosas incluir en mi currículum vitae. _____

6. **David:** No sé qué tipo de trabajo me interesa más. Creo que voy a solicitar varios trabajos en áreas muy diferentes. _____

7. **José Antonio:** Quiero trabajar pero también quiero tener tiempo para mi familia. _____

7-33 Un buen currículum vitae. Un currículum vitae bien escrito y organizado es esencial para conseguir el trabajo que uno quiere. Para determinar si sabes cómo escribir un buen currículum vitae elige las respuestas que consideres las más acertadas.

1. Hay que usar frases que sean
   a. largas y elegantes.
   b. breves y directas.
   c. coloquiales.

2. Entre los datos es importante que incluyas
   a. tu experiencia laboral.
   b. tu deporte favorito.
   c. el nombre de tu escuela primaria.

3. Es aconsejable que prepares un currículum que
   a. esté hecho a la medida del trabajo que estás solicitando.
   b. sirva para todas las solicitudes de trabajo.
   c. exagere tus conocimientos.

4. Es buena idea preparar un currículum que sea
   a. de cuatro o cinco páginas.
   b. largo pero completo.
   c. breve, de una o dos páginas.

5. No hay ningún buen currículum que
   a. tenga muchos errores de gramática y de ortografía.
   b. esté bien escrito.
   c. incluya una referencia a la formación académica del candidato.

6. Muchos empleadores leerán con mucho más interés un currículum que resalte
   a. las condiciones laborales que el solicitante no aceptaría.
   b. las malas experiencias que ha tenido el solicitante con los jefes anteriores.
   c. la formación, los conocimientos y el interés del solicitante.

7. Al preparar el currículum recuerda que la mayoría de los empleadores quieren trabajadores que
   a. tengan una gran motivación y muchas ganas de trabajar.
   b. no tengan muchos conocimientos.
   c. cambien de trabajo cada año en busca de más dinero.

Al mirar el video

7-34 ¿Quién lo dice? Mira y escucha el video para determinar quién dice cada una de las afirmaciones siguientes: Álvaro (A), Patricia (P) o el/la narrador/a (N).

1. _____ ". . . es una pequeña empresa dedicada a la animación y a los servicios sociales."

2. _____ ". . . que sea una persona paciente, que elabore bien su currículum vitae y que entregue bastantes currículum en bastantes empresas."

3. _____ ". . . cada empleo necesita un currículum hecho a la medida."

4. _____ "Es un trabajo complicado y por tanto, para mí lo más importante ahora mismo es sobre todo eso: motivación."

5. _____ "Hay que prepararse bien para la entrevista."

6. _____ ". . . si los trabajos son escasos, es una buena idea explorar las áreas donde hay más demanda."

7. _____ "Ahora mismo, todo el mundo, o la gran mayoría, tenemos la idea de acceder a una plaza pública."

8. _____ "A mí sí me da tiempo a realizar mis actividades y a estar con mi familia. No me ocupa . . . no me come tiempo el trabajo."

9. _____ "Y yo creo que España sí es un buen sitio para trabajar, porque la calidad de vida en España es bastante buena . . ."

7-35 Escuchar con más atención. Mira y escucha el video de nuevo para buscar las palabras que faltan.

1. Álvaro Ramos Robles trabaja como _____ en un centro educativo y Patricia Vallejo Álvarez es una _____ y jefa de su propia compañía.

2. Álvaro: "Trabajo como _____ en un centro educativo de _____, cuidando y estando con los chicos que están allí viviendo."

3. Patricia: "Por otra parte, los servicios sociales engloban todo lo que es la ayuda a la tercera edad. . . tercera edad o _____, cualquier persona que necesita cubrir una parte de las necesidades _____."

4. Un currículum acertado resalta la _____ y los _____ que interesan a la empresa en la que se quiere trabajar.

5. Patricia: "En este tipo de trabajo, en esta empresa, buscamos gente que _____ trabajar."

6. Patricia: "El tipo de preguntas que solemos hacer se refieren casi siempre a su _____, si han tenido experiencias anteriores, qué tipo de funciones han desarrollado, . . . dónde han desempeñado esas funciones, y sobre todo qué esperan también de este tipo de trabajo."

7. Álvaro: "Me enteré de que había una plaza libre en el centro, _____ mi currículum vitae y realicé una _____ con el coordinador, y me aceptaron para trabajar allí."

8. Álvaro: "Ahora mismo en España, [hay muchos trabajos] en el ámbito de la _____, a todos los niveles, desde ingenieros, técnicos cualificados o _____ básica."

9. Patricia: "Ahora mismo, todo el mundo, o la gran mayoría, tenemos la idea de acceder a una plaza pública. Es una plaza _____, sabes que . . . te va a asegurar trabajo para _____, los salarios te permiten vivir de sobra."

10. Álvaro: "Trabajo a la semana 30 horas y suelen ser turnos seguidos, no paro ni para _____, ni para la _____, ni nada."

11. Álvaro: "En España hay un problema de tiempo en el trabajo para que una persona pueda _____ de su familia y de sus actividades. Y eh, claro, un ejemplo es el disfrute de tus hijos, que allá, estás muchas horas en el trabajo, no puedes estar con ellos en casa y necesitas llevarlos a _____ y a centros especializados."

Después de mirar el video

7-36 Detalles hechos a medida. Según la información del video, hay que adaptar el currículum vitae a la empresa o a la carrera. Imagínate que como no sabes qué posibilidades de trabajo se te van a presentar cuando te gradúes de la universidad, quieres tener preparado más de un currículum para todas las posibilidades. Trabajando con otro/a compañero/a de clase preparen un dato verdadero o inventado para incluir en un currículum para cada uno de estos tipos de trabajo:

- Asistente de una directora de cine
- Asistente de un médico
- Corredor de bolsa (*stockbroker*)
- Director de un programa de actividades para niños
- Empleado de la NASA
- Empleado de un banco internacional
- Guardia de seguridad
- Trabajador social

_____

_____

_____

_____

_____

7-37 Una buena entrevista. Imagínate que has preparado bien tu currículum, que lo has mandado a una empresa, que el currículum ha impresionado a los jefes y que éstos quieren entrevistarte. Quieres dar tanta atención a la buena preparación de la entrevista como la que has dedicado a la preparación del currículum. Con un/a compañero/a de clase, preparen una lista de todo lo que uno puede hacer para prepararse para una buena entrevista. Pueden incluir también una lista de todo lo que no se debe hacer ya que estas cosas resultarían en una mala entrevista. ¡Suerte!

_____

_____

_____

_____

_____

Capítulo

8   Hablemos del arte

En marcha con las palabras

En contexto

8-1 **Grupos de palabras.** Completa las palabras que corresponden a cada grupo.

Instrumento de los pintores:	1. p _ n _ _ _
Técnicas de pintura:	2. a _ _ a _ _ _ a
	3. ó _ _ o
	4. p _ s _ _ _
Tipos de cuadros:	5. r _ _ _ _ tos
	6. a _ t _ _ _ _ _ r _ _ os
	7. n _ _ u _ _ _ _ zas m _ _ r _as
Corrientes artísticas:	8. s _ _ r _ _ _ ismo
	9. c _ _ ismo
	10. a _ _ e a _ _ t _ _ _ _ _

8-2 **Definiciones.** Escoge la palabra que corresponda a cada definición, y escribe la letra correcta.

1. Con muchos colores _____   a. sombra

2. Que no habla _____   b. colorido

3. Material en el que se pinta _____ c. lienzo

4. Lugar en el que se pinta _____   d. taller

5. Lo opuesto a luz _____   e. mudo

8-3 **Tu turno.** Ahora escribe tus propias definiciones para las siguientes palabras.

MODELO: cubismo

El movimiento artístico al cual pertenecía Picasso.

1. patrocinar

_____.

2. cuidadoso

_____.

3. marco

_____.

4. fondo

_____.

5. bosquejo

_____.

8-4 **El Guernica.** Juan Pablo fue a Madrid y leyó en una guía de museos la siguiente información sobre el *Guernica* de Picasso. Escoge las palabras que completen el párrafo lógicamente.

El *Guernica* es una (1) _____ (obra / fuente) maestra del (2) _____ (esquema / pintor) español Pablo Ruiz Picasso. Picasso pintó este gran (3) _____ (marco / cuadro) para el pabellón español de la Exposición Universal de París de 1937. En esta obra Picasso (4) _____ (convierte / refleja) de un modo dramático los horrores de la guerra en general, aunque el hecho concreto que le sirvió como (5) _____ (encanto / fuente de inspiración) fue el bombardeo del pueblo vasco de Guernica por la aviación alemana durante la Guerra Civil española. Antes de (6) _____ (apreciar / pintar) toda la composición, Picasso realizó muchos bocetos *(sketches)* de las distintas figuras que la forman, como el famoso caballo. En la actualidad, tanto los bocetos como el *Guernica* mismo se hallan en el Museo Nacional Centro de Arte Reina Sofía.

¡Sin duda!

8-5 **La visita al Prado.** Después de ir al Museo de Arte Reina Sofía, Juan Pablo visitó en el Museo del Prado las salas de Goya, uno de sus pintores favoritos. Usa los verbos **hacerse**, **llegar a ser**, **ponerse** y **volverse** para completar sus comentarios sobre Goya.

1. Cuando miro el cuadro de Goya *El 3 de mayo de 1808* _____ triste porque esa pintura refleja de modo impresionante el terror de la guerra.

2. Goya_____ muy famoso entre la aristocracia y pintó muchos retratos de gente influyente. A mí me gustan, sobre todo, los de la Duquesa de Alba.

3. Creo que Goya _____ pintor oficial del rey cuando tenía 40 años.

4. Después de quedarse sordo, Goya _____ solitario, pesimista y más crítico de la sociedad de su tiempo.

Así se dice

8-6 Mi artista favorito. En este capítulo has aprendido cosas importantes sobre algunos de los artistas más famosos de Latinoamérica y España. Ahora vas a escribir un párrafo sobre tu artista favorito. Expresa tu opinión usando cuatro de las siguientes frases.

¡Qué bonito/a, bello/a!   Este/a pintor/a es genial.
¡Qué lindo/a!   ¡Es verdaderamente una obra de arte!
¡Me encanta!   ¡Me deja sin palabras!
¡Es maravilloso/a, fabuloso/a!   ¡No tengo palabras para describirlo/a!

_____

_____

_____

_____

_____

Sigamos con las estructuras

Repasemos 1 Describing past desires, giving advice, and expressing doubts: Imperfect subjunctive

8-7 Un artista con futuro. Ayer abrieron una exposición en la escuela de arte donde estudia Rosa y ahora ella le está dando a Marimar algunos datos sobre uno de los pintores. Usa el imperfecto de subjuntivo de los verbos entre paréntesis para completar sus comentarios.

Sabía que mi amigo Fermín pintaba en sus ratos libres, pero lo que no sabía es que lo

(1) _____ (hacer) tan bien. Un día del mes pasado fui a su taller y me sorprendió que

(2) _____ (haber) pinturas tan buenas por todas partes. Fermín me pidió que yo

(3) _____ (elegir) el cuadro que más me (4) _____ (gustar) porque

ése iba a ser mi regalo de cumpleaños.

Después de pensarlo un rato, me llevé uno en el que había una pareja bailando. Al llegar a casa mi

compañera de cuarto me sugirió que (5) _____ (poner) el cuadro en el salón para que lo

(6) _____ (ver) nuestros amigos. El día de mi cumpleaños todos se fijaron en el cuadro.

Mi profesor de arte, que también vino a la fiesta, quería que Fermín le (7) _____

(enseñar) sus otros trabajos porque en la escuela iban a organizar una exposición de pintores jóvenes y

necesitaban artistas que (8) _____ (tener) talento. Al fin, mi profesor fue al estudio de

Fermín y se quedó muy impresionado con sus cuadros y ayer, cuando abrieron la exposición, había cinco

trabajos de mi amigo colgados en la sala principal. ¡Marimar, tienes que ir a verlos!

Repasemos 2 Expressing desire: Imperfect subjunctive in independent clauses

8-8 **¡Quién fuera…!** Julia tiene una familia de artistas. Completa sus deseos de acuerdo al modelo.

MODELO: Mi madre sabe mucho de arte.
¡Quién supiera de arte como mi madre!

1. Mi padre es pintor.

_____.

2. Mis hermanos tienen talento.

_____.

3. Mi tía llegó a ser famosa.

_____.

4. Mis abuelos aprecian el arte.

_____.

5. Mi prima patrocina muchas exposiciones.

_____.

6. Mi tío hizo una obra maestra.

_____.

Aprendamos 1 Expressing time and purpose in the future: Subjunctive in adverbial clauses

8-9 **Un regalo muy especial.** Gerardo y Dolores han estado casados casi cincuenta años y su hijo Mario quiere regalarles un retrato de familia para su aniversario. Usa el presente de subjuntivo para completar el diálogo entre Mario y el pintor.

MARIO: ¿Cuándo va a empezar el cuadro?

PINTOR: Lo voy a empezar cuando yo (1) _____.
(terminar otro retrato) Y usted, ¿no me va a pagar nada todavía?

MARIO: Le pagaré algo tan pronto como yo (2) _____.
(ver el cuadro en marcha)

PINTOR: Pues, pase por mi taller en cuanto usted (3) _____.
(tener un rato libre)

MARIO: De acuerdo, pasaré por allí después de que mis padres (4) _____.
(salir de vacaciones)

PINTOR: Se me olvidaba que es una sorpresa.

MARIO: Sí, es un secreto bien guardado, así que no iré por allí hasta que ellos
(5) _____. (estar fuera de Buenos Aires)

8-10 Una buena pintora. Estás escribiendo un breve artículo sobre una pintora amiga tuya para la sección de arte de un periódico. Usa el tiempo correspondiente del indicativo para completar el artículo.

La pintora de la luz

Carmen Buendía nació en Caracas en 1960. Cuando (1) _____ (ser) niña siempre

pintaba con sus acuarelas y sus lápices de colores. Su profesor de pintura de la escuela secundaria

descubrió que tenía mucho talento en cuanto (2) _____ (ver) los dibujos que hacía

para la clase. Habló con sus padres y les recomendó que la mandaran a la escuela de Bellas Artes. Allí

aprendió diferentes técnicas de pintura mientras (3) _____ (estudiar) con buenos

maestros. Tan pronto como (4) _____ (terminar) sus estudios, esta joven artista

expuso sus primeros cuadros en la galería de arte Espacio. Ése fue el principio de su brillante carrera.

Ahora Carmen es una pintora incansable. Mientras (5) _____ (trabajar) en sus

acuarelas, experimenta con diferentes técnicas y materiales y nunca (6) _____ (salir)

de su taller hasta que se pone el sol. Cuando uno (7) _____ (contemplar) sus

cuadros, puede ver en ellos toda la luz del Caribe.

8-11 En la Ciudad de México. Blanca está de vacaciones en México y le cuenta a Mario lo que ha hecho. Escribe la letra de la frase que mejor complete cada oración.

1. Siempre me siento un poco cansada… _____
2. El sábado pasado fui al Palacio de Bellas Artes… _____
3. No me marcharé de la Ciudad de México… _____
4. Cuando era niña… _____
5. Después de que hablé contigo… _____
6. Visitaré la casa de Frida Kahlo en Coyoacán… _____
7. Me encanta ir a los museos… _____

a. …en cuanto tenga un rato libre.

b. …mientras Elena asistía a su clase de pintura.

c. …fui a ver los murales de la Universidad Nacional.

d. …después de pasar dos o tres horas dentro de un museo.

e. …hasta que no vea el Museo Arqueológico Nacional.

f. …mis padres me llevaban al museo con frecuencia.

g. …cuando estoy en México.

8-12 La carrera de Eduardo. Eduardo es un maestro de arte en la escuela secundaria. Usa los tiempos necesarios del indicativo o del subjuntivo para escribir las siguientes oraciones sobre la vida de Eduardo.

MODELO: Eduardo / estudiar / arte / en París
Eduardo estudió arte en París.

1. Eduardo / siempre comprar / reproducciones / cuando / ir a / los museos

_____.

2. En 1995 / Eduardo / visitar / el Museo Picasso / mientras / estudiar / en Barcelona

_____.

3. El año que viene / Eduardo / ir a enseñar / en la universidad / después de que / terminar / las clases de la escuela

_____.

4. Eduardo / ir a volver / a Barcelona / en cuanto / poder

_____.

5. Cuando / Eduardo / cumplir / cuatro años / sus abuelos / regalarle / un pincel y una paleta

_____.

6. Durante su juventud / Eduardo / pintar / todas las tardes / hasta que / acostarse

_____.

7. Ahora / Eduardo / trabajar en / sus cuadros / tan pronto como / regresar / de la escuela

_____.

8. En el futuro / Eduardo / ir a hacer / una exposición / cuando / tener / bastantes obras para exponer

_____.

8-13 Amante del arte. A Sofía le gustan mucho los retratos de su amigo Juan. Usa las frases de la columna A con la frase de la columna B que corresponda para completar la narración de Sofía.

A	B
fui a la galería de arte de Juan	aun cuando llueve mucho en esta ciudad
llevo paraguas	de modo que pueda recuperar el dinero
voy a comprar uno de los cuadros de Juan	aunque tenga que gastar todos mis ahorros
tendré que trabajar horas extras	aunque era tarde y estaba lloviendo

1. Ayer _____.

2. Nunca _____.

3. El mes que viene _____.

4. Y si mis ahorros no alcanzan, _____.

Aprendamos 2 Expressing uncertainty and condition: Subjunctive in adverbial clauses

8-14 La vida secreta de los artistas. Eres periodista y vas a escribir un artículo sobre Susana, una artista latina joven. Usa el presente o el imperfecto de subjuntivo para completar la entrevista a continuación.

TÚ: ¿En qué momento descubriste tu vocación por la pintura?

SUSANA: Creo que nací con ella. Mi madre dice que, de niña, no comía a no ser que ella me

(1) _____ (poner) papel y lápiz al lado del plato.

TÚ: ¡Qué curioso! Y ahora, ¿cuándo pintas?

SUSANA: Me gusta la luz de la mañana, así que pinto todos los días soleados a menos que

(2) _____ (estar) fuera de casa trabajando en otro proyecto.

TÚ: En otra entrevista dijiste que el realismo es la única vía posible del artista responsable. ¿Qué

quieres decir con esto?

SUSANA: Yo creo que la pintura es una ventana para que la gente (3) _____

(descubrir) cómo es el mundo en el que vive todos los días. Yo no quiero cambiarlo, sino

presentarlo tal como es, sin que mis pinceles (4) _____ (influir) en lo que

ve la gente.

TÚ: ¿Cuáles son tus planes inmediatos?

SUSANA: Bueno, debo concluir el mural para el centro cultural César Chávez antes de que

(5) _____ (empezar) el mal tiempo. Es difícil trabajar con lluvia y frío.

TÚ: ¿Te gustaría hacer otro mural o prefieres volver a tu taller?

SUSANA: Trabajaría en otro mural siempre y cuando (6) _____ (poder) pintar lo

que yo quisiera. Ése es el único requisito.

TÚ: ¿Vas a exhibir algunos de tus cuadros pronto?

SUSANA: Pues todavía no lo sé. Me llamaron de la universidad para que (yo) (7) _____

(participar) en un encuentro de artistas latinos jóvenes. Creo que también quieren hacer una

pequeña exposición con las obras de todos. Ya veremos.

8-15 Una familia de artistas. Juan Carlos y su familia son muy creativos. Usa las expresiones **para (que)** y **antes de (que)** para completar las oraciones con la frase apropiada en el infinitivo, el presente o imperfecto del subjuntivo según corresponda.

MODELO: Mi abuelo pintaba cuadros / conseguir otro trabajo
          Mi abuelo pintaba cuadros antes de conseguir otro trabajo.

1. Mi madre pintaba acuarelas / nacer mi hermano

   _____.

2. Mi padre era escritor / dedicarse a la pintura

   _____.

3. Ayer fuimos al museo / ver la exposición sobre Rivera

   _____.

4. Mi hermano estudia / ser arquitecto

   _____.

5. Tomaré una clase de pintura / llegar el verano

   _____.

6. Quiero ir al Museo del Prado / (ellos) cerrar la exposición especial sobre Goya

   _____.

8-16 En otras palabras. Eres un artista y le estás contando a una modelo tuya algunas cosas sobre tu vida. Usa el infinitivo, el indicativo o el subjuntivo según corresponda, en el tiempo apropiado para expresar tus ideas. Sigue el modelo.

MODELO: "De niño pintaba con acuarelas."
   Pintaba con acuarelas cuando era niño.

1. "Nadie me enseñó a pintar."

   Empecé a pintar sin que nadie _____.

2. "No gané mucho dinero al principio, pero pude pagar el alquiler del estudio."

   Vendí mis primeros cuadros muy baratos para _____.

3. "Me hice famoso con mi mural *Tierra y mar.*"

   Nadie me conocía antes de que _____.

4. "Sólo pinto retratos de personas famosas."

   No pinto retratos a no ser que las personas _____.

5. "Primero vamos a conseguir el dinero y después otros artistas y yo vamos a abrir una escuela de pintura."

   Abriremos una escuela de arte siempre y cuando _____.

Lectura

8-17 Hablan los artistas. Tres de los grandes pintores españoles contemporáneos están dando algunos datos sobre su vida. Lee la información y después completa el ejercicio de acuerdo a la información dada.

Pablo Ruiz Picasso

Nací en Málaga en 1881 y viví hasta los noventa y dos años. A los 14 años fui admitido en la escuela de Bellas Artes de Barcelona. Cuando comenzó el siglo empecé a pintar cuadros en los que predominaba el color azul. Yo quería que los personajes de estos cuadros expresaran melancolía y abandono. En 1904 cambié de técnica y adopté la monocromía rosa para que mis figuras expresaran una mayor alegría. En 1907 pinté *Las señoritas de Avignon*. No creía que este cuadro fuera a recibir tanta atención, pero a los críticos les gustó mucho y empezaron a citarlo como el prototipo del cubismo.

    Durante la guerra civil española pinté un gran mural, el *Guernica*, para que fuera expuesto en la Exposición Universal de París. Quería que la gente se diera cuenta de las consecuencias de la guerra. Al terminar la guerra, decidí que el cuadro no debía volver a España hasta que no hubiera de nuevo democracia en España. Aunque viví casi toda mi vida en Francia, siempre me sentí muy unido a la gente y cultura de mi tierra.

Joan Miró

Nací en Barcelona en 1893 y viví hasta los noventa años. Fui pintor, ceramista, dibujante, grabador y escultor. Asistí a la Escuela de Bellas Artes de Barcelona. Cuando empecé a pintar, todos mis cuadros eran realistas pero después cambié de estilo y me hice surrealista. Durante la guerra civil viví en Francia y pinté un mural llamado *El segador* como reacción frente a ella. En 1958 la UNESCO me encargó que hiciera dos murales de cerámica para su edificio de París. Trabajé hasta el día de mi muerte.

Salvador Dalí

Nací en Figueras (Barcelona) en 1904 y viví hasta los ochenta y cinco años. Estudié en la Escuela de Bellas Artes de Madrid. El pensamiento de Freud y los pintores surrealistas de París tuvieron una gran influencia en mi estilo. Siempre sentí curiosidad por los sueños y traté de que mis cuadros recogieran las imágenes caóticas y distorsionadas que se presentan en ellos. Mientras vivía en París conocí a Gala, la mujer de mi vida. Aunque soy famoso por mis pinturas, también hice la película *Un perro andaluz* con mi amigo Luis Buñuel y colaboré con Hitchcock en otra película.

¿Quién lo dice? Identifica cuál(es) de los tres pintores españoles afirmó lo que sigue a continuación, y escribe su(s) nombre(s) en el espacio en blanco. Puede ser más de uno.

1. Además de pintar, también hice esculturas. _____

2. Pinté un mural que mostraba mi oposición a la guerra civil española. _____

3. Viví parte de mi vida en Francia. _____

4. Nací en Cataluña. _____

5. Estudié en una Escuela de Bellas Artes. _____

6. Conocí a dos directores de cine muy famosos y trabajé con ellos. _____

7. Pinté muchos de mis cuadros siguiendo la estética del surrealismo. _____

8. Una de mis obras estuvo fuera de España durante la dictadura de Franco. _____

Atando cabos

8-18 **Un cuadro.** Después de leer la información sobre los artistas españoles anteriores, decidiste buscar más información sobre las obras de uno de ellos. Busca en un libro de arte o en Internet uno de sus cuadros y completa la información.

Pintor: _____

Título: _____

Técnica utilizada: _____.

Descripción del cuadro: _____

_____

_____

_____

_____.

¿Por qué te gusta este cuadro? _____

_____

_____

_____

_____.

En marcha con las palabras

8-19 ¿Qué es? Escucha las definiciones y di a qué palabra se refiere cada una. Escribe las letras correctas en los espacios en blanco.

1. la luz _____
2. pintar _____
3. el taller _____
4. gestar _____
5. un pincel _____
6. un retrato _____

8-20 ¿Qué necesitas? Escucha y decide cuáles de las cosas mencionadas necesitas para hacer una obra de arte. Luego, marca la columna correcta.

	Sí	No
1.		
2.		
3.		
4.		
5.		
6.		

8-21 Frida. Escucha los siguientes verbos y luego conjúgalos en el pretérito para completar cada oración sobre Frida Kahlo.

1. Frida Kahlo _____ famosa con sus cuadros.

2. Kahlo _____ una de las pintoras más famosas de América Latina.

3. Ella _____ muy triste al divorciarse de su esposo, Diego Rivera.

4. Frida _____ loca por las aventuras amorosas de su marido.

8-22 Diego Rivera. Escucha el siguiente fragmento sobre Diego Rivera y decide si las afirmaciones son **ciertas** (C) o **falsas** (F).

1. Diego Rivera regresa a México en 1957. _____

2. Rivera intenta fomentar las bellas artes. _____

3. En los años veinte comienza a hacer pintura abstracta. _____

4. A partir de 1921 Rivera se dedica a pintar en los edificios públicos. _____

5. El gobierno mexicano fomentó el arte mural. _____

6. En los murales representó con realismo la vida de su pueblo. _____

7. La historia mexicana no tiene mucha importancia en sus murales. _____

8. A Rivera no le interesaban ni la política ni la situación social de su país. _____

Sigamos con las estructuras

Repasemos 1 **Describing past desires, giving advice, and expressing doubts: Imperfect subjunctive**

8-23 **¿Qué querían?** Escucha lo que hacían estas personas cuando eran pequeñas. Luego, cámbialas de acuerdo al modelo.

MODELO: Escuchas: Nosotros no pintábamos con acuarelas.

Ves: Nuestros abuelos querían _____.

Escribes: Nuestros abuelos querían *que pintáramos con acuarelas.*

1. Mis parientes querían _____.

2. Mi madre deseaba _____.

3. Mis profesores esperaban _____.

4. Yo necesitaba _____.

5. Mi abuelo deseaba _____.

6. Mis padres preferían _____.

Repasemos 2 **Expressing desire: Imperfect subjunctive in independent clauses**

8-24 **¡Deseos!** Escucha lo que desean estas personas y reescribe la oración según el modelo.

MODELO: Quiero pintar como Picasso.

Quisiera pintar como Picasso.

1. _____.
2. _____.
3. _____.
4. _____.
5. _____.

Aprendamos 1 **Expressing time and purpose in the future: Subjunctive in adverbial clauses**

8-25 **Famoso.** Tu amigo quiere llegar a ser famoso. Escucha lo que te dice y completa sus oraciones de acuerdo al modelo.

MODELO: Ves: Voy a ser famoso cuando _____.

Escuchas: vender

Escribes: Voy a ser famoso cuando *venda muchos cuadros.*

1. Voy a ser famoso en cuanto _____.

2. Voy a ser famoso tan pronto como _____.

3. No voy a ser famoso hasta que no _____.

4. No voy a ser famoso mientras no _____.

5. Voy a ser famoso después de que _____.

6. Voy a ser famoso cuando _____.

8-26 Persevera y triunfarás. Tu amigo es un artista y necesita tus consejos. Escucha sus quejas *(complaints)* y cámbialas de acuerdo al modelo.

MODELO: Escuchas: No tengo éxito.

Escribes: Sigue trabajando a pesar de que *no tengas éxito.*

1. Sigue trabajando a pesar de que _____.
2. Sigue trabajando aunque _____.
3. Sigue trabajando aun cuando _____.
4. Sigue trabajando aunque _____.
5. Sigue trabajando a pesar de que _____.

8-27 ¿Cuándo? Un artista quiere saber cuándo le van a ocurrir estas cosas. Completa las oraciones de acuerdo al modelo. Luego, escucha las respuestas correctas.

MODELO: Vas a dar conferencias cuando / ser reconocido
Vas a dar conferencias cuando seas reconocido.

1. Vas a ser famoso cuando / vender muchos cuadros

_____.

2. Vas a exponer en Nueva York tan pronto como / escribirle al director del MOMA

_____.

3. Vas a tener cuadros en museos en cuanto / alguien patrocinarte

_____.

4. Vas a recibir buenas críticas después de que / descubrirte un periodista

_____.

5. Vas a conectarte con otros artistas cuando / ir a las galerías

_____.

6. No vas a ser conocido mundialmente hasta que no / realizar una obra maestra

_____.

Aprendamos 2   Expressing uncertainty and condition: Subjunctive in adverbial clauses

8-28 ¿Realizado o no realizado? Escucha las siguientes frases e indica si la acción ya ocurrió o todavía no ha ocurrido. Marca la columna correcta.

	Ya ocurrió	No ha ocurrido todavía
1.		
2.		
3.		
4.		
5.		
6.		
7.		
8.		

8-29 ¿Para qué? Escucha las siguientes oraciones y di para qué es importante el arte. Sigue el modelo y presta atención al uso del infinitivo o del subjuntivo.

> MODELO: Escuchas: La gente se expresa.
> Escribes: El arte es importante para que *la gente se exprese*.

1. El arte es importante para que _____.

2. El arte es importante para que _____.

3. El arte es importante para _____.

4. El arte es importante para _____.

5. El arte es importante para que _____.

6. El arte es importante para que _____.

8-30 Un trabajo complicado. Una pintora acaba de firmar un contrato con un museo, pero ha tenido muchos problemas. Escucha los problemas y completa las frases.

> MODELO: Escuchas: No le pagan el anticipo.
> Escribes: No entregará el cuadro a menos que *le paguen el anticipo*.

1. No va a firmar el contrato antes de que _____.

2. Va a pintar el cuadro siempre y cuando _____.

3. Va a cambiar de trabajo a menos que _____.

4. El cuadro no estará listo el mes próximo a no ser que _____.

5. Lo va a pintar lo más rápido posible con tal de que _____.

6. Va a seguir trabajando para ese museo siempre y cuando _____.

Atando cabos

8-31 Noticias de Radio Onda. Escucha la siguiente noticia y luego contesta las preguntas.

1. ¿Quién es Manuel Felguérez?
   _____.

2. ¿Qué tipo de arte promueve el nuevo museo?
   _____.

3. ¿Dónde funciona el museo?
   _____.

4. ¿Qué servicios ofrece el museo?
   _____.

5. ¿Cuál es el tema de la primera exposición?
   _____.

6. Felguérez afirma que los artistas deben promover el arte. ¿Y usted qué opina?
   _____.

8-32 Dictado: Frida. Escucha el fragmento de la biografía de Frida Kahlo y escríbelo a continuación.

_____

_____

_____

_____

_____

_____

_____

_____

_____

_____

La casa y el mundo de Frida Kahlo

Introducción

Frida Kahlo es una de las artistas mexicanas más conocidas y celebradas. Tanto su arte como su relación tempestuosa con el muralista mexicano Diego Rivera han sido el tema de exposiciones de arte, de estudios e incluso de películas populares. En este video visitaremos la casa de Frida que hoy se conserva en forma de museo. En esta casa Frida nació y murió. Veremos los rincones donde jugaba cuando era niña, donde acogía a gran número de amigos famosos y donde pintaba.

Vocabulario

la pareja	couple	**la cera**	wax
la esquina	corner (of two streets)	**la máscara**	mask
la fachada	facade	**atravesar**	to pass through, to penetrate
ahuyentar	to frighten off		
acoger	to welcome	**la matriz**	uterus
la herradura	horseshoe	**el yeso**	plaster
la escultura	sculpture	**cortejar**	to court (someone)
la chuchería	trinket	**el ala**	wing
el caracol	snail, snail shell	**la silla de ruedas**	wheelchair
el alambre	wire	**los quehaceres cotidianos**	daily chores
el exvoto	exvoto, votive offering	**las cenizas**	ashes
el judas	puppet figure of Judas Iscariot	**la soledad**	solitude, loneliness
		el autorretrato	self-portrait
el sarape	sarape, shawl	**la paz**	peace
el huarache	sandal		

Antes de mirar el video

8-33 Categorías. Para cada una de las siguientes categorías determina qué palabra o término no pertenece a la lista.

1. Elementos de una casa
   a. la fachada
   b. las paredes
   c. el patio central
   d. la herradura

2. Objetos artesanales mexicanos
   que se pueden coleccionar
   a. piñatas
   b. muñequitas
   c. matrices
   d. máscaras

3. Amigos famosos de Frida Kahlo
   y Diego Rivera
   a. Leon Trotsky
   b. Hugo Chávez
   c. Sergei Eisenstein
   d. Dolores del Río

4. Objetos que podría necesitar
   una persona que ha sufrido un accidente grave
   a. un aparato ortopédico
   b. un caracol
   c. una silla de ruedas
   d. un yeso

5. Objetos relacionados con la muerte y los funerales
   a. el camión
   b. la urna
   c. las cenizas
   d. la máscara mortuoria

6. La pintura y el arte de pintar
   a. los pinceles
   b. la paz
   c. los retratos
   d. los murales

8-34 Frida Kahlo: su vida, su mundo y su museo. A continuación se presentan algunas afirmaciones sobre Frida y el Museo Casa Frida Kahlo. Para cada una determina qué forma del verbo se necesita para completar la frase correctamente.

1. Todos los años el Museo Casa Frida Kahlo _____ a muchos visitantes que quieren saber más sobre Frida.
   a. acoge   b. acogiera   c. acogió

2. Cuando Frida tuvo un accidente terrible sus padres tenían miedo de que su hija _____.
   a. muriera   b. moría   c. murió

3. Diego Rivera quería que Frida _____ con él.
   a. se casó   b. se case   c. se casara

4. Después del accidente Diego arregló la casa para que Frida _____ descansar y pintar.
   a. podía   b. podría   c. pudiera

5. Diego insistió en que Frida _____ pintando.
   a. siga   b. siguiera   c. seguía

6. Un grupo de artistas jóvenes le pidió a Frida que les _____ clases de pintura.
   a. de   b. daría   c. diera

7. Muchos artistas y figuras políticas _____ a Frida en su casa.
   a. visitaran   b. visitaron   c. visitarán

8. Los otros muralistas mexicanos eran amigos de Frida. Ellos querían que su arte _____ revolucionario.
   a. era   b. fuera   c. sería

Al mirar el video

8-35 **¿Cierto o falso?** Mira y escucha el video para determinar si las frases siguientes son **ciertas** (C) o **falsas** (F).

1. Frida Kahlo y Diego Rivera fueron una de las parejas artísticas más famosas del Siglo XIX.   _____

2. Tradicionalmente el color azul cobalto se usaba en México para ahuyentar a los espíritus malignos.   _____

3. 1954 es el año de la primera boda de Frida.   _____

4. Se inició la construcción de la Casa Azul en 1910.   _____

5. Frida y Diego coleccionaban esculturas de figuras pre-hispánicas.   _____

6. "Los Fridos" es el nombre de un conjunto musical que cantaba canciones en honor a Frida.   _____

7. En 1925 Frida tuvo un accidente que le rompió la matriz y las piernas.   _____

8. Frida y Diego compartían la ideología revolucionaria de Leon Trotsky.   _____

9. Después del accidente Frida pintaba en su estudio en la planta baja de la Casa Azul.   _____

10. Frida se murió a los 42 años.   _____

11. En la Casa Azul hay una reproducción del autorretrato "Las dos Fridas."   _____

12. Frida nunca pudo realizar su sueño de concebir un hijo.   _____

13. Frida consideraba a Stalin un hombre de paz.   _____

8-36 **Escuchar con más atención.** Mira y escucha el video de nuevo para buscar las palabras que faltan.

1. En la Casa Azul Frida compartió momentos felices y _____ con Diego Rivera.

2. La Casa Azul acogía a grandes figuras políticas, literarias y artísticas como el _____ Leon Trotsky, el _____ Sergei Eisenstein, el fundador del movimiento _____ André Breton, las _____ de cine mexicanas Dolores del Río y María Félix.

3. En el patio Frida daba _____ a varios alumnos conocidos como "Los Fridos."

4. La fecha que Frida daba como año de su nacimiento, 1910, fue el año de la _____.

5. A la niña Frida—y hasta la hora de su muerte—le gustaron los _____ y los pequeños objetos de la _____ mexicana.

6. Frida fue a buscar a Diego Rivera a la Secretaría de Educación Pública, donde éste pintaba _____.

7. Entre 1939 y 1940 Frida y Diego se _____ pero a finales de 1940 se _____ por segunda vez.

8. En *El Diario* Frida empezó a representar en imágenes en un estilo fantástico y surrealista lo que era su mundo: un mundo trágico, un mundo terrible, muchas veces un mundo de _____.

9. Los _____ extraordinarios que pintó Frida revelan mucho sobre la vida interior de esta artista.

10. Frida siempre decía que no podía hacer arte _____. Sin embargo al final de su vida intentó pintar un retrato de Stalin.

Después de mirar el video

8-37 Autorretratos de una artista. Frida Kahlo pintó un gran número de autorretratos, los cuales revelan una vida interior rica y compleja. Sus autorretratos van más allá del realismo. En ellos hay elementos fantásticos, surrealistas, oníricos (de los sueños), los cuales nos invitan a interpretar su visión de sí misma.

Elige uno de los autorretratos de Frida que se encuentran en www.prenhall.com/atando

Después, escribe una interpretación breve de la pintura: ¿Qué nos revela de la vida interior de la artista? ¿Cómo es la auto-imagen que proyecta esta pintura? ¿Qué adjetivos se podrían usar para describir a la Frida de este autorretrato? Lleva una copia del autorretrato junto con tu interpretación a clase para discutir con tus compañeros/as.

_____

_____

_____

_____

_____

8-38 Una entrevista a Frida Kahlo. La vida y la obra de Frida Kahlo son muy complejas y a veces enigmáticas. Imagínate que pudieras entrevistar a Frida. ¿Qué te gustaría preguntarle sobre su vida y su arte? Con otros/as compañeros/as de clase hagan una lista de cinco preguntas que quisieran hacerle a esta artista mexicana.

_____

_____

_____

_____

_____

Capítulo

9
Hablemos de la juventud

En marcha con las palabras

En contexto

9-1 **Sopa de letras.** Busca y marca en la sopa de letras las siguientes palabras. Las palabras pueden ir en todas las direcciones.

alejado	lealtad	falla	consumo	esfuerzo	peligro	pobreza
	valores	ocio	afectar	juvenil	realizado	

```
A  L  E  J  A  D  O  K  V  G
F  S  O  L  E  A  L  T  A  D
E  Q  C  F  A  L  L  A  L  L
C  D  I  K  H  P  I  L  O  P
T  C  O  N  S  U  M  O  R  O
A  J  U  V  E  N  I  L  E  B
R  N  L  E  C  S  R  U  S  R
E  S  F  U  E  R  Z  O  J  E
Q  O  P  E  L  I  G  R  O  Z
S  P  A  Z  F  E  L  O  M  A
K  R  E  A  L  I  Z  A  D  O
```

9-2 **¿Con qué la relacionas?** Lee las siguientes palabras y busca la que mejor se asocia con cada una. Luego escribe la letra correcta.

1. horario _____
2. jerga _____
3. madrugada _____
4. par _____
5. lealtad _____
6. novedoso _____
7. vínculo _____

a. conexión
b. fecha
c. sol
d. lengua
e. nuevo
f. valor
g. amistad

9-3 **La juventud de hoy.** Lee el siguiente resumen del artículo del sociólogo Enrique Lavalle sobre los jóvenes de hoy y completa las oraciones con las palabras apropiadas. Haz todos los cambios necesarios.

> estar al alcance   desanimar   a través de   mercado de consumo   alejado   anterior

- Según el artículo, los jóvenes de hoy en día carecen de constancia, ya que se
  (1)_____ fácilmente ante los problemas.
- (2)_____ la música que escuchan, la ropa que usan y las diversiones que tienen,
  los jóvenes crean su propio (3)_____.
- Como los jóvenes de las generaciones (4)_____, éstos viven
  (5)_____ de las convenciones de su propia sociedad.
- Al navegar por Internet, el mundo (6)_____ de los jóvenes desde su computadora.

9-4 **Ahora tú.** Escribe oraciones con las siguientes palabras para describir los jóvenes de hoy en día. Debe quedar claro el significado de la palabra en cada oración.

MODELO: diferenciarse
Los jóvenes necesitan diferenciarse de los demás.

1. esfuerzo
   _____.

2. lealtad
   _____.

3. desganado
   _____.

4. centrado en sí mismo
   _____.

5. ocio
   _____.

¡Sin duda!

9-5 **Un informe alarmante.** Mara está trabajando en un grupo de apoyo a mujeres y preparó un informe sobre la condición de las mujeres jóvenes de su país. Aquí hay algunos datos incluidos en el informe. Usa los verbos a continuación en la forma y tiempo apropiados para completar el informe.

> apoyar   mantener   soportar   sostener

1. En este país las mujeres _____ condiciones de vida muy duras.
2. Para muchas de ellas, es imposible _____ a sus familias con el poco dinero que ganan.
3. En los últimos años muchas organizaciones están _____ las iniciativas de las mujeres para crear pequeños negocios.
4. Algunos grupos conservadores _____ que si las mujeres se independizan económicamente, habrá conflictos sociales.

Así se dice

9-6 Propuestas. Estos amigos están haciendo planes para salir juntos. Completa el diálogo con la expresión correcta.

Te invito	Querrías
Me encantaría	Perdóname, pero esta vez no puede ser
lo siento	gustaría

ALICIA: ¿(1) _____ ir al cine esta noche?

SOFÍA: ¡Cuánto (2) _____! No puedo aceptar porque mi madre está enferma y quiero quedarme en casa con ella esta noche. _____

....

PEDRO: (3) _____ a cenar otra vez en el restaurante francés que tanto te gusta.

BEATRIZ: (4) _____ porque ya he hecho planes con Luisa y Ana para salir esta noche.

....

ALEJANDRA: ¿Te (5) _____ cenar conmigo esta noche en mi casa?

PABLO: ¡Gracias! (6) _____. ¿Qué llevo para la cena?

Sigamos con las estructuras

Repasemos 1   Talking about future activities: Future tense

9-7 Planes para la niña. Jordi, un catalán, y su esposa andaluza, Carmen, acaban de ser padres y tienen muchos planes para su hija. Completa sus ideas con el futuro de los verbos entre paréntesis.

MODELO: Marta _____ (aprender) a tocar un instrumento musical.
          Marta aprenderá a tocar un instrumento musical.

1. Marta _____ (estudiar) con nosotros todos los días.

2. Yo le _____ (leer) cuentos todas las noches.

3. La niña _____ (saber) dos lenguas: el catalán y el castellano.

4. Nosotros _____ (hacer) todo lo posible para que vaya a la universidad y estudie lo que quiera.

5. Marta _____ (tener) juguetes no exclusivos de niñas.

6. Nosotros tres _____ (ir) de excursión a muchos lugares interesantes.

7. Marta _____ (poder) crecer en una sociedad con menos prejuicios.

8. Seguramente _____ (haber) más oportunidades profesionales para ella que para mí.

9. ¿Qué _____ (pensar) ella de nosotros cuando sea mayor?

Repasemos 2   Talking about conditions: Conditional tense

9-8 Sueños de ministra. Cristina Ibárruri trabaja en una escuela, pero en el futuro quiere dedicarse a la política. Está explicándoles a unos jóvenes que trabajan con ella lo que haría por ellos si fuera elegida. Usa el condicional para escribir lo que Cristina haría por ellos.

MODELO: Nosotros / ofrecer / más actividades / para los niños
          Nosotros ofreceríamos más actividades para los niños.

1. yo / crear / más programas de deportes / en los barrios

   _____.

2. los jóvenes / poder / pedir préstamos / fácilmente

   _____.

3. nosotros / facilitar / el acceso / de los jóvenes / al mundo del trabajo

   _____.

4. Rosa, tú / dirigir / el departamento / de deportes y cultura

   _____.

5. los jóvenes / saber / dónde / pedir ayuda

   _____.

6. nosotros / poner / más parques recreativos / en todos los barrios

   _____.

7. nuestros centros de cultura / ofrecer / cursos especiales

   _____.

8. las mujeres jóvenes / venir / a nuestras clínicas / con confianza

   _____.

Repasemos 3   Discussing probability: Uses of the future and conditional to express probability

9-9 Chismes (*Gossip*). Bárbara y Carlos están hablando de otras personas que conocen. Escoge la conjetura que mejor cuadra a cada situación. Escribe la letra correspondiente en el espacio en blanco.

Bárbara dice:

1. Ana y Néstor se casaron después de conocerse sólo tres meses. _____
2. Teresita se relaciona muy bien con todos. _____
3. A los niños les encanta estar con Héctor. _____
4. Dalia se fue temprano de la fiesta anoche. _____
5. Yo casi no duermo por la noche porque tengo demasiado trabajo. _____
6. Tu hermano no me saludó ayer después de la pelea que tuvimos. _____

Carlos comenta:

a. ¿Les mostrará mucha ternura y cariño?
b. ¿Tendría vergüenza?
c. ¿Se amarían mucho?
d. ¿Tendrá una personalidad agradable?
e. ¿Estaría aburrida?
f. ¿Estarás cansadísimo/a?

Aprendamos 1   Talking about hypothetical situations in the future: Conditional clauses

9-10 La familia. Gabriela tiene algunos problemas con su familia. La lista A explica los problemas y la lista B da las recomendaciones de una amiga. Escribe oraciones condicionales basándote en la información de las dos listas, según el modelo. Haz los cambios necesarios.

MODELO: Tengo problemas con mi padre. Debes hablar inmediatamente con él.
Si tienes problemas con tu padre, habla inmediatamente con él.

A. Problemas

Mi hermana se pone mi ropa.

Mi padre quiere que ordene mi cuarto durante la semana.

Mi madre no me entiende.

Mi hermana nunca me ayuda a preparar la comida.

Mi familia y yo nunca tenemos tiempo para hacer cosas juntos.

B. Recomendaciones

Debes decirle que no lo haga.

Debes explicarle que lo harás durante el fin de semana.

Debes tener paciencia y hablar con ella.

Debes establecer turnos para cocinar.

Deben irse de vacaciones.

1. _____ .
2. _____ .
3. _____ .
4. _____ .
5. _____ .

9-11 Consejos encadenados. No estás contenta en tu trabajo y tu amiga te está dando algunos consejos para encontrar otro. Completa sus consejos continuando la cadena de oraciones como se presenta en el modelo. Presta atención al uso del mandato o del futuro.

MODELO: Si no estás contenta en esa oficina, *busca otro trabajo.*
Si buscas otro trabajo, *prepárate con tiempo.*
Si te preparas con tiempo, *encontrarás algo bueno.*
Si encuentras algo bueno, estarás feliz.

1. Si buscas un trabajo nuevo en el periódico, _____ .
   Si encuentras muchas posibilidades, _____ .
   Si seleccionas la mejor para ti, seguro que conseguirás una entrevista.

2. Si consigues una entrevista, _____ .
   Si haces una lista de preguntas, _____ .
   Si no te olvidas de preguntar por los beneficios, tendrás una idea más clara de las ventajas de los puestos que solicites.

3. Si te llaman de la empresa INSESA, ve a la entrevista.
   Si vas a la entrevista, _____ .
   Si te compras un traje serio, _____ .
   Si causas una buena impresión, te darán el trabajo.

4. Si te ofrecen el trabajo, acéptalo.
   Si lo aceptas, _____ .
   Si pides un buen horario, _____ .
   Si te lo dan, estarás feliz.

Aprendamos 2   Discussing contrary-to-fact situations: Conditional clauses

9-12 Quejas. Una socióloga explica las necesidades de la juventud actual. Une ambas listas de forma lógica para formar oraciones condicionales que expresen las sugerencias de la socióloga. Sigue el modelo.

MODELO: no hay trabajos   estar contentos
Si hubiera más trabajos, estarían contentos.

A

no hay suficientes becas para estudiantes
los bancos no les dan préstamos a los jóvenes
no existen políticos confiables
no crean trabajos para los jóvenes

B

votar
abrir pequeñas empresas
independizarse más rápidamente
haber menos deserción escolar

1. Si _____.
2. Si _____.
3. Si _____.
4. Si _____.

9-13 Momentos difíciles. Elena le está explicando a su amiga la situación difícil por la que está pasando en estos momentos. Escribe oraciones condicionales para explicar cómo sería la situación contraria, de acuerdo al modelo.

Peleo tanto con mi madre que ya no nos hablamos. Ella quiere que yo limpie mi cuarto cada día y por eso discutimos. No tengo un trabajo este verano y por eso no tengo dinero. Mi mamá no me deja invitar amigos a la casa y eso me enfada. Además los fines de semana no puedo salir y me aburro en casa. Lo peor es que mi hermanito se mete en mi cuarto y por eso le grito. Luego mi madre se enoja conmigo… ¿Qué puedo hacer?

MODELO: "Peleo tanto con mi madre que ya no nos hablamos."
Si no peleara tanto con mi madre, todavía nos hablaríamos.

1. _____.
2. _____.
3. _____.
4. _____.
5. _____.

9-14 Situaciones hipotéticas. Imagina que tienes un puesto de trabajo que te permite hacer algo para apoyar a los jóvenes del mundo. Usa oraciones condicionales para explicar lo que harías. Sigue el modelo.

MODELO: *Si dirigiera una empresa, daría más trabajos a los jóvenes.*

1. Te han nombrado ministro/a de tu país:

_____
_____

2. Eres el rector/ la rectora de una universidad:

_____
_____

3. Trabajas en las Naciones Unidas:

_____
_____

Lectura

9-15 Vidas difíciles. Lee los problemas de tres jóvenes de diferentes países. Luego completa el cuadro con la información apropiada.

Ana

Soy de un pequeño pueblo en las montañas de Colombia, Salento. Mi familia es campesina y yo soy la primera en asistir a la universidad. Estudié mi licenciatura en veterinaria en la Universidad Nacional de Bogotá, mientras trabajaba en una cadena de supermercados para mantenerme. Ahora quiero continuar con mis estudios de maestría, pero no sé qué puedo hacer. No hay becas suficientes para estudios de postgrado y no tengo dinero para continuar estudiando por dos años más.

Joaquín

Acabo de graduarme en educación en Santa Cruz, Bolivia y empecé a trabajar en una escuelita para niños, en su mayoría, indígenas en La Paz. Mi objetivo es enseñarles a los niños de mi escuela a usar la computadora. Ahora que vivimos en una aldea global las personas necesitan saber usar la tecnología para poder triunfar. El problema es que sólo tenemos dos computadoras en mi escuela y no es suficiente para enseñarles a todos.

Alba

Vivo en Quito, Ecuador, y tengo 18 años. Terminé mis estudios de secundaria y no puedo continuar en la universidad porque necesito buscar un trabajo. Soy la mayor de mi familia y tengo que trabajar para ayudar a mi mamá. Ella maneja un taxi, pero eso no es suficiente para mantenernos a mis tres hermanitos y a mí. No he podido encontrar trabajo todavía. No tengo experiencia ni estudios. No sé qué hacer…

Nombre	Ciudad y país	Títulos	Problemas	¿Qué harías tú? Dale un consejo.
Ana				
Joaquín				
Alba				

Atando cabos

9-16 Y tú, ¿qué opinas? Escribe un párrafo sobre los asuntos que te preocupen en tu vida. Sigue el modelo de los jóvenes de la actividad anterior.

_____

_____

_____

_____

_____

_____

_____

_____

_____

_____

En marcha con las palabras

9-17 La sencillez sencillamente sencilla. Escucha los siguientes sustantivos y da el adjetivo correspondiente.

    MODELO: la marginación – *marginado*

1. _____
2. _____
3. _____
4. _____
5. _____
6. _____
7. _____
8. _____

9-18 ¿Un horario que camina? Escucha las siguientes oraciones y decide si son **lógicas** (L) o **ilógicas** (I).

1. _____   5. _____
2. _____   6. _____
3. _____   7. _____
4. _____   8. _____

9-19 Te invito. Escucha los siguientes minidiálogos y escoge la respuesta lógica.

1. a. Gracias. Me encantaría ir al cine contigo.
   b. Sí, cómo no. ¿Por la mañana te va bien?
   c. No, lo siento. Esta noche no puedo.

2. a. Me encantaría.
   b. Me gustaría mucho pero esta noche no puedo.
   c. No, gracias. A mí el cine no me gusta.

3. a. Lo siento pero me es imposible ir en este momento.
   b. Me gustaría mucho. Lo leo y te lo devuelvo mañana.
   c. ¿Al cine? Perdóname pero esta vez no puede ser. Tengo amigos a cenar.

4. a. Sí, cómo no. ¿La película empieza a las nueve?
   b. ¿Una conferencia sobre los jóvenes? Sí, me gustaría mucho.
   c. Me encantaría, pero no puedo ir al concierto. No tengo tiempo.

5. a. Gracias, nos encantaría. ¿A qué hora es?
   b. ¡Cuánto lo siento! No puedo aceptar porque tengo mucho trabajo.
   c. Encantada. Lo acepto con mucho gusto.

6. a. Me gustaría mucho. Tú sabes que el campo me encanta.
   b. Lo siento, pero no puedo. Los niños están conmigo esta noche.
   c. Sí, cómo no. Lo leo y te lo devuelvo mañana.

9-20 Palabras y más palabras. Escucha las siguientes definiciones y escribe la palabra a la que se refieren.

1. _____
2. _____
3. _____
4. _____
5. _____
6. _____

Sigamos con las estructuras

Repasemos 1   Talking about future activities: Future tense

9-21 Un futuro prometedor. Escucha las siguientes oraciones y luego cámbialas al futuro.

MODELO: Escuchas: Ellas trabajan y estudian.
Escribes: *Ellas trabajarán y estudiarán.*

1. _____.
2. _____.
3. _____.
4. _____.
5. _____.
6. _____.
7. _____.
8. _____.

Repasemos 2   Talking about conditions: Conditional tense

9-22 Yo querría… Escucha las siguientes oraciones y luego cámbialas al condicional.

MODELO: Escuchas: Yo quiero la igualdad entre los sexos.
Escribes: *Yo querría la igualdad entre los sexos.*

1. _____.
2. _____.
3. _____.
4. _____.
5. _____.
6. _____.
7. _____.
8. _____.

Repasemos 3   Discussing probability: Uses of the future and conditional to express probability

9-23 **¿Qué será de la vida, qué será?** Piensa en el año 2020. Escucha y reacciona usando el futuro, como en el modelo.

>   MODELO: Escuchas: Hoy luchamos contra la injusticia.
>
>   Escribes: Probablemente en el 2020… *lucharemos contra la injusticia.*

Probablemente en el 2020…

1. _____.
2. _____.
3. _____.
4. _____.
5. _____.
6. _____.
7. _____.
8. _____.

Aprendamos 1   Talking about hypothetical situations in the future: Conditional clauses

9-24 **Si quieres algo tendrás que pedirlo.** Escucha las siguientes oraciones y luego cámbialas de acuerdo al modelo.

>   MODELO: Escuchas: Tú hablas con tus hijos. / La relación es mejor.
>
>   Escribes: *Si hablas con tus hijos, la relación será mejor.*

1. _____.
2. _____.
3. _____.
4. _____.
5. _____.
6. _____.

9-25 **Si hay injusticia, defiéndete.** Escucha las siguientes preguntas y luego contéstalas de manera original de acuerdo al modelo.

>   MODELO: Escuchas: ¿Si te pagan menos que a tu compañero?
>
>   Escribes: *Si te pagan menos que a tu compañero, habla con tu jefa.*

1. _____.
2. _____.
3. _____.
4. _____.
5. _____.
6. _____.

Aprendamos 2   Discussing contrary-to-fact situations: Conditional clauses

9-26 ¿Lo harías? Un amigo está tratando de convencerte de que debes ser más activo políticamente, pero tú siempre encuentras una disculpa. Escucha las preguntas y luego respóndelas de acuerdo al modelo.

MODELO: Escuchas: ¿Irías a la reunión?
Ves: Tengo dinero.
Escribes: *Iría a la reunión si tuviera dinero.*

1. No ser peligroso.

   _____.

2. Ayudarme los demás.

   _____.

3. Darme el presupuesto.

   _____.

4. Tener tiempo.

   _____.

5. Ver una injusticia.

   _____.

6. Saber del tema.

   _____.

9-27 Situaciones ideales. Escucha las siguientes quejas de un grupo de jóvenes latinoamericanos, y luego escribe una oración original para expresar cómo serían las cosas en la situación contraria.

MODELO: No hay becas para los estudiantes.
Si hubiera becas, más jóvenes estudiarían.

1. _____.
2. _____.
3. _____.
4. _____.
5. _____.
6. _____.

Atando cabos

9-28 Mujeres increíbles. Escucha la descripción de estas cuatro mujeres, que están interesadas en ayudar a los jóvenes, y completa las fichas con la información que corresponda.

1. Nombre: Ángeles

   Ciudad y país: _____.

   Títulos: _____.

   Idiomas: _____.

   Trabajo actual: _____.

2. Nombre: Inés

   Ciudad y país: _____.

   Títulos: _____.

   Idiomas: _____.

   Trabajo actual: _____.

3. Nombre: Sandra

   Ciudad y país: _____.

   Títulos: _____.

   Idiomas: _____.

   Trabajo actual: _____.

4. Nombre: Lidia

   Ciudad y país: _____.

   Títulos: _____.

   Idiomas: _____.

   Trabajo actual: _____.

9-29 Uso del tiempo. Escucha la información que nos da el Instituto de la Mujer español. Luego completa el cuadro y contesta las preguntas.

Uso del tiempo por sexo (en minutos / día)

	Mujeres	Hombres
Tareas domésticas		90
Trabajo	81	
Estudio		35
Ocio	139	
Comer		72
Cuidado corporal	69	

Lab Manual

1. ¿Quién realizó el estudio?

   _____.

2. ¿Quién dedica más tiempo al cuidado corporal?

   _____.

3. ¿En qué pasan menos tiempo las mujeres?

   _____.

4. ¿En qué pasan menos tiempo los hombres?

   _____.

5. ¿En qué pasan más tiempo las mujeres?

   _____.

6. ¿En qué pasan más tiempo los hombres?

   _____.

9-30 **Dictado: La jerga juvenil.** Transcribe el fragmento del ensayo "El lenguaje de los adolescentes" que escucharás a continuación.

Los jóvenes españoles

Introducción

Los sueños, aspiraciones, preocupaciones e intereses de los jóvenes de España son el tema de este video. ¿Cómo ven su futuro? ¿Cómo se definen como grupo y como generación? ¿Qué les preocupa y qué les interesa? El video nos lleva a León, una ciudad del norte de España y una ciudad importante de la autonomía de Castilla y León. Allí entrevistamos a cuatro jóvenes y visitamos un poco la ciudad también: el León moderno y el León histórico, la famosa catedral medieval y el Húmedo, el centro de los bares y de la vida nocturna leonesa.

Vocabulario

la dictadura	*dictatorship*	asustar	*to frighten*
criarse	*to be brought up*	juerguista	*"party animal"*
la juventud	*youth*	conformarse con	*to be satisfied with*
la sede	*headquarters*	el carné de conducir	*driver's license*
la catedral	*cathedral*	el turismo rural	*agrotourism*
gótico	*Gothic*	independizarse	*to become independent*
estrecho	*narrow*	la vivienda	*housing*
tomar copas	*to have drinks*	el esfuerzo	*effort*
entretenerse	*to amuse oneself*	esforzarse	*to make an effort*
el cibercafé	*Internet café*	desanimarse	*to become discouraged*
respetuoso	*respectful*	buscar pareja	*to look for a partner*
afortunado	*fortunate*	la política	*politics*
ocioso	*idle*	las elecciones	*elections*
la miseria	*hardship*		

Antes de mirar el video

9-31 ¿Cómo son los jóvenes de hoy? Los jóvenes son objeto de estudio, de crítica, de admiración, de envidia y de otras muchas actitudes y sentimientos y muchas son las palabras –positivas y negativas—que se usan para describir a este grupo generacional. A continuación se presentan algunas opiniones sobre la manera de ser de los jóvenes. Para cada una elige la palabra de la lista que va mejor con cada descripción.

abiertos	juerguistas	respetuosos
afortunados	ociosos	tolerantes
conformistas	optimistas	valientes
inconscientes	pesimistas	

1. Aceptan a los grupos inmigrantes y sus costumbres, por diferentes que sean, más fácilmente que sus padres. Son _____.

Video Manual

2. Algunos aceptan lo que son y lo que tienen, y no buscan otras opciones. Son _____.

3. Algunos no se dan cuenta de que hay problemas en el mundo. Son _____.

4. Creen que el mundo les ofrece muchas posibilidades para el futuro. Son _____.

5. Les gusta mucho salir por la noche y tomar copas con los amigos. Son _____.

6. No se limitan a lo que ya conocen. Quieren descubrir nuevas ideas y experiencias. Son

   _____.

7. Siempre tratan con cortesía a la gente mayor. Son _____.

8. Tienen la suerte de vivir en una época de más oportunidades económicas. Son _____.

9. Estos jóvenes prefieren divertirse, jugar y dormir en vez de trabajar. Son _____.

10. Ven un futuro difícil, sin grandes posibilidades en cuanto al trabajo. Son _____.

11. Nada asusta a los jóvenes. Son _____.

9-32 Una joven en busca de trabajo.
Una de las preocupaciones mayores de los jóvenes es el trabajo: cómo elegirlo, cómo encontrarlo, cómo tener éxito en la carrera. A continuación se presentan los pensamientos de una joven española respecto al tema de su trabajo futuro. Termina las frases marcando la respuesta correcta.

1. Si _____ conseguiré el trabajo que quiero.
   a. me esfuerzo   b. me esforzara   c. me esforzaría

2. Si _____ enchufe (connections), sería mucho más fácil encontrar un buen trabajo.
   a. tengo   b. tuviera   c. tenía

3. Si me preparo bien, algún día me _____ el trabajo que busco.
   a. dan   b. darían   c. darán

4. Si mi computadora _____ mejor podría buscar un trabajo en Internet.
   a. funciona   b. funcione   c. funcionara

5. No encontraré un trabajo si no _____ buscando.
   a. sigo   b. seguiré   c. siga

6. Si no encuentro un trabajo este año _____ que vivir con mis padres hasta que lo encuentre.
   a. tengo   b. tendré   c. tendría

7. Me gustaría ser ingeniera si _____.
   a. puedo   b. podré   c. pudiera

8. Si el gobierno se preocupara más por los jóvenes _____ más trabajos para nosotros.
   a. hubiera   b. habría   c. habrá

9. Si me ofrecen un trabajo mal pagado no lo _____.
   a. acepte   b. aceptaré   c. aceptaría

Al mirar el video

9-33 ¿Quién lo dice? Mira y escucha el video para determinar quién dice cada una de las afirmaciones siguientes: Alicia (A), Margarita (M), Miguel Ángel (MA) o José Ignacio (JI).

1. _____ "Somos algo más respetuosos en el sentido de… respetar a la gente que es diferente o de otra raza, otra cultura."

2. _____ "No tememos a nada, el futuro no nos asusta, creo."

3. _____ "Y, por tercero, inconscientes, porque sólo se preocupan de vivir la vida día por día y no se preocupan … del futuro, ni nada."

4. _____ "Somos un poco conformistas porque esas ventajas que tenemos, nos conformamos con eso y no somos tan ambiciosos como deberíamos de ser."

5. _____ "El turismo rural está floreciendo entre la juventud. Nos gusta visitar la montaña, lagos."

6. _____ "La vivienda también es un tema de considerable importancia. Está difícil encontrar una vivienda."

7. _____ "¡Hombre! No hay que ser pesimista."

8. _____ "Si me esfuerzo conseguiré acabar la carrera."

9. _____ "Optimista, pues, respecto al deporte que creo que puedo mejorar, y pesimista respecto al trabajo y a independizarme."

10. _____ "Creo que tengo bastante más libertad a la hora de salir o de irme fuera de León que mis padres."

11. _____ "No pensamos en independizarnos hasta los 25, mucha gente (hasta los) 30 años."

12. _____ "No me interesa nada la política, no me gusta, nunca me ha gustado."

9-34 Escuchar con más atención. Mira y escucha el video de nuevo para buscar las palabras que faltan.

Tema: España y León

1. En _____ después de casi _____ años bajo una dictadura, España estableció un sistema democrático.

2. El centro histórico de León está dominado por su imponente y luminosa _____ gótica.

3. En los muchos bares del Húmedo los leoneses de todas las edades toman_____, prueban _____ y se entretienen con los amigos.

4. Pero León es también una ciudad moderna, con _____ y tiendas elegantes, _____ y centros comerciales.

Tema: Descripción de la generación

5. Margarita: "Pues con respecto a la generación de nuestros padres somos muy, muy afortunados. En general hemos vivido en un mundo de _____. Ellos han vivido más miserias, han tenido que trabajar _____."

6. José Ignacio: "Somos gente afortunada por el mundo en el que vivimos y por las _____ que poseemos ahora y no hemos tenido antes."

Tema: El tiempo libre y las diversiones

7. Margarita: "Pues Internet y nuevas tecnologías están a la orden del día. El _____ tiene un imperio. Yo diría que a siete de cada diez les encanta el_____."

Tema: Las preocupaciones

8. Miguel Ángel: "Sería el encontrar trabajo acorde a lo que a ti te gusta y a lo que has estudiado y bueno… que como te acabo de decir, el tener coche y… _____."

9. Alicia: "Después… quizá buscar una _____, porque es difícil independizarse. Comprarse una casa requiere mucho _____ económico."

Tema: El optimismo

10. Alicia: "Yo creo que no desanimarme, porque me van a decir muchas veces "no", y si me _____, si estudio, si… alguna vez me dirán que _____."

Tema: La vida de los padres

11. Margarita: "Tenemos muchas más oportunidades. Ellos, llegando a una edad en torno a los veinte años, estaban trabajando todos, buscando pareja para formar una _____. Vivían muchas más miserias que _____."

12. Alicia: "Ha cambiado mucho, las nuevas tecnologías, pues, han cambiado la forma de vivir. Ahora nos dan las cosas hechas. Es más fácil _____, acceder a una información."

Tema: La política

13. José Ignacio: "Principalmente mi actuación en la política es votando cuando hay _____ para el estado o para la comunidad económica europea."

Después de mirar el video

9-35 **Entrevistas a los norteamericanos.** A continuación se encuentran las preguntas que se hicieron a los jóvenes españoles en este video. ¿Crees que los jóvenes norteamericanos ven temas como el futuro, el trabajo y las generaciones de la misma manera que los españoles? Formando pequeños grupos de tres o cuatro estudiantes entrevisten a los miembros de su grupo usando las mismas preguntas. Después compartan los resultados de sus entrevistas con la clase y hagan una comparación con las respuestas de los españoles.

Tema: El futuro

- ¿Cómo ves tu futuro: eres optimista o pesimista respecto a él?
- ¿Cuál es tu mayor preocupación respecto a tu futuro?
- ¿Qué piensas que tendrías que hacer para cumplir tus planes?

Tema: Los jóvenes de dos generaciones

- ¿Qué tres adjetivos usarías para describir a los jóvenes de tu generación?
- ¿Podrías nombrar tres cosas que apasionan a los jóvenes de tu generación?
- ¿Cuáles son algunas de las preocupaciones mayores de los jóvenes de tu generación?
- ¿Cómo ha cambiado—si ha cambiado—la vida de los jóvenes de tu generación respecto a la vida de los jóvenes de la generación de tus padres?

_____

_____

_____

_____

_____

9-36 Una visita a León. Usando los recursos de Internet exploren la ciudad de León y busquen la información siguiente:

- ¿Cómo se llega a León desde Madrid?
- ¿Qué características especiales tiene la catedral de León?
- ¿Cómo es la comida leonesa? ¿Cuáles son algunas especialidades gastronómicas?
- ¿Qué fiestas y/o tradiciones leonesas puedes mencionar?
- ¿Qué actividades ofrece León para los jóvenes?

En www.prenhall.com/atando hay enlaces para su investigación.

_____
_____
_____
_____
_____
_____
_____
_____
_____
_____

Repaso 3

R3-1 Definiciones. Vas a escribir un diccionario monolingüe de bolsillo para un amigo que quiere aprender español y elegiste las siguientes definiciones para las palabras dadas. Escribe la letra de la frase que mejor defina cada palabra.

1. la falla _____
2. el currículum vitae _____
3. el sueldo _____
4. el lienzo _____
5. los demás _____
6. la jubilación _____
7. el retrato _____
8. afectar _____
9. entrenar _____
10. ascender _____

a. información sobre estudios y experiencia de trabajo de una persona
b. pintura o fotografía de una persona
c. subir en una empresa o puesto
d. problema, error
e. enseñar a alguien a hacer algo o prepararse para una competición
f. causar un impacto en algo o en alguien
g. dinero que se recibe por el trabajo
h. tela blanca que usan los pintores para pintar sus cuadros
i. las otras personas
j. dinero que se recibe al dejar de trabajar después de muchos años

R3-2 Las mujeres de Rosalía. Rosalía admira mucho a las mujeres de su familia y ahora está explicándole a un amigo algunas cosas de ellas y de sí misma. Marca la palabra o expresión correcta para completar sus comentarios.

1. Mi madre piensa que ahora la comunicación entre los sexos es más sincera porque las mujeres (contratan / negocian / convierten) sus derechos con los hombres de una manera más (cómoda / emprendedora / juvenil).

2. Mi abuela me dijo que cuando ella era muy joven (mantuvo / tomó decisions / se dio cuenta) de que le gustaba mucho (implicar / firmar / pintar) y su padre no la dejó asistir a la escuela de Bellas Artes. Mis bisabuelos tenían una panadería y mi abuela se pasó toda su juventud (teniendo iniciativa / atendiendo al público / alargándose).

3. Mi hermana es periodista y para escribir sus artículos, usa como (paleta / fuente de inspiración / edad) la vida y experiencias de las mujeres. Mi hermana estudia la (conducta / similitude / disculpa) de las adolescentes en situaciones de estrés.

4. Yo ya decidí el tema de investigación para mi clase de literatura de mujeres. Mañana voy a preparar un (esquema / lienzo / horario) de mi proyecto para mi profesora. ¡Espero que ella lo apruebe!

5. Mi prima es una (candidata / aspirante / activista) que lucha por las mujeres jóvenes. Ella (influye / defiende / enfoca) sus derechos a través de una asociación que fundó con otras compañeras.

R3-3 Palabras indefinidas y negativas. Daniel y Jorge son amigos y comparten un apartamento desde hace unos días. Normalmente, Jorge es bastante optimista, pero hoy está muy negativo. Usa las palabras negativas que correspondan para completar las respuestas de Jorge.

MODELO: DANIEL: ¿Viste a alguien de la universidad?
        JORGE: No, *no vi a nadie.*

DANIEL: ¿Fuiste a alguna clase esta mañana?
JORGE: No, (1) _____.

DANIEL: ¿Hablaste con alguien en el trabajo?

JORGE: No, (2) _____.

DANIEL: ¿Comiste algo al mediodía?

JORGE: No, (3) _____.

DANIEL: ¿Quieres un poco de pollo o de pescado?

JORGE: No, (4) _____.

DANIEL: ¿Eres siempre tan serio?

JORGE: No, (5) _____.

DANIEL: ¿Entonces te pasa algo?

JORGE: No, (6) _____.

DANIEL: Bueno, hombre, no te pongas así.

R3-4 **Los planes de María Eugenia.** María Eugenia está estudiando pintura e historia del arte. Ahora está haciendo planes para el futuro. Usa el presente de indicativo o de subjuntivo de los verbos para completar el párrafo.

Mi madre siempre me dice que debo tratar de exponer mis cuadros en la galería Marcos, pero yo no conozco ningún estudiante de mi escuela que (1) _____ (exponer) sus pinturas en esa galería. Es una galería demasiado selectiva. Sin embargo, en mi clase de arte hay una estudiante que (2) _____ (pintar) unos óleos buenísimos y voy a decirle que se los enseñe al director. Quizás ella pueda ser la primera. A mí me interesa más ser profesora de arte que dedicarme a pintar y, por eso, estoy buscando un puesto que (3) _____ (estar) relacionado con la enseñanza. Ayer visité una escuela que (4) _____ (tener) un programa de arte muy interesante y están buscando un profesor. Me dijeron que el candidato que ellos (5) _____ (elegir) deberá ocuparse de enseñar historia del arte y de llevar a los estudiantes a los museos. Me parece que voy a solicitar el puesto porque creo que reúno todas las cualidades que ellos (6) _____ (buscar).

R3-5 **La historia de Amanda.** Une la información de las dos listas para reconstruir la historia de Amanda. Escribe la letra de la información de la columna B que completa la frase lógicamente.

A	B
1. Cuando tenía dieciséis años… _____	a. …hasta que no se gradúe.
2. Cambió de opinión… _____	b. …en cuanto reunió el dinero necesario para pagar la matrícula.
3. Empezó a estudiar informática en la universidad… _____	c. …después de descubrir que le daba miedo la sangre.
4. Ahora trabaja temporalmente en una empresa de publicidad… _____	d. …cuando tiene vacaciones en la universidad.
5. No buscará un puesto de trabajo más estable… _____	e. …quería ser médica.
6. Cuando tenga trabajo y gane algo de dinero… _____	f. …podrá viajar y hacer cosas que antes no se podía permitir.

R3-6 Los problemas de Pablo. Llegó el invierno y Pablo está enfermo, pero siente la obligación de volver al trabajo. Escribe las siguientes oraciones sobre Pablo según el modelo.

MODELO: *Pablo / tener que / trabajar / aun cuando / sentirse mal.*
          Pablo tiene que trabajar aun cuando se sienta mal.

1. Pablo / siempre / ponerse enfermo / en cuanto / llegar / el invierno

   _____.

2. ayer Pablo / ir /trabajar / aunque / no sentirse bien

   _____.

3. hoy ir a llamar / el médico / tan pronto como / despertarse

   _____.

4. querer / hablar / con el médico / para que / recomendar / algo eficaz

   _____.

5. Pablo / necesitar / volver / a la oficina pronto / a pesar de que / no estar bien

   _____.

R3-7 Los esfuerzos de María. María quiere ser pintora, pero sabe que no es fácil. Usa el tiempo apropiado del subjuntivo o el infinitivo para completar el texto a continuación sobre su vida.

María empezó a pintar muy bien cuando era niña. Por eso, al cumplir los dieciséis años, sus padres la enviaron a una escuela de arte para que (1) _____ (aprender) diferentes técnicas y (2) _____ (desarrollar) más su talento artístico. Antes de (3) _____ (graduarse), María se dio cuenta de que, si quería dedicar su vida al arte, tendría que marcharse a otra ciudad más grande al terminar las clases y empezar otra carrera para (4) _____ (ganar) dinero y (5) _____ (abrir) su propio taller.

   Su abuelo siempre la apoyaba y le daba buenos consejos. María no olvida sus palabras: "No vas a tener éxito a menos que (6) _____ (trabajar) muy fuerte. Sin (7) _____ (esforzarte) no vas a conseguir nada. Todo lo vas a tener que lograr tú sola, a no ser que alguien te (8) _____ (patrocinar) una exposición, y eso sólo va a ocurrir siempre y cuando tú (9) _____ (ser) una gran artista." Para no (10) _____ (olvidar) los consejos de su abuelo, María los escribió en un pequeño papel y siempre los lee cuando se siente sin fuerzas para seguir luchando por su sueño.

R3-8 La opinión de la abuela. Rebeca es una joven muy independiente. Su abuela es muy conservadora y no le gusta nada el comportamiento de Rebeca. Termina las opiniones de la abuela usando oraciones condicionales. Sigue el modelo.

MODELO: Si te tiñes el pelo de color verde / tus amigos reírse de ti.
          Si te tiñes el pelo de color verde, tus amigos se reirán de ti.

1. Si juegas al fútbol / yo nunca ir a ningún partido tuyo

   _____.

2. Si estudias ingeniería mecánica / tener muchas dificultades en tus clases

   _____.

3. Si te cortas el pelo / parecer un chico

   _____.

4. Si te vistes siempre con esa ropa / no encontrar trabajo

   _____.

5. Si no cambias de actitud / no casarte

   _____.

R3-9 **¿Qué dicen?** Elena, Paulina y Victoria hablaron en un programa de radio sobre sus profesiones. Termina sus ideas con la información que mejor complete el contexto. Escribe la letra correcta en el espacio en blanco.

Elena (mujer de negocios):

1. Mis hijos sacan malas notas en el colegio. Si yo tuviera más tiempo libre en mi trabajo, _____.

2. Si no trabajara tantas horas, _____.

Paulina (pintora):

3. Si te dedicas solamente a la pintura, _____.

4. Si yo no pintara, _____.

Victoria (escritora feminista):

5. Si hubiera una mujer en la presidencia, _____.

6. Si tienes una hija, _____.

a. no me sentiría realizada como persona.

b. no la eduques de modo diferente a un hijo.

c. podría dedicarme más a mis hijos.

d. haría más ejercicio.

e. vivirás con muchos problemas económicos.

f. aprobaría más programas sociales para las jóvenes.

R3-10 **¿Qué pasaría?** A Mario le gustan mucho los niños y trabaja en una guardería infantil de un barrio obrero. Lee el siguiente párrafo y luego escribe oraciones condicionales para explicar la situación contraria.

Mario trabaja en una guardería y por eso se siente muy feliz. En esta guardería los niños están de ocho a cinco y así sus padres pueden trabajar a tiempo completo. Mario hace actividades divertidas con los niños y ellos lo adoran. La jefa de Mario está contenta con el trabajo de Mario y piensa contratarlo para el año que viene. A Mario le gustan los niños y quiere quedarse en la guardería más tiempo. Los niños son tranquilos y los trabajadores nunca tienen problemas con ellos.

MODELO: *Si Mario no trabajara en una guardería, no se sentiría tan feliz.*

1. _____.

2. _____.

3. _____.

4. _____.

5. _____.

Capítulo
10 Hablemos de la tecnología y de la globalización

En marcha con las palabras

En contexto

10-1 Asociación. Rafael está organizando estas palabras relacionadas con la tecnología. Señala la palabra que no pertenece a cada grupo.

1. a. ordenador   b. teclado   c. tarjeta
2. a. proporcionar   b. afectar   c. dar
3. a. almacenar   b. atrasado   c. memoria
4. a. señalar   b. achicar   c. ampliar
5. a. conocimiento   b. aislamiento   c. investigación
6. a. la Red   b. gestión   c. informática

10-2 Hablando de economía. Rafael está tratando de recordar algunas palabras nuevas, pero sólo recuerda su definición. Escribe la palabra apropiada para cada definición.

1. La ciencia de la tecnología y las computadoras _____
2. En América Latina se dice computadora, en España se dice… _____
3. Algo difícil de realizar _____
4. Lugar en el que se invierte dinero _____
5. Una carta enviada por computadora _____
6. Sinónimo de diario/a _____

10-3 Problemas técnicos. Juan tiene problemas con su ordenador. Completa el párrafo con la palabra apropiada.

> todavía   ya   pero   sino

Tengo un problema con mi ordenador y tengo que llamar al técnico, (1)_____ no lo he hecho

(2) _____. Mi amiga, Sara, que sabe mucho de computadoras, (3) _____

ha revisado la mía sin éxito. Me ha dicho que no llame al programador, (4) _____ al técnico lo

más pronto posible para no perder la información que tengo guardada.

10-4 Nuevos términos. En la universidad, Ana está estudiando los adelantos y cambios de los últimos siglos. Escribe la definición para cada palabra.

> MODELO: Investigación
> *Realizar actividades intelectuales o experimentales para conseguir más información sobre algún tema.*

1. la Red:

   _____.

2. el correo electrónico:

   _____.

3. las máquinas:

   _____.

4. la informática:

   _____.

5. la búsqueda:

   _____.

¡Sin duda!

10-5 Un día de mala suerte. Andrés tuvo un mal día hoy. Aquí tienes parte de la conversación entre él y su jefe. Completa las preguntas del jefe con las palabras y expresiones que significan *to be late*. Haz los cambios necesarios.

> llegar tarde   ser tarde   tardar   estar atrasado

JEFE: ¿Por qué (1) _____ al trabajo otra vez? Es ya el décimo día este mes.

ANDRÉS: Es que ahora no tengo auto y tengo que venir en autobús.

JEFE: ¿Pero cuánto (2) _____ el autobús desde tu casa a la oficina?

ANDRÉS: Por lo menos una hora y si el tráfico está mal…

JEFE: Bueno, Andrés, ¿y no tienes un teléfono celular? Si te das cuenta de que

(3) _____, puedes llamar desde el autobús y avisar.

ANDRÉS: Es que tampoco tengo teléfono celular.

JEFE: Pues ya sabes, la única solución es levantarse más temprano, ¿no te parece? Tus retrasos afectan a todos. Por ejemplo, hoy íbamos a tener una reunión a las ocho y tuvimos que posponerla. Ahora ya (4) _____ para la reunión.

ANDRÉS: Entiendo los problemas. Trataré de no repetirlo otra vez.

JEFE: Espero que sea así.

Así se dice

10-6 Una telefonista. Sofía trabaja contestando el teléfono en una empresa de productos congelados. Esta mañana recibió cuatro llamadas entre las 8 y las 9. Escribe las expresiones apropiadas para completar las conversaciones telefónicas.

Primera llamada

> MUJER: ¿(1) _____ con el Sr. Aldea?
>
> SOFÍA: El Sr. Aldea (2) _____ en este momento.
>
> ¿(3) _____ un mensaje?
>
> MUJER: No, lo (4) _____.
>
> SOFÍA: Hasta pronto. (5) _____.

Segunda llamada

> MUJER: (6) _____ el Sr. Martínez, _____.
>
> SOFÍA: No está. Llame (7) _____.
>
> MUJER: ¿Podría (8) _____?
>
> SOFÍA: Por supuesto.
>
> MUJER: Soy Alicia Pedraza, su médica. Por favor, dígale que me llame a mi teléfono móvil lo antes posible.

Tercera llamada

> HOMBRE: Quisiera (9) _____ el Sr. Soler.
>
> SOFÍA: ¿De (10) _____ quién?
>
> HOMBRE: Soy su hijo José.

Cuarta llamada

> HOMBRE: ¿Podría (11) _____ 6203?
>
> SOFÍA: Un (12) _____.

Sigamos con las estructuras

Repasemos 1   Expressing outstanding qualities: Superlative

10-7 Opiniones. Andrés y sus amigos están hablando de la economía y la globalización. Andrés es bastante exagerado y usa muchos superlativos. Escríbelos según el modelo y haz los cambios necesarios.

MODELOS: globalización / ser / fenómeno / característico / este siglo
La globalización es el fenómeno más característico de este siglo.

1. desempleo / ser / problema / serio / nuestro país

_____.

2. número de desempleados / ser / alto / los últimos años

_____.

3. nuestro país / tener / sistema de comunicaciones / atrasado / la región

_____.

4. este presupuesto / ser / bajo / las últimas décadas

_____.

5. nuestros trabajadores / recibir / salarios / malos / la región

_____.

Repasemos 2 Expressing outstanding qualities: Absolute superlative

10-8 **Continúa la conversación.** Andrés y sus amigos siguen hablando; Celia está dando su opinión y Andrés está de acuerdo con ella. Usa los superlativos absolutos para escribir las reacciones de Andrés, según el modelo.

MODELO: Los trabajadores ganan muy poco.
           Sí, ganan poquísimo.

CELIA: Algunas personas son muy ricas.
ANDRÉS: 1. _____.
CELIA: Los ricos y los políticos son muy amigos.
ANDRÉS: 2. _____.
CELIA: La situación económica es muy difícil.
ANDRÉS: 3. _____.
CELIA: La deuda externa es muy grande.
ANDRÉS: 4. _____.
CELIA: El salario mínimo es muy bajo.
ANDRÉS: 5. _____.

Repasemos 3 Talking about people and things: Uses of the indefinite article

10-9 **El trabajo en la Bolsa.** Antonia trabaja en la Bolsa y tiene muchas historias interesantes. Completa el párrafo con el artículo indefinido donde sea necesario.

(1) _____ día, entra un cliente que quiere invertir (2) _____ cien mil dólares en la Bolsa, pero quiere

(3) _____ seguridad absoluta de que no va a perder (4) _____ centavo de su capital. Por supuesto que no

puedo asegurarle nada. Le explico que en el mercado puede haber (5) _____ aumento o (6) _____ baja

inesperada, pero que por lo general, si invierte a largo plazo, hay (7) _____ ganancias de alrededor del 10%

o más. El señor me dice que tiene (8) _____ cierta enfermedad y que va a morirse en (9) _____ pocos meses

y que esta inversión es el futuro de su familia. ¡Imagínate tú el peso que puso sobre mis hombros! De lo que

yo haga depende el bienestar de esta familia. Entonces decidí que era (10) _____ cliente para mi jefe y no

para mí.

Aprendamos 1   Discussing past actions affecting the present: Present perfect tense

10-10   Reflexiones. Rafael y sus amigos reflexionan sobre los avances científicos y tecnológicos de la humanidad y de lo que todavía falta por hacer. Usa el pretérito perfecto del verbo entre paréntesis para completar sus ideas.

1. La humanidad _____ (ver) las increíbles imágenes del planeta Marte mandadas por el Pathfinder.

2. Aún no se _____ (poner) paneles solares en todos los edificios de las zonas donde podría aprovecharse la energía del sol.

3. La Red _____ (hacer) más fácil el acceso rápido a mucha información. Esto tiene sus ventajas y sus peligros.

4. Algunas personas _____ (escribir) manifiestos contra el uso indiscriminado de la tecnología.

5. Algunas personas _____ (morir) en accidentes de centrales nucleares y plantas químicas.

6. Nosotros no _____ (resolver) los problemas de desigualdad entre las naciones del mundo.

7. Algunos bloques económicos y políticos se _____ (romper), pero se han creado otros.

8. Ningún país _____ (volver) a lanzar una bomba atómica sobre ninguna ciudad desde la Segunda Guerra Mundial.

10-11   Obsesionada con la computadora. Manuela trabaja como programadora y, además, le gustan muchísimo las computadoras. Éstas son las cosas que hará la semana que viene. Usa el pretérito perfecto para reescribir lo que Manuela todavía no ha hecho. Sigue el modelo.

MODELO: La próxima semana Manuela le escribirá un mensaje electrónico a su hermana.
   Esta semana *Manuela todavía no le ha escrito un mensaje electrónico a su hermana.*

1. Comprará un teléfono celular y unos libros por Internet.
   Esta semana _____.

2. Leerá el periódico en Internet.
   Esta semana _____.

3. Verá las fotos de sus sobrinos en la computadora.
   Esta semana _____.

4. Hará un programa nuevo de ordenador para su jefe.
   Esta semana _____.

Workbook

Aprendamos 2 Talking about actions completed before other past actions: Pluperfect tense

10-12 Objetos relacionados. Todo evoluciona. Francisco encontró en un calendario información sobre algunos de los cambios y progresos que se han producido en el campo de la ciencia y la tecnología. Completa las oraciones con el verbo en la forma correcta del pluscuamperfecto.

1. Cuando los astronautas empezaron a ir al espacio en la nave espacial, ya _____ (ir) en cohetes *(rockets)*.

2. Cuando nosotros empezamos a trabajar con computadoras, ya _____ (trabajar) con máquinas de escribir.

3. Cuando se empezaron a hacer barcos de acero, ya se _____ (hacer) barcos de madera.

4. Cuando mi abuelo empezó a escribir a máquina, ya _____ (escribir) con bolígrafo.

5. Cuando los médicos empezaron a usar la vacuna contra la polio, ya _____ (usar) la vacuna contra el cólera.

6. Cuando yo empecé a comprar discos compactos, ya _____ (comprar) discos de vinilo.

10-13 Un gran inventor. Ayer viste en la televisión una biografía de Thomas Edison (1847–1931). En el programa se dieron los siguientes datos sobre él. Usa el pluscuamperfecto para establecer relaciones, según el modelo.

MODELO: 1859 Edison vende periódicos en los trenes.
1868 Edison consigue su primera patente.
Edison había vendido periódicos antes de conseguir su primera patente.

1869 Edison inventa la "teleimpresora".
1871 Edison se casa con Mary Stilwell.

1. _____.

1874 Edison inventa el telégrafo cuádruple.
1875 Edison descubre la fuerza "etérica".

2. _____.

1876 Edison abre el primer laboratorio dedicado a la investigación industrial en Nueva Jersey.
1877 Edison inventa el fonógrafo.

3. _____.

1879 Edison hace público el invento de la lámpara incandescente.
1882 Edison abre la primera central eléctrica en Londres.

4. _____.

1889 Edison empieza a diseñar el "kinetógrafo" y el "kinetoscopio".
1891 Edison perfecciona su cámara cinematográfica.

5. _____.

Aprendamos 3 Reporting what other people said: Indirect speech

10-14 **Se nos rompió la computadora.** Lee el diálogo entre estos dos hermanos. Luego escoge la letra de los verbos que mejor reflejan los sentimientos de la conversación, usando el discurso indirecto.

Discurso directo:

PEPE: ¡Qué mala suerte! Se nos descompuso la computadora.

TEO: Ya sé. Llamé al técnico y dice que no se puede arreglar.

PEPE: Tendremos que comprar una nueva, pero no tenemos dinero.

TEO: Pidamos un préstamo al banco.

PEPE: Es más barato si se lo pedimos a papá.

TEO: Tienes razón. Yo lo llamo esta noche y se lo digo.

Discurso indirecto:

1. Pepe _____ qué mala suerte, y _____ que se les descompuso la computadora.
   a. exclama / explica   b. dice / sueña   c. afirma / pregunta

2. Teo _____ que ya lo sabe porque él llamó al técnico que le _____ que no se puede arreglar.
   a. informa / exclama   b. contesta / dijo   c. pregunta / informó

3. Pepe _____ que tendrán que comprar una nueva, pero _____ que no tienen dinero.
   a. sostiene / declara   b. dice / aclara   c. contestó / informé

4. Teo _____ pedir un préstamo al banco.
   a. sugiere   b. pregunta   c. afirma

5. Pepe _____ que es más barato si se lo piden a su papá.
   a. pregunta   b. contesta   c. aclara

6. Teo _____ que Pepe tiene razón y _____ que él llamará a su padre esa noche para decírselo.
   a. pregunta / declara   b. exclama / afirma   c. reconoce / dice

10-15 **Los políticos.** Los candidatos políticos hicieron las siguientes afirmaciones en una conferencia de prensa. Escribe lo que dijo cada persona usando el estilo indirecto. Usa el verbo que mejor cuadre en el contexto.

MODELO: PERIODISTA: "¿Qué piensa Ud. de la situación económica de los países pobres?"

RAMONA SALAZAR: "Los países pobres tienen que integrar su economía."

Ramona Salazar piensa que los países pobres tienen que integrar su economía.

PERIODISTA: ¿Qué piensa Ud. sobre las maquiladoras?

JUAN PÉREZ: Las maquiladoras dan trabajo a mucha gente.

1. _____

PERIODISTA: ¿Está Ud. de acuerdo con la globalización de la economía?

ADELA ESCOBAR: No, yo no estoy de acuerdo porque crea muchos otros problemas.

2. _____

PERIODISTA: ¿Qué opina Ud. de la tecnología?

JUAN PÉREZ: La tecnología es una gran ventaja de este tiempo.

3. _____

PERIODISTA: ¿Qué cree de la brecha entre países?

ADELA ESCOBAR: La brecha entre países va a aumentar por la globalización.

4. _____

Lectura

10-16 Opiniones muy diferentes. Pilar, Teresa y Pedro tienen opiniones muy diferentes sobre la tecnología. Lee lo que piensan los tres y luego completa el cuadro.

Pilar Ramírez:

A mí me parece que la tecnología tiene muchos aspectos negativos. Nos ha hecho más individualistas y distantes. Mucha de la gente que conozco trabaja en el ordenador de su casa y se pasa días enteros sin hablar con nadie. Las relaciones humanas se reducen al intercambio de mensajes de ordenador a ordenador, lo cual no es verdadera comunicación. Si seguimos así, vamos a acabar convirtiéndonos en robots.

Teresa Ramírez:

A mí me parece que la tecnología tiene su lado positivo y su lado negativo. Nos va a ayudar a superar muchos problemas económicos del mundo. Gracias a ella hemos podido producir más alimentos y de mejor calidad. Además, con el progreso de las comunicaciones, la gente y los productos viajan de un país a otro en un tiempo récord. Por desgracia, uno de los puntos negativos de la tecnología es que hace más ricos a los ricos y más pobres a los pobres.

Pedro Ramírez:

Si no fuera por los progresos tecnológicos, el laboratorio en el que trabajo no podría producir medicamentos con la velocidad que los produce. Nosotros dependemos totalmente de los microscopios y de otras máquinas para realizar nuestros experimentos y sin ellos estaríamos perdidos. La tecnología realmente supone una mejora en nuestras vidas y es totalmente positiva para el progreso de la humanidad.

	Su perspectiva	Sus argumentos	Tu reacción
Pilar			
Teresa			
Pedro			

Atando cabos

10-17 Tu opinión. Escribe un párrafo explicando tu propia opinión de la tecnología. Da ejemplos para apoyar tus ideas.

_____

_____

_____

_____

_____

_____

_____

_____

_____

_____

_____

En marcha con las palabras

10-18 **¿La Red achica la tarjeta?** Escucha las siguientes oraciones y decide si son **lógicas** (L) o **ilógicas** (I).

1. _____
2. _____
3. _____
4. _____

5. _____
6. _____
7. _____
8. _____

10-19 **Antónimos.** Escucha las siguientes palabras y escribe la letra del antónimo para cada palabra.

1. _____
2. _____
3. _____
4. _____
5. _____

a. ampliar
b. adelanto
c. ignorancia
d. desventaja
e. aislarse

10-20 **Asociaciones.** Escucha las siguientes palabras y luego escribe la letra de la palabra de la lista que se asocia con cada una.

1. _____
2. _____
3. _____
4. _____
5. _____
6. _____

a. satélites
b. soledad
c. computadoras
d. letras
e. dinero
f. calor

10-21 Al teléfono. Escucha estos minidiálogos y escoge la letra de la oración que mejor completa la conversación.

1. a. No, no tengo teléfono móvil.
   b. Sí, el prefijo es el 12.
   c. No gracias, vuelvo a llamar más tarde.
2. a. Sí, creo que sí.
   b. No sé su código de área.
   c. La llamaré en otro momento.
3. a. No, en este momento no se encuentra.
   b. Ya le pongo con él.
   c. ¿De parte de quién?
4. a. El prefijo de Barcelona es el 93.
   b. Hola, soy Rita. Llámame cuando tengas un minuto.
   c. Hola, ¿cómo estás?

Sigamos con las estructuras

Repasemos 1 Expressing outstanding qualities: Superlative

10-22 El más barato. Ana quiere comprar un teléfono nuevo y su amigo le da ideas. Escucha las siguientes palabras y reacciona según el modelo.

> MODELO: Escuchas: Los teléfonos
> Ves: barato
> Escribes: *Estos son los más baratos.*

1. malo

   _____.

2. bueno

   _____.

3. caro

   _____.

4. lento

   _____.

5. práctico

   _____.

6. rápido

   _____.

7. amplio

   _____.

8. eficaz

   _____.

Repasemos 2   Expressing outstanding qualities: Absolute superlative

10-23 ¿Qué te parece? Usa los superlativos absolutos para contestar las preguntas que escucharás a continuación.

> MODELO: Escuchas: ¿Qué te parece buscar información por Internet?
> Ves: interesante
> Escribes: *Me parece interesantísimo.*

1. lento

   _____.

2. divertido

   _____.

3. difícil

   _____.

4. práctico

   _____.

5. bueno

   _____.

6. importante

   _____.

7. malo

   _____.

8. aburrido

   _____.

Repasemos 3   Talking about people and things: Uses of the indefinite article

10-24 Llamada por el ordenador. Ana llama a sus padres a través del ordenador. Escucha el párrafo y escribe el artículo definido cuando sea necesario.

Para hacer (1) _____ llamada por computadora se necesita tener (2) _____ máquina con suficiente memoria y (3) _____ conexión de (4) _____ Internet rápida. (5) _____ amigo que es (6) _____ experto en computadoras me ha enseñado a hacerlas. Este es (7) _____ otro adelanto tecnológico de esta época.

Aprendamos 1   Discussing past actions affecting the present: Present perfect tense

10-25 ¿Qué han hecho? Escucha las siguientes preguntas y contéstalas de acuerdo al modelo.

> MODELO: ¿Fuiste a México en estas vacaciones?
> No, (yo) *no he ido a México en estas vacaciones.*

1. Sí, (él) _____.
2. No, (nosotros) _____.
3. Sí, (yo) _____.
4. No, (yo) _____.
5. No, (ella) _____.
6. No, (ellos) _____.
7. Sí, (yo) _____.

10-26 ¿Y tú? Escucha las siguientes preguntas y contéstalas de acuerdo a tu experiencia personal, según el modelo.

MODELO: ¿Has comprado comida por Internet?

Sí, he comprado comida por Internet.

o

No, no he comprado comida por Internet.

1. _____.
2. _____.
3. _____.
4. _____.
5. _____.

10-27 Yo también. Reacciona ante las siguientes afirmaciones según tu propia experiencia. Sigue el modelo.

MODELO: Ya leí mi correo electrónico.

Yo también he leído mi correo electrónico.

o

No, todavía no he leído mi correo electrónico.

1. _____.
2. _____.
3. _____.
4. _____.
5. _____.
6. _____.

Aprendamos 2   Talking about actions completed before other past actions: Pluperfect tense

10-28 Ya lo había hecho. Escucha lo que habían hecho estas personas antes de venir a la universidad. Luego, cambia las oraciones de acuerdo al modelo.

MODELO: Escribí los mensajes.

Antes de venir a la universidad ya *había escrito los mensajes.*

Antes de venir a la universidad ya…

1. _____.
2. _____.
3. _____.
4. _____.
5. _____.
6. _____.

10-29 ¿Antes o después? Escucha las siguientes afirmaciones y decide, de acuerdo a las fechas de los inventos que aparecen a continuación, si son **ciertas** (C) o **falsas** (F).

1901: Marconi realiza la primera transmisión radial.

1903: Los hermanos Wright vuelan por primera vez.

1911: Seis hombres llegan al Polo Sur.

1931: Shoenberg produce un sistema de transmisión de imágenes, la televisión.

1953: Watson y Crick descubren la estructura del ADN.

1954: Se sabe que el hombre tiene su información genética en 46 cromosomas.

1961: Prueban que el cáncer se debe a mutaciones del ADN.

1969: El hombre camina por la luna.

1974: Inventan la tarjeta con memoria.

1979: Nace el primer sistema de telefonía celular.

1987: Se descubre un agujero en la capa de ozono.

1. _____   4. _____
2. _____   5. _____
3. _____   6. _____

Aprendamos 3   Reporting what other people said: Indirect speech

10-30 Mensajes en el contestador. Escucha los siguientes mensajes y escoge las letras de todas las opciones correctas. Puede haber más de una respuesta correcta por mensaje.

1. a. La Sra. La Torre dice que necesita la hoja de vida.
   b. La Sra. La Torre dice que le pase la información por fax.
   c. La Sra. La Torre dice que necesita el número del fax.
2. a. Antonio llama para invitar a Eduardo al cine.
   b. Antonio dice que va a ir al cine con unas amigas.
   c. Antonio dice que si Eduardo quiere ir debe llamar a Sofía.
3. a. Marcelo llama a su jefe y le dice que necesita unos datos.
   b. Marcelo dice que los precios han cambiado.
   c. Marcelo le pide al Dr. Goicoechea que le envíe los datos por fax.
4. a. La mujer dice que la madre de Eduardo los espera a cenar.
   b. La mujer dice que la madre de Eduardo ha llamado muchas veces.
   c. La mujer le pide a Eduardo que la llame.

Atando cabos

10-31 ¿Eres directivo/a global? Este es un test para saber si tienes las características de un/a directivo/a global.

Paso 1.   Contesta las preguntas que escuches para saber si tienes las características de un/a directivo/a global.

MODELO: ¿Eres independiente y autónomo?
Sí, soy independiente y autónomo.

o

No, no soy independiente ni autónomo.

1. _____ .
2. _____ .
3. _____ .
4. _____ .
5. _____ .
6. _____ .
7. _____ .
8. _____ .

Paso 2.   Según los resultados de la encuesta, ¿eres o no un/a directivo/a global? _____.

10-32 En la recepción de una empresa. Escucha las conversaciones y decide si las siguientes afirmaciones son **ciertas** (C) o **falsas** (F).

1. Nadie puede hablar con la persona que quiere. _____
2. Todos hablan con la recepcionista de Multiforma. _____
3. La Sra. Pérez trabaja en el departamento de ventas. _____
4. La Sra. Pérez tiene una secretaria. _____
5. La Sra. Pérez llama a su esposo. _____
6. El Sr. Reverte deja un recado en el contestador de su esposa. _____
7. El Sr. Valderrama trabaja en Multiforma. _____
8. El número de teléfono de Multiforma es el 354 2404. _____

10-33 Dictado: Vértigo digital. Transcribe el fragmento del artículo que escucharás a continuación.

_____

_____

_____

_____

_____

_____

_____

_____

_____

_____

La vida digital

Introducción
Vivimos en una época digital. En los países industrializados la tecnología digital nos rodea y afecta todos los aspectos de nuestra vida, desde cómo nos informamos hasta cómo encontramos una pareja. Podemos conectarnos con personas de culturas lejanas y diversas en un mundo cada vez más globalizado. Tenemos al alcance de la mano una cantidad infinita de información. Es un mundo muy diferente del de nuestros padres. En este video varios jóvenes nos hablan sobre su relación con las nuevas tecnologías y sus percepciones en torno a la vida digital que vivimos.

Vocabulario

el teléfono celular/móvil	cell phone	encerrarse	to shut oneself in
a diario	daily	al alcance de la mano	within reach
el entretenimiento	entertainment	el teclado	keyboard
el bolsillo	pocket	las prestaciones	features
disponer de	to have at one's disposal	encender	to turn on
la agenda	PDA, "Palm Pilot"	dominar	to master
la brecha	gap	les cuesta	it's hard for them
el ocio	free time	acabar con	to finish off, to put an end to
imprescindible	absolutely essential	el inconveniente	problem
apretar/dar una tecla	to hit a key	restringir	to restrict
la ingeniería informática	computer science	el ingenio	inventiveness
estar al día	to be up to date	estar de moda	to be in fashion
quedar	to agree on a time or place to meet	abusar (de)	to abuse
la actualidad	current events	la soltura	agility
la pantalla	screen	relacionarse (con)	to relate (to)
desplazarse	to move from one place to another	aislarse	to isolate oneself

Antes de mirar el video

10-34 Vocabulario en contexto. Usa el vocabulario siguiente para terminar las frases de acuerdo con el sentido y contexto de cada frase. En algunos casos habrá que conjugar los infinitivos.

a diario	encender
al alcance de la mano	estar de moda
apretar una tecla	la actualidad
brecha	les cuesta
desplazarse	quedar
el bolsillo	relacionarse

1. Algunas personas saben tan poco sobre la tecnología que ni siquiera saben _____ la pantalla.

2. Algunos niños se encierran en su propio mundo y no saben _____ con los otros niños.

3. Como no tengo tiempo para ponerme al día con las noticias no sé nada de los temas de _____.

4. Con Internet toda la información que necesitamos está muy cerca, _____.

5. _____ entre lo que saben los jóvenes sobre tecnología y lo que saben sus padres es enorme.

6. Gracias a los ordenadores se puede trabajar en casa. No hay que ir a la oficina. Es decir, no hay que _____.

7. Hoy todo el mundo quiere tener un iPod porque _____.

8. Los jóvenes dominan los aparatos digitales pero a los mayores _____ mucho aprender a usarlos.

9. Mi amigo y yo _____ a las nueve para tomar una copa.

10. Mi móvil es tan pequeño que cabe en _____.

11. No paso un día sin revisar mi correo electrónico. Lo reviso _____.

12. Para mandar un mensaje electrónico sólo hay que _____.

10-35 Reflexiones de una chica de la era digital.
Isabel Supermoderna es una chica apasionada por todo lo digital. Sólo piensa en temas relacionados con los aparatos electrónicos y la tecnología digital. A continuación se encuentran algunas reflexiones suyas sobre cosas que ya ha hecho y cosas que todavía no ha hecho esta semana. Pero ella ha pasado tanto tiempo con sus aparatos que se le ha olvidado cómo formar los participios pasados de algunos verbos. Tú puedes ayudarla eligiendo el verbo apropiado para cada frase y escribiendo el participio pasado apropiado. Los verbos son:

comprar	leer
contestar	poner
decir	revisar
escuchar	romper
hacer	sonar
jugar	tener

1. Mi ordenador no funciona. ¡Se ha _____ tres veces esta semana!

2. No puedo trabajar porque mi móvil ha _____ todo el día sin parar.

3. Todavía no he _____ la tarea de Internet que mi profesor nos dio el lunes pasado.

4. Todavía no he _____ mi videojuego favorito hoy porque no he _____ tiempo.

5. Todavía no he _____ los números de teléfono de mis amigas en mi agenda.

6. Todavía no le he _____ a mi novio que vamos a mirar el nuevo DVD que he _____ en e-Bay.

7. Ya he _____ a los mensajes que mis amigos me mandaron por correo electrónico.

8. Ya he _____ tres canciones nuevas en mi iPod hoy.

9. Ya he _____ las noticias en tres periódicos electrónicos hoy.

10. Ya he _____ mi correo electrónico veinte veces hoy.

Al mirar el video

10-36 ¿Quién lo dice? Mira y escucha el video para determinar quién dice cada una de las afirmaciones siguientes: Alicia (A), Margarita (M), Miguel Ángel (MA) o José Ignacio (JI).

1. "El teléfono móvil, pues, casi es imprescindible." _____

2. "Apretar una tecla y tener la información delante es mucho más rápido y eficaz que venir a la ciudad en busca de algo de información." _____

3. "Las tecnologías en mi vida me ocupan desde que me levanto hasta que me acuesto." _____

4. "…lo tienes todo al alcance de tu mano con un teclado." _____

5. "…yo no he notado mucha diferencia de cuando era pequeño." _____

6. "Y a mis padres aún les cuesta programar el vídeo." _____

7. "…también hay que considerar que [la globalización] está acabando con algunos elementos de otras culturas." _____

8. "Yo creo que sí hay mucha gente que no sale de casa por estar conectado a Internet o en juegos *online*." _____

9. "Pues yo creo que [el acceso a los videojuegos] se debe restringir." _____

10. "Sólo se centran en el juego, se aíslan del resto de los niños, sólo piensan en jugar." _____

10-37 Escuchar con más atención. Mira y escucha el video de nuevo para buscar las palabras que faltan.

1. La Red se desarrolló en la década de los _____ y ya se ha hecho una necesidad.

2. Habitamos un mundo en constante _____ y al que creemos poder llevar en un bolsillo.

3. En los países industrializados los aparatos digitales abundan pero en los países menos _____ el acceso a las tecnologías es casi un privilegio.

4. Los _____ usan estas tecnologías como algo instintivo pero muchos _____ ni siquiera saben qué significa estar "en línea."

5. Miguel Ángel: "Las tecnologías tienen un papel importante en mi vida ya que yo estoy estudiando_____, por lo tanto estoy prácticamente al día de los nuevos inventos."

6. José Ignacio: "[Sin acceso a Internet] tendría más tiempo libre en el cual me _____ un poquitín."

7. Alicia: "Ahora entrar en Internet para buscar cualquier cosa es dar una _____ y ya lo tienes en la _____."

8. Margarita: "La gente tiende a _____ más, no necesitas socializarte con la gente tanto, lo tienes todo al alcance de tu mano con un _____."

9. Miguel Ángel: "… cuando mis padres nadie tenía un ordenador en casa ni un teléfono móvil, ya que era bastante más _____ y la gente no se lo podía permitir."

10. Margarita: "Mis padres ni siquiera saben_____."

11. José Ignacio: "Yo creo que son muy positivas. El poder relacionarse con gente de otro país, de otro continente, de otras edades, a miles de _____ aunque allí sea otra hora, aquí sea de noche y allí sea _____."

12. Margarita: "Los niños de siete años manejan los vídeojuegos y de los _____ no quieren saber nada. Y aparte la _____ que se encuentra en muchos de estos vídeojuegos, la absorben, y bajo mi punto de vista, eso no es beneficioso.

Después de mirar el video

10-38 Soluciones tecnológicos para todo. Siempre hay problemas que necesitan nuevas soluciones tecnológicas. Imagínate que eres inventor/a y que tienes la idea de crear una máquina nueva que no existe, por ejemplo, una máquina para curar a los hombres del machismo, o una máquina para parar el tiempo durante la semana de los exámenes finales. Define el problema que necesita una nueva solución tecnológica. Después describe cómo funciona esta nueva máquina y explica por qué crees que la gente va a querer usarla.

_____

_____

10-39 El teléfono móvil: Dramatizaciones. El uso y el abuso de los teléfonos móviles a veces nos complica la vida de maneras inesperadas. En parejas preparen una de las siguientes escenas para representar en clase:

- En el tren. Una persona habla por teléfono móvil en voz muy alta y la otra persona prefiere leer su novela en silencio.

- En la calle. Una persona necesita llamar a su jefe urgentemente pero su móvil no funciona. Ve a otro que tiene un móvil que funciona, pero a esta persona no le gusta prestar su teléfono a nadie, especialmente a un desconocido.

- En casa. Una chica pasa todo su tiempo hablando por teléfono con sus amigas y su novio y nunca hace su tarea. La madre le ha prohibido hablar por teléfono hasta que saque mejores notas. Pero la chica se ha comprado un móvil y la madre lo descubre.

- Por teléfono. Un usuario quiere quejarse de una tarifa equivocada que ha recibido pero sólo "habla" con una voz electrónica que le da opciones numéricas que no corresponden a su problema.

- En una sala de conciertos durante un concierto de piano. El teléfono móvil de una persona sigue sonando pero esta persona es medio sorda y no lo oye. Esto molesta a otro que quiere escuchar el concierto en paz pero que tampoco quiere hablar mucho y romper la concentración del resto del público.

_____

_____

_____

_____

_____

_____

Capítulo
11 Hablemos del ocio y del tiempo libre

En marcha con las palabras

En contexto

11-1 ¿Cuál es la palabra? En la revista *Escenario* hay un test para ver si eres de verdad un/a aficionado/a a los espectáculos y medios de difusión. Escribe la palabra que corresponda a cada definición.

> primera plana   autógrafo   noticiero   estreno   televidente
> butacas   gira   temporada

1. Período del año en que hay función en todos los teatros _____
2. Programa de noticias _____
3. Persona que ve la televisión _____
4. Firma de un artista famoso _____
5. Asientos de un teatro _____
6. La parte del periódico donde se presentan las noticias más importantes o relevantes _____
7. Primera función de una obra de teatro o de una película _____
8. Serie de viajes que hace un grupo de teatro o cantante en un período corto _____

11-2 Una reseña. Marina escribe reseñas para la sección de espectáculos del periódico de la Universidad Complutense. Usa el verbo que corresponda en el tiempo apropiado para completar la reseña a continuación.

> encender   dirigir   ensayar   entregar   valer

Ayer fui al estreno de *El Caballero de Olmedo* en el teatro María Guerrero. Luis Blat (1) _____

la obra y en ella actúan José Sacristán y Ana Belén. Es obvio que los actores (2) _____

mucho en los meses previos, especialmente la actriz que hacía de Fabia; estuvo fabulosa. Seguramente

muchas personas fueron a su camarín a pedirle un autógrafo y le (3) _____ flores

después de la función. Cuando apagaron las luces del teatro y (4) _____ las luces del

escenario me quedé maravillada del decorado tan original. Creo que (5) _____ la pena ir

a ver este clásico del teatro español.

11-3 ¿Y qué es…? Marina habla con su sobrino de seis años sobre su trabajo en el mundo del espectáculo. El niño quiere saber qué significan algunas de las palabras que ella ha mencionado. Escribe una definición para cada palabra.

> MODELO: …la comedia?
> *Es el tipo de espectáculo que te hace reír.*

¿Y qué es…

1. …el público?

   _____.

2. …el guión?

   _____.

3. …en vivo?

   _____.

4. …ameno?

   _____.

5. …el escenario?

   _____.

¡Sin duda!

11-4 Semana cultural. Emilio trabaja para el programa de radio "Semana cultural". Ayer entrevistó a una directora de cine. Completa este fragmento de la entrevista con las palabras a continuación.

> actual   actualidad   actualmente   de hecho

EMILIO: ¿Qué estás haciendo (1) _____?

DIRECTORA: Estoy acabando una película que se llama *Retiro*.

EMILIO: ¿Y cuándo va a ser el estreno?

DIRECTORA: A finales del mes que viene, espero; (2) _____ estamos ya en los últimos detalles.

EMILIO: ¿Qué piensas de la situación (3) _____ del cine en nuestro país?

DIRECTORA: Creo que en la (4) _____ estamos atravesando un momento de gran creatividad. Hay muchos directores, actores y actrices nuevos que tienen muchas ganas de trabajar y de hacer bien su trabajo. Esto es algo muy positivo para la industria cinematográfica.

Así se dice

11-5 Comentarios de amigos. A Rosa y a Javier les gusta mucho ver videos e ir al cine, y siempre piensan lo mismo sobre las películas que ven. A continuación tienes parte de sus diálogos después de haber visto varias películas. Complétalos con las expresiones apropiadas.

MODELO: Esta película es buenísima.
          Sí, *es una obra maestra*.

Película 1

ROSA: Esta película es una obra maestra.

JAVIER: Lleva tres meses en los cines, ¿no?

ROSA: Sí, hace tres meses que está (1) _____.

JAVIER: Además la ha ido a ver muchísima gente.

ROSA: Sí, bate récords (2) _____.

Película 2

ROSA: Me encanta cómo actúan los actores.

JAVIER: Sí, la actuación es (3) _____.

ROSA: Y la historia podría ocurrirle a cualquiera de nosotros.

JAVIER: Sí, la película refleja muy bien (4) _____ .

ROSA: Lo que más me gusta es cómo termina. No pude evitar echarme a llorar.

JAVIER: Yo también me puse a llorar. Esta película sí que tiene un final (5) _____ .

Película 3

ROSA: ¡Qué lata de película!

JAVIER: Sí, es horrible.

ROSA: Además le falta algo de acción.

JAVIER: Sí. Es un poco (6) _____. Me quedé dormido en la butaca en algún momento.

ROSA: La cosa es que los críticos no han dicho nada malo de ella.

JAVIER: Sí, ha recibido (7) _____. ¡Qué increíble!

11-6 Encuesta. Completa la siguiente encuesta sobre la música.

En tu opinión, cuál es...

1. una canción cuya letra no se entiende bien: _____

2. una canción de amor: _____

3. un clásico del *rock* que a ti te gusta mucho: _____

4. una canción con una música muy pegadiza: _____

5. el *hit* del momento: _____

6. una canción con mucho ritmo: _____

7. una canción con un mensaje político: _____

Sigamos con las estructuras

Repasemos 1   Indicating who performs the actions: Passive voice with *ser*

11-7 La privatización de la tele. Julio les está explicando a sus amigos cómo ha cambiado la televisión en su país. Usa la voz pasiva para escribir los comentarios de Julio. Presta atención a los tiempos verbales.

> MODELO: Todos los ciudadanos veían los noticieros del canal 3.
> *Los noticieros del canal 3 eran vistos por todos los ciudadanos.*

1. En 1985 el gobierno subvencionaba el canal 3.

   _____.

2. Alberto González dirigía los noticieros de televisión.

   _____.

3. En 1995 una empresa italiana compró este canal.

   _____.

4. En la actualidad la empresa privada paga todos los programas.

   _____.

5. El nuevo director canceló el noticiero de las siete.

   _____.

6. Los televidentes no aprobarán estos cambios.

   _____.

Repasemos 2   Substitute for the passive voice: The passive *se*

11-8 ¿Qué va a ser de nosotros? Juan está preocupado por la influencia negativa de la televisión en la vida diaria. Expresa sus ideas usando la voz pasiva con *se*.

> MODELO: Vemos mucha televisión y de mala calidad.
> *Se ve mucha televisión y de mala calidad.*

1. Consumimos programas con mucha violencia.

   _____.

2. Compramos solamente los productos que anuncian en la tele.

   _____.

3. No leemos tanto como antes.

   _____.

4. No pasamos tanto tiempo jugando con los niños.

   _____.

5. Usamos la televisión para que los niños estén callados.

   _____.

6. No hacemos deporte porque no queremos apagar la tele.

   _____.

Repasemos 3   Linking ideas: Relative pronouns

11-9 Tiempo libre. Germán se siente muy cansado y está soñando de tener tiempo libre. Completa las frases con los pronombres relativos **quien, que** y **cual**.

Lo (1) _____ necesito son unas vacaciones de un mes, pero como no es posible, me conformo

con un día sin hacer nada. Me levantaría tarde, luego iría a visitar a mi amigo Rogelio con el

(2) _____ me llevo muy bien y tiene una casa en la costa. Rogelio, (3) _____

es una persona muy generosa, siempre me recibe muy bien. Nadaríamos en la playa y pasearíamos con su novia de

(4) _____ me ha hablado mucho y todavía no conozco. Por la noche me relajaría en el balcón

de su casa (5) _____ da a la playa y escucharía el ruido de las olas. Me quedaría a dormir en el

cuarto de huéspedes (6) _____ tiene un baño privado con jacuzzi. ¡Qué lindo sería! Pero ahora

tengo que estudiar para el examen de matemáticas…

Aprendamos 1   Expressing what you hope or desire has happened: Present perfect subjunctive

11-10 Chismes (Gossip). Un grupo de gente está hablando sobre un amigo músico que dio un concierto la semana pasada. Usa el pretérito perfecto (*present perfect*) del subjuntivo en la oración subordinada para escribir las reacciones de los amigos. Haz los cambios necesarios.

MODELO: yo / no creer / Juan / tener mucho éxito
Yo no creo que Juan haya tenido mucho éxito.

1. yo / alegrarse / Juan / dar un concierto de rock
   _____.

2. Elena y yo / dudar / los organizadores del concierto / pagarle mucho
   _____.

3. yo / no creer / ir / mucha gente al concierto
   _____.

4. Marcos, ¿no / sorprenderse / Juan / no decirnos nada?
   _____?

5. a mí / molestar / Juan / no invitarnos al concierto
   _____.

6. ser posible / Juan / estar muy ocupado con los ensayos
   _____.

7. ¡Ojalá / Juan / no olvidarse de nosotros!
   ¡_____!

11-11 Un grupo musical. Lola y Paco tocan en un grupo musical. Usa el presente del subjuntivo o el pretérito perfecto del subjuntivo del verbo entre paréntesis, según convenga, para completar el diálogo entre los dos amigos.

LOLA: Quiero que tú me (1) _____ (dejar) el último disco de Ketama.
PACO: Me sorprende que tú no lo (2) _____ (escuchar) todavía. Lo pasan mucho
            por radio.

LOLA: Es que yo no pongo nunca la radio y además, he estado muy ocupada.

PACO: Bueno, me alegro de que tú ya (3) _____ (terminar) con los exámenes finales. Quizás ahora (4) _____ (tener) más tiempo para ensayar con el grupo. Te necesitamos, Lola. Hemos estado tocando en los bares del centro y es probable que ellos nos (5) _____ (contratar) para tocar el próximo verano todos los fines de semana.

LOLA: Eso está muy bien, Paco.

PACO: Espero que tú no (6) _____ (hacer) todavía otros planes para el verano, porque vamos a tener mucho trabajo.

Aprendamos 2 Expressing what you hoped or desired would have happened: Pluperfect subjunctive

11-12 Dos hermanos muy diferentes. Gabriel y Francisco eran actores, pero abandonaron la profesión por diferentes razones. Gabriel era optimista y Francisco era muy pesimista. Usa el pluscuamperfecto de subjuntivo en la oración subordinada para completar las opiniones de Francisco.

MODELO: GABRIEL: Creía que se le había terminado su inspiración artística.

FRANCISCO: No creía que *se le hubiera terminado su inspiración artística.*

GABRIEL: Creía que la crítica había elogiado su actuación en su última película.
FRANCISCO: No creía que (1) _____.
GABRIEL: Era verdad que había actuado ya en algunas obras de teatro de éxito.
FRANCISCO: No era cierto que (2) _____.
GABRIEL: Estaba seguro de que había hecho una buena actuación en su última película.
FRANCISCO: Dudaba que (3) _____.
GABRIEL: Conocía a alguien que había visto todas sus películas.
FRANCISCO: No conocía a nadie que (4) _____.
GABRIEL: Pensaba que su madre había sido la causa de su dedicación al cine y al teatro.
FRANCISCO: Lamentaba que (5) _____.

11-13 El comienzo. Pedro es un director de cine bastante bueno. Aquí hay algunos datos sobre los primeros años de su carrera cinematográfica. Completa los espacios en blanco con el tiempo correspondiente de los verbos entre paréntesis. Sigue el modelo.

MODELO: Pedro *quería* filmar una película sobre un tema que nadie *hubiera tratado* antes.

En 1990, sus amigos no (1) _____ (creer) que él (2) _____ (dirigir) ya algunos documentales.

Al ver su primera película a todos les (3) _____ (sorprender) que Pedro (4) _____ (hacer) algo tan original.

En esa película no (5) _____ (haber) ningún actor que (6) _____ (actuar) antes en otra.

Pedro (7) _____ (alegrarse) de que a todos les (8) _____ (gustar) su película.

Sin embargo, sus padres no (9) _____ (estar) contentos de que su hijo (10) _____ (dejar) sus estudios universitarios por el cine.

11-14 Los escarabajos. Tu hermano y otros tres amigos formaron un grupo musical en 2001, pero al final se separaron. A continuación hay algunas reacciones de las familias por su separación. Usa el imperfecto del subjuntivo o el pluscuamperfecto de subjuntivo del verbo entre paréntesis para completar las reacciones de la familia.

Mi madre esperaba que mi hermano (1) _____ (hacerse) famoso algún día, pero lamentaba que no (2) _____ (decidirse) todavía a componer canciones con una música más pegajosa.

La hermana de Juan quería ir a verlos cuando (3) _____ (grabar) su primer disco y Juan la iba a invitar a la grabación con tal de que no (4) _____ (ponerse) a discutir con todo el mundo.

Jorge había estudiado música en el conservatorio y su padre sentía mucho que su hijo no (5) _____ (dedicarse) a los negocios; por eso, a finales de 2001, se alegró de que "Los escarabajos" todavía no (6) _____ (grabar) ningún disco.

La hermana de Pablo prefería que "Los escarabajos" (7) _____ (componer) temas de rock más clásicos en el futuro. No conocía a nadie que (8) _____ (triunfar) antes con el tipo de canciones que ellos tocaban.

Cuando mi abuela veía a mi hermano, le gritaba como si (9) _____ (estar) loca. Le horrorizaban su pelo de colores y su ropa negra. Mi abuelo, sin embargo, reaccionaba como si lo (10) _____ (ver) así toda la vida y de vez en cuando bromeaba con él diciéndole que un día quería conocer a su peluquero.

Aprendamos 3 Expressing a sequence of events in the present and future: Sequence of tenses in the subjunctive

11-15 Sueños. Patricia quiere dedicarse a la ópera. Explícale a otra persona lo que te dijo Patricia. Cambia los tiempos de los verbos de acuerdo con el contexto.

"Quiero que un día la gente sepa quién soy y reconozca mi talento. Espero que en el futuro me den un papel importante en una ópera famosa. Me alegro de que el profesor de la escuela me haya dado el papel de Raquel en la zarzuela *El huésped del sevillano*. Me encanta que haya tantos estudiantes interesados en la ópera y la música clásica. Es posible que organicemos aquí un concurso para jóvenes artistas".

MODELO: Patricia me dijo que quería *que un día la gente reconociera su talento.*

1. Patricia me dijo que esperaba _____.
2. Patricia me confesó que se alegraba _____.
3. Patricia me explicó que le encantaba _____.
4. Patricia me comentó que es posible _____.

11-16 Dramaturga. Tu amiga Leopolda escribe obras de teatro. A continuación tienes fragmentos de varias escenas de tres obras diferentes. Usa el tiempo del subjuntivo que corresponda del verbo entre paréntesis para completar los fragmentos.

A. Escena de *Estado de sitio*: Mariana llama al médico para que atienda al anciano enfermo.

MARIANA: Me llamaron para que (1) _____ (cuidar) al anciano esa tarde, pero empezó a subirle la fiebre y me asusté; por eso le avisé a usted. No sabía que el pobre (2) _____ (estar) tan enfermo.

DOCTOR: Mariana, hizo bien en llamarme. Déjelo que (3) _____ (dormir) ahora. Cuando (4) _____ (despertarse), ya se le habrá bajado la fiebre. Llámeme otra vez cuando me (5) _____ (necesitar).

MARIANA: ¿Cuánto le debo?

DOCTOR: No se preocupe. Éstos no son buenos tiempos para nadie. Ya me pagará cuando esta guerra (6) _____ (acabarse).

B. Escena de *Las dudas y las sombras*: Arturo es un informante de policía en un gobierno represivo.

ARTURO: Me han pedido que (1) _____ (escribir) un informe con el nombre de todos los miembros del partido de tu hermana. Espero que Blanca (2) _____ (salir) ya del país porque si no, la van a llevar a la cárcel.

ALICIA: Pero tú nunca la denunciarías, ¿verdad? Sería horrible que le (3) _____ (pasar) algo por tu culpa.

ARTURO: Alicia, tu hermana ha estado jugando con fuego. Habría sido mejor que (4) _____ (olvidarse) de la política hace ya muchos años. Éstos no son momentos para los idealistas y los rebeldes.

ALICIA: Arturo, Blanca es todavía una niña. Claro, a ti no te habrá gustado que ella (5) _____ (criticar) en el pasado tus ideas políticas; pero tú no te puedes vengar ahora dando su nombre a la Junta.

C. Escena de *El terrible Salvador*: El profesor alienta a los padres de Salvador para que lo dejen ir a estudiar a la capital, pues el muchacho tiene mucho talento para la pintura.

PROFESOR: No creía que su hijo (1) _____ (tener) tanto talento para el arte. No había visto a nadie de su edad que (2) _____ (pintar) de esa manera. Estarán ustedes muy orgullosos de que Salvador (3) _____ (ingresar) en esa escuela de arte.

MADRE: Pues sí. Para su padre y para mí ha sido una gran sorpresa que el niño (4) _____ (obtener) la beca para estudiar en Santiago. Mi esposo preferiría que no (5) _____ (marcharse) porque en casa necesitamos ayuda con el negocio, pero los dos sabemos que esto es lo mejor para Salvador.

Lectura

11-17 Cine. Mañana vas a alquilar el video *Fresa y chocolate* porque estás escribiendo un informe sobre cine latinoamericano y alguien de tu familia te dejó la siguiente reseña. Di cuáles de las siguientes afirmaciones son **ciertas** (C) o **falsas** (F) de acuerdo a lo dicho en la reseña.

FRESA Y CHOCOLATE

Premios: Oso de plata y Premio Especial del Jurado, Festival de Berlín 1994; mejor guión, Festival de Cine Latinoamericano de La Habana, 1992.

Ficha técnica		**Actuaciones**	
Dirección	Tomás Gutiérrez Alea	Diego	Jorge Perugorria
	Juan C. Tabío	David	Vladimir Cruz
Guión	Senel Paz	Nancy	Mirta Ibarra
Fotografía	Mario García Joya	Miguel	Francisco Gatorno
Producción	Miguel Mendoza	Germán	Joel Angelino
Montaje	Miriam Talavera		
Música	José María Vitier		
Decorados	Fernando O'Reylly		

Reseña

En 1993, Tomás Gutiérrez Alea y Juan Carlos Tabío dirigieron juntos la película que se convertiría en una de las más taquilleras de toda la historia del cine cubano. Gutiérrez Alea nació en La Habana y dirigió con mucho éxito tantas películas como documentales y cortometrajes durante su larga carrera cinematográfica. Es considerado como uno de los directores más influyentes en el cine latinoamericano. El guión de esta película está basado en el cuento "El lobo, el bosque y el hombre nuevo" con el cual el escritor Senel Paz ganó el Premio Juan Rulfo en 1990. Antes de ser llevado al cine, este cuento ya se había adaptado con éxito para teatro.

La película narra la historia de la amistad entre David y Diego. Diego es un artista homosexual que se siente atraído por David. David es un joven universitario, militante del partido comunista que ha sido abandonado por su novia recientemente. Aunque al principio David rechaza a Diego, con el paso del tiempo nace entre los dos una gran amistad, que logra trascender los estereotipos y las presiones sociales. Esta película es un gran llamado a la tolerancia y a la aceptación de las diferencias entre las personas.

Di cuáles de las siguientes afirmaciones son **ciertas** (C) o **falsas** (F) de acuerdo a lo dicho en la reseña.

1. La película fue dirigida por un director español.   _____

2. De acuerdo con el argumento, el protagonista se enamora de un joven comunista.   _____

3. La película fue producida por Tomás Gutiérrez Alea en 1928.   _____

4. El director de la película es considerado por muchos como el peor cineasta del mundo. _____

5. Además de películas, Tomás Gutiérrez Alea ha realizado cortometrajes y documentales. _____

6. El guión de "El lobo, el bosque y el hombre nuevo" fue escrito por Rulfo.   _____

7. El cuento de Senel Paz ha sido representado también en el teatro.   _____

Atando cabos

11-18 Tu reseña. Ahora escribe una reseña similar a la que acabas de leer. Escoge una película del momento y completa la ficha.

Título de la película: _____

Premios: _____

Ficha técnica: _____

_____

_____

_____

_____

Ficha artística: _____

_____

_____

_____

Sinopsis: _____

_____

_____

_____

_____

_____

_____

_____

_____

_____

En marcha con las palabras

11-19 ¡Felicitaciones, un fracaso de taquilla! Escucha las siguientes oraciones y decide si son **lógicas** (L) o **ilógicas** (I).

1. _____
2. _____
3. _____
4. _____

5. _____
6. _____
7. _____
8. _____

11-20 Definiciones. Escucha las siguientes definiciones sobre el mundo del espectáculo y decide a qué palabra se refieren. Luego, escribe la letra de la definición apropiada.

1. entretener: _____
2. aplaudir: _____
3. estrenar: _____

4. dirigir: _____
5. ensayar: _____
6. entregar: _____

11-21 El mundo del espectáculo. Escucha las siguientes palabras y organízalas de acuerdo al grupo al que pertenecen.

cine	música	televisión	noticias escritas
_____	_____	_____	_____
_____	_____	_____	_____
_____	_____	_____	_____

11-22 Entrevista. Manuel es periodista y ha entrevistado a muchas personas del mundo del espectáculo. Escucha sus preguntas y escoge la letra de la respuesta lógica.

1. a. En el año 1998.
   b. En el Teatro Avenida.
   c. En el verano.
2. a. El de la mujer en *Mujeres al borde de un ataque de nervios*.
   b. No sé, creo que en España o en los Estados Unidos.
   c. ¡Oh! Sí, filmar con él es fantástico.
3. a. A veces es un éxito de taquilla.
   b. En teatro y en cine.
   c. En España.
4. a. Penélope Cruz es una excelente actriz.
   b. Con Penélope Cruz y Marisa Paredes.
   c. Dirijo bien a Marisa Paredes.
5. a. Con algún director americano.
   b. Fernando Trueba filma en los Estados Unidos.
   c. Antonio Banderas está de moda.
6. a. La obra de teatro que presentamos en el Teatro Avenida.
   b. ¡Ámame! Se oye en todas las emisoras.
   c. Ninguna.

Lab Manual

Sigamos con las estructuras

Repasemos 1 Indicating who performs the actions: Passive voice with *ser*

11-23 ¿Por quién fue dirigida? Escucha las siguientes preguntas y contéstalas de acuerdo a la información del anuncio de la película, según el modelo.

FRESA Y CHOCOLATE

Dirección	Tomás Gutiérrez Alea
	Juan C. Tabío
Guión	Senel Paz
Fotografía	Mario García Joya
Producción	Miguel Mendoza
Montaje	Miriam Talavera
Música	José María Vitier
Distribución	Miramax
Actuación	
Diego	Jorge Perugorria
David	Vladimir Cruz
Nancy	Mirta Ibarra

MODELO: ¿Por quién fue dirigida la película?

La película fue dirigida por Tomás Gutiérrez Alea.

1. _____.

2. _____.

3. _____.

4. _____.

5. _____.

Nombre: _____   Fecha: _____

Repasemos 2   Substitute for the passive voice: The passive *se*

11-24 Se venden muchos discos. Escucha las siguientes oraciones y luego cámbialas de acuerdo al modelo.

MODELO: Pagamos una productora local.
Se paga una productora local.

1. _____.
2. _____.
3. _____.
4. _____.
5. _____.
6. _____.
7. _____.
8. _____.

Repasemos 3   Linking ideas: Relative pronouns

11-25 Mateo y el cine. Mateo es un nuevo director de cine.

Paso 1.   Escucha el párrafo sobre él y complétalo con los pronombres relativos correspondientes.

Mateo es el hijo mayor de mi hermano (1) _____ vive en México. A él le encanta el cine. De niño mostró gran interés yendo al cine del barrio en el (2) _____ su abuelo había trabajado toda su vida. Cuando sus padres vieron esto, hablaron con la profesora Graciela, (3) _____ era experta en el método Saura para aprender a filmar. Ése fue el comienzo de su carrera. Ahora él no sólo dirige películas sino que también escribe guiones y compone música, (4) la _____ en todas las reuniones familiares, nos obliga a escuchar. Ahora él tiene 32 años y ha formado su propia empresa donde trabaja con cinco amigos con (5) _____ produce y filma películas alternativas de gran calidad.

Paso 2.   Escucha las siguientes afirmaciones y decide si son **ciertas** (C) o **falsas** (F) según el párrafo que leíste antes.

1. _____   4. _____
2. _____   5. _____
3. _____   6. _____

Aprendamos 1   Expressing what you hope or desire has happened: Present perfect subjunctive

11-26 Decisiones. Tú eres la persona encargada de la producción de una nueva película. Escucha las preguntas que te hacen y complétalas de acuerdo al modelo.

MODELO: ¿Vendrás cuando yo haya terminado?
No, vendré cuando ella *haya terminado.*

1. No, filmarán cuando yo _____.
2. No, ensayaremos cuando tú _____.

Lab Manual

3. No, producirá la película cuando usted _____.

4. No, aplaudirá cuando nosotras _____.

5. No, escribiré el guión cuando ustedes _____.

11-27 ¿Cuándo? Siguen las dudas sobre tu película. Escucha las preguntas que te hacen y contéstalas de acuerdo al modelo.

MODELO: Escuchas: ¿Cuándo contratarán a los actores?
Ves: En cuanto / seleccionar
Escribes: *En cuanto los hayamos seleccionado.*

1. Tan pronto como / encontrar

_____.

2. En cuanto / ensayar

_____.

3. Cuando / pintar

_____.

4. Después de que / ver

_____.

5. Cuando / conseguir

_____.

6. En cuanto / usado

_____.

Aprendamos 2 Expressing what you hoped or desired would have happened: Pluperfect subjunctive

11-28 ¡Qué lástima! Tú filmaste una película y no te fue tan bien como a los demás. Escucha lo que hicieron otros y completa tu reacción.

MODELO: Mis amigos escribieron el guión.
Ojalá yo *hubiera escrito el guión.*

1. Ojalá yo _____.

2. Ojalá tú _____.

3. Ojalá él _____.

4. Ojalá usted _____.

5. Ojalá nosotros _____.

6. Ojalá ellas _____.

11-29 Noticias. Escucha las siguientes noticias del mundo del espectáculo y luego completa tu reacción, según el modelo.

> MODELO: Antonio Banderas dirigió una película.
>
> Nos alegramos de que *Antonio Banderas hubiera dirigido una película.*

1. Fue muy triste que _____.

2. Me encantó que _____.

3. Nos alegró que _____.

4. No podía creer que _____.

5. Fue importante que _____.

6. Fue muy triste que _____.

Aprendamos 3   Expressing a sequence of events in the present and future: Sequence of tenses in the subjunctive

11-30 Ayer, hoy y mañana. Escucha y escoge el verbo que completa cada una de las siguientes frases.

1. Era importante que (aplaudieras / aplaudas).
2. Sería increíble que (era / fuera) un éxito de taquilla.
3. Si (tuviera / tenga) dinero habría ido al cine.
4. Será necesario que (entrara / entre) en el mundo del espectáculo.
5. Compondría si (pudiera / puedo).
6. Actuó como si (estuviera / estaba) en su casa.
7. Llamará a la radio en cuanto (supo / sepa) la noticia.
8. Si (era / fuera) rico, produciría películas.

11-31 Cada uno a su tiempo. Escucha las siguientes oraciones y luego cámbialas de acuerdo al modelo.

> MODELO: Practicabas todos los días.
>
> Era importante que *practicaras todos los días.*

1. Fue lamentable que _____.

2. Habría sido interesante que _____.

3. Preferiríamos que _____.

4. Nos sorprendió que _____.

5. Sería conveniente que _____.

6. Es bueno que _____.

7. Es increíble que _____.

8. Esperamos que _____.

Lab Manual

Atando cabos

11-32 Cartelera. Escucha las siguientes preguntas y luego contéstalas de acuerdo al contenido de la cartelera a continuación.

PELÍCULAS

Amor vertical

Tipo de película: Drama
Director: Arturo Soto
Argumento: Jorge Perugorría (*Fresa y chocolate;*
Guantanamera) interpreta a un seductor y Silvia Águila es la muchacha que conquista su corazón. Una película entretenida y con una excelente actuación de los protagonistas.
¡A no perdérsela!

Cines, horarios y precios

Cine bar Lumiere
Dirección: Carrera 14 No. 85-59
Teléfono: Reservas 6-36-04-85
Precio: Lunes a viernes $5.000
Fin de semana $ 7.000
Horario: Lunes a domingo 3:30, 6:30 y 8:30 p.m.

Radio City
Dirección: Carrera 13 No. 41-36
Precio: Lunes y miércoles: $ 4.000
Martes y jueves: $ 3.000
Viernes, sábado, domingo y festivos: $ 4.500
Horario: Lunes a sábado 3:30, 6:30 y 9:15 p.m.

1. _____.
2. _____.
3. _____.
4. _____.
5. _____.
6. _____.
7. _____.
8. _____.
9. _____.
10. _____.

11-33 ¿Qué hacemos? Cuatro personas intentan planear una salida para el fin de semana. Primero, escucha las conversaciones. Luego decide si las siguientes afirmaciones son **ciertas** (C) o **falsas** (F).

Conversación 1

1. Sofía llama por teléfono a Susana.   _____

2. Susana no está en casa.   _____

3. Sofía quiere invitar a Susana y su novio al cine.   _____

4. La última película de Banderas tiene buena crítica.   _____

5. Penélope Cruz actúa en la película.   _____

6. Susana quiere hablar con Fernando antes de decidir.   _____

Conversación 2

1. Fernando está mirando un partido de fútbol.   _____

2. Fernando no puede ir al cine hoy.   _____

3. A Fernando las películas de Trueba le parecen muy buenas.   _____

4. Camilo actúa en la película.   _____

5. Van a ver una película de Banderas.   _____

6. Van a ir a ver dos películas diferentes.   _____

11-34 Dictado: El mundo en casa. Transcribe el fragmento del cuento que escucharás a continuación.

_____

_____

_____

_____

_____

_____

_____

_____

_____

Tangomanía

Introducción

El tango—la música y el baile—expresa algo esencial del espíritu argentino. Nacido en los barrios pobres de Buenos Aires en el siglo XIX, el tango llegó a cautivar a todo el país, en gran parte gracias a las grabaciones de su cantante más famoso y carismático Carlos Gardel. En las últimas décadas el interés por el tango se ha revitalizado entre gente de todas las edades en todas partes del mundo. Este video nos explica algo de la nueva cultura del tango y de la tangomanía que hace bailar tanto a los jóvenes como a los mayores.

Vocabulario

el barrio	*neighborhood*	**el prostíbulo**	*brothel*
los porteños	*residents of Buenos Aires*	**grabar/ la grabación**	*to record/ recording*
		la gira	*tour*
el novato	*novice*	**el bandoneón**	*instrument akin to the accordeon*
el conventillo	*tenement*		
el arrabal	*poor quarter*	**el contrabajo**	*double bass*
el código	*code*	**la milonga**	*tango dance hall*

Antes de mirar el video

11-35 ¿Qué sabes ya del tango y de la cultura argentina? Como el tango es actualmente un fenómeno mundial—se baila el tango en todas partes del mundo—es probable que ya sepas algo sobre este baile y la cultura argentina. Usando la información que ya sabes, incluyendo el vocabulario en la lista de arriba, determina qué nombres y términos de la segunda columna se asocian con las definiciones o explicaciones de la primera columna.

Definiciones y explicaciones

1. autor argentino que escribió sobre el tango _____
2. bandoneón, violín, piano y contrabajo _____
3. barrios de inmigrantes del Siglo XIX _____
4. cantante mítico de tangos _____
5. compositor contemporáneo de tangos _____
6. cualidad del tango _____
7. habitantes de Buenos Aires _____
8. instrumento esencial del tango _____
9. lugares de mala fama asociados con el tango _____
10. salón de tango _____
11. tangueros no profesionales _____
12. tipos de ritmos de los tangos _____

Términos y nombres

a. aficionados
b. africanos y europeos
c. Astor Piazzola
d. bandoneón
e. Carlos Gardel
f. conjunto musical
g. conventillos
h. Jorge Luis Borges
i. milonga
j. porteños
k. prostíbulos
l. sensualidad

Video Manual

11-36 Una noche de tango en Buenos Aires. La joven porteña Dolores Santana es una aficionada al tango y sale por lo menos tres noches cada semana a bailar el tango. Esta noche quiere compartir sus sentimientos y experiencias con nosotros. Lee sus frases y ayúdala a expresar bien sus ideas eligiendo las respuestas correctas.

1. Ayer mi amiga Susana me pidió que _____ con ella a bailar el tango esta noche.
   a. saliera   b. salga   c. hubiera salido

2. Le dije que sí pero que quería que _____ a la milonga más popular de Buenos Aires.
   a. vayamos   b. iríamos   c. fuéramos

3. Ahora casi estoy lista. Sólo es necesario que _____ los zapatos de baile.
   a. me pongo   b. me ponga   c. pondré

4. Espero que la música _____ buena esta noche.
   a. es   b. será   c. sea

5. Y como me siento feliz esta noche espero que el conjunto no _____ muchos tangos melancólicos.
   a. toque   b. tocara   c. haya tocado

6. Me gustaría que ese hombre mayor que sabe bailar tan bien me _____ a bailar.
   a. invite   b. invitara   c. invitará

7. Si no me invita lo invito yo a él. Espero que no me _____.
   a. rechace   b. rechazará   c. rechazara

8. ¡Aceptó mi invitación! Me alegro de que la _____.
   a. aceptó   b. hubiera aceptado   c. haya aceptado

9. ¡Qué noche tan divertida! No quiero que la noche _____.
   a. se acabe   b. se acabó   c. se acabara

Al mirar el video

11-37 ¿Cierto o falso? Mira y escucha el video para determinar si las frases siguientes son **ciertas** (C) o **falsas** (F).

1. Se han producido obras de teatro e incluso películas sobre el tango. _____

2. En Chile los argentinos son conocidos como "porteños." _____

3. El tango ya no es popular entre la gente mayor. _____

4. El tango nació en el siglo XIX pero sigue desarrollándose hasta hoy. _____

5. Muchos de los inmigrantes del siglo XIX vinieron a Buenos Aires en busca de trabajo. _____

6. Los tangos que tocaban y bailaban combinaban versos gauchos y ritmos españoles. _____

7. Al principio el tango se asociaba con un ambiente social respetable. _____

8. Carlos Gardel popularizó el tango en la década de los 50. _____

9. Los primeros conjuntos musicales tangueros consistían en un cuarteto de instrumentos. _____

10. El bandoneón es un instrumento de origen argentino. _____

11. Existen varios tipos de tango, unos alegres y otros melancólicos y tristes. _____

12. El Querandí es uno de los tangos más populares. _____

13. Incluso los jóvenes siguen el ritual tradicional de invitación que dicta que una mujer nunca invita a bailar a un hombre. _____

14. En Argentina se celebra El Día Nacional del Tango. _____

11-38 En busca de información. Mira y escucha el video y marca las respuestas correctas.

1. Los habitantes de Buenos Aires se llaman "porteños"
   a. porque siempre dejan la puerta abierta en verano.
   b. porque Buenos Aires es un puerto.
   c. para distinguirse de los puertorriqueños.

2. En las últimas décadas en Buenos Aires la pasión por el tango se ha revitalizado entre
   a. los jóvenes.
   b. la clase trabajadora.
   c. gente de todas las edades y todas las clases.

3. Hoy en día la música del tango
   a. sigue igual que antes.
   b. incorpora nuevas influencias contemporáneas.
   c. se ha desarrollado tanto que casi no se reconoce como música de tango.

4. Los inmigrantes del siglo XIX que vivían en conventillos en los arrabales de Buenos Aires formaban
   a. grupos de protesta.
   b. organizaciones políticas.
   c. una nueva clase social.

5. En los prostíbulos el tango se bailaba de un modo muy
   a. flamenco.
   b. corporal y explícito.
   c. femenino.

6. Carlos Gardel grabó más de _____ tangos.
   a. 500
   b. 600
   c. 1000

7. Los argentinos aceptaron abiertamente el tango como suyo sólo
   a. después de la muerte en un accidente de avión de Gardel.
   b. después de la grabación de la canción "Mi noche triste".
   c. después del éxito internacional de Gardel.

8. ¿Cuál de estas formas no es un tipo de tango tradicional?
   a. el tango milonga
   b. el tango sinfónico
   c. el tango romanza

9. Los salones de tango se llaman
   a. milongas.
   b. querandis.
   c. tangueros.

10. Tradicionalmente un hombre invita a una mujer a bailar el tango
    a. por escrito.
    b. ofreciéndole un cigarillo.
    c. haciéndole una señal casi imperceptible con la cabeza.

Después de mirar el video

11-39 Instrucciones para bailar el tango. En pequeños grupos, tú y tus compañeros van a imaginarse que son instructores de una escuela de baile y que van a dar una clase de tango. Primero, Uds. van a preparar una serie de instrucciones para bailar el tango para los estudiantes de su escuela: instrucciones sobre la ropa, los gestos, la actitud, los pasos del baile, etc. Uds. deben usar los mandatos—mandatos familiares en *tú* al dirigirse al hombre o a la mujer, y mandatos en *Uds.* para dirigirse a los dos en pareja.

Por ejemplo:

- Prepárate para bailar el tango *(instrucciones para el hombre o para la mujer)*
- Prepárense para bailar el tango *(instrucciones para los dos como pareja)*

Después de preparar la lista de mandatos, cada grupo elegirá a dos personas de otro grupo, quienes bailarán el tango según las instrucciones que oigan. Cada grupo tendrá la oportunidad de hacer lo mismo con otros estudiantes de la clase.

_____

_____

_____

_____

_____

11-40 Letras de tangos. Busca en Internet la letra de un tango que te parezca interesante. Lleva la letra a clase para compartir con un grupo de compañeros/as de clase. Cada grupo debe discutir las historias que narran los tangos que han elegido, junto con aspectos como su tono, su mensaje y vocabulario interesante. Pueden usar sitios como los que se encuentran en www.prenhall.com/atando o buscar otros sitios.

_____

_____

_____

_____

_____

Capítulo

12 Hablemos de las celebraciones y del amor

En marcha con las palabras

En contexto

12-1 Rompecabezas de palabras. Descifra las palabras relacionadas con las fiestas que se dan a continuación. Tienes la primera letra de la palabra como clave.

> MODELO: CAHID   *dicha*

1. HECRODER   d _____
2. HEMOREBRACRAS   e _____
3. ARCÑIO   c _____
4. UCMLEPSOÑA   c _____
5. GELARRA   a _____
6. ELDISFE   d _____
7. BLOGO   g _____
8. DRINBIS   b _____

12-2 La boda. Rosario escribe en su diario lo que ha ocurrido durante la boda de su hermana. Completa lo que escribió con las palabras entre paréntesis. Haz los cambios necesarios.

El sábado pasado se casó mi hermana y, como a nosotros nos gusta (1) _____ (festejar / adorar) cualquier (2)_____ (acontecimiento / desfile) alegre, mis padres decidieron (3) _____ (cumplir años / hacer una gran fiesta) en honor a los novios. Mis padres (4)_____ (tener celos / convidar) a toda la familia y, por suerte, no faltó nadie. Yo me (5)_____ (asombrar / avergonzar) de que incluso viniera el hermano de mi madre que vive en Lima. El banquete fue estupendo y en la cena sobró muchísima comida y bebida. Mi padre, que es muy gracioso, empezó a (6) _____ (contar chistes / rezar) en la mesa y todos empezamos a reírnos. Al final del almuerzo, se levantó e (7) _____ (temer / hacer un brindis) por los novios. Todos los invitados alzaron las copas y dijeron "¡Vivan los novios!" Mi abuelo dijo que lo único que faltó en la boda fueron (8) _____ (fuegos artificiales / hilos) pero mi padre le explicó que los habría comprado si la boda no hubiera sido por la mañana.

12-3 Palabras relacionadas. Lee las siguientes listas de palabras relacionadas con las celebraciones, y señala la que no pertenece a cada grupo.

1. a. reunirse   b. convidar   c. murmurar
2. a. cariño   b. guirnalda   c. amante
3. a. euforia   b. júbilo   c. facha
4. a. broma   b. chiste   c. beso
5. a. asombrar   b. festejar   c. celebrar
6. a. dichoso   b. gastar   c. alegría

12-4 La fiesta de cumpleaños. Describe una fiesta de cumpleaños ideal para un/a niño/a de seis años. Escribe un párrafo usando las siguientes palabras.

> payaso   reunirse   disfrazarse   ruidoso   globo   guirnalda   alegrarse

_____

_____

_____

_____

_____

_____

_____

¡Sin duda!

12-5 Viaje a México. Rosa invita a su amiga a México. Completa el diálogo con los verbos **ir, venir, traer** y **llevar**.

ROSA: ¿Quieres (1) _____ a México a pasar las fiestas conmigo?

LÍA: Por supuesto. Me encantaría (2) _____ a visitarte. Quiero ver las Posadas, que nunca las he visto.

ROSA: Pues Héctor también está invitado. Él va a (3) _____ su coche, así que pueden viajar juntos, pero recuerda que es un coche pequeño y no le cabe mucho equipaje.

LÍA: No te preocupes, voy a (4) _____ sólo lo indispensable.

ROSA: Fantástico.

Así se dice

12-6 Ocasiones diferentes. En diciembre va a haber varios acontecimientos importantes en la familia de Rosa. Selecciona la expresión que Rosa va a usar en cada ocasión.

> ¡Feliz Navidad!   ¡Felicidades!
> ¡Feliz cumpleaños!   ¡Feliz Año Nuevo!   ¡Feliz día del Santo!

1. El 12 es la Virgen de Guadalupe en el calendario católico.
   La prima de Rosa se llama Guadalupe. ¿Qué le va a decir?

   _____.

2. El 14 de ese mes nació su hermano. ¿Qué le va a decir ese día?

   _____.

3. Rosa va a ir a la casa de tus tíos, que son católicos, el 24 de diciembre. ¿Qué les va a decir?

   _____.

4. El día 27 Guadalupe y su novio Juan se van a casar. ¿Qué va a decir Rosa en el brindis?

   _____.

5. La noche del 31 de diciembre, a las doce en punto, ¿qué les va a decir Rosa a todos?

   _____.

Sigamos con las estructuras

Repasemos 1   Espressing sequence of actions: Infinitive after preposition

12-7 La reacción de Víctor. Completa la explicación que le dio Víctor a Rebeca con las preposiciones siguientes.

> al   antes de   después de   para   sin   de

"Rebeca, tú estás loca. (1) _____ oír lo que acabas de decir, me doy cuenta de que no me

conoces. ¿Sabes por qué llamé a Cristina la otra noche? La llamé (2) _____ hablar de ti.

Ella está también muy preocupada con tu manera de actuar últimamente. El otro día se cruzó contigo en la

calle (3) _____ salir del trabajo y tú no la saludaste. ¿Es que no la viste? No puedes pasar

delante de tu mejor amiga (4) _____ decirle hola, ¿no crees? Ya sé que piensas que yo soy

la causa de todas tus preocupaciones, pero (5) _____ acusarme de ser un marido infiel,

debes asegurarte de lo que dices. Y sobre el hecho de ir al café Picasso con Cristina, ¿no es lo más lógico que,

si trabajo con ella, nos tomemos de vez en cuando un café? (6) _____ haber sabido que te

molestaría no lo habría hecho."

Repasemos 2 Describing how things may be in the future, expressing probability: Future perfect

12-8 Planes. Blanca y José piensan casarse, y Blanca tiene muchos planes para su nueva vida. A continuación hay algunas de las cosas que Blanca piensa que habrán hecho los dos para una fecha determinada.

MODELO: a finales de este mes yo / comprarse / coche
A finales de este mes yo me habré comprado un coche.

1. a finales de este mes José / encontrar trabajo

   _____.

2. en julio del año que viene yo / terminar la maestría

   _____.

3. en septiembre próximo nosotros / ir a la Patagonia

   _____.

4. a finales del año próximo nosotros / casarse

   _____.

5. a finales de 2010 / nacer nuestro primer hijo

   _____.

Repasemos 3 Talking about hypothetical situations in the past: Conditional perfect

12-9 La fiesta del pueblo. Hoy es la fiesta del pueblo de La Bodera y cada cual la celebra a su modo. Explica qué habrían hecho ese día tú, tu amiga y otras personas en relación con las situaciones descritas. Usa el condicional perfecto.

MODELO: Juan bailó en una discoteca con la reina de las fiestas.
(yo / bailar también con ella) *Yo habría bailado también con ella.*

1. Alberto se emborrachó.
   (yo / no beber tanto) _____.
2. Antonio discutió con su novia.
   (yo / no tolerar los gritos de mi novio/a) _____.
3. David y Cristina gastaron mucho en la cena.
   (tú / no pedir / platos tan caros) _____.
4. Mis padres se fueron a su casa antes de que empezara el desfile.
   (nosotros / quedarse hasta el final del desfile) _____.
5. Rafa y Chus convidaron con cerveza a todos sus amigos.
   (yo / no gastar tanto dinero en cerveza) _____.

Aprendamos 1 Discussing contrary-to-fact situations: *If* clauses with the conditional perfect and pluperfect subjunctive

12-10 Las lamentaciones de Gustavo. Gustavo siempre dice que va a ir a fiestas, pero nunca va. El problema de Gustavo es que siempre se lamenta de no haber ido a las fiestas cuando éstas ya han pasado. Escribe lo que piensa Gustavo en cada caso.

> MODELO: participar en los desfiles del carnaval / ir a Cádiz
> *Habría participado en los desfiles del carnaval si hubiera ido a Cádiz.*

1. tomar fotos de las Fallas / ir a Valencia

   _____.

2. bailar sevillanas durante la Feria de Abril / visitar Sevilla

   _____.

3. divertirse en la verbena de San Isidro / viajar a Madrid

   _____.

4. caminar sobre las brasas *(hot coal)* / estar en San Pedro Manrique

   _____.

5. ver la catedral / hacer el peregrinaje *(pilgrimage)* a Santiago de Compostela

   _____.

12-11 Los Sanfermines. Adela y Germán fueron este año a Pamplona para pasar las fiestas de San Fermín. Lee a continuación lo que les ocurrió allí y explica qué habría pasado en circunstancias diferentes.

> MODELO: Adela y Germán viajaron a Pamplona en autobús porque no encontraron billetes de tren.
> *Si hubieran encontrado billetes de tren, no habrían viajado en autobús.*

1. Adela y Germán fueron a Pamplona porque querían correr delante de los toros.
   Si no _____.

2. La primera noche durmieron en un parque público porque no encontraron ningún hotel.
   Si _____.

3. Al día siguiente se compraron pañuelos rojos porque se olvidaron los suyos en Madrid.
   Si no _____.

4. Adela no corrió delante de los toros porque no vio a ninguna mujer en el grupo de corredores.
   Si _____.

5. Germán tuvo que ir al hospital porque lo atropelló un toro.
   Si _____.

6. Germán pasó cuatro días en el hospital porque tenía algunas heridas de consideración.
   Si _____.

Aprendamos 2   Expressing a sequence of events in the past: Sequence of tenses in the subjunctive

12–12 La fiesta de año viejo. Juan preparó una fiesta para celebrar el final del año con su familia.

Paso 1.   Completa lo que él piensa durante la fiesta con el subjuntivo.

1. Sería lindo que todos los invitados _____. (venir a la fiesta)

2. Me sorprendió que mis tíos _____. (no querer venir)

3. Era increíble que todo _____. (estar listo tan pronto)

4. Mi abuelo estaba esperando que _____. (llegar sus nietos)

5. Mi hermana había traído unos antifaces para que _____. (disfrazarnos antes de la medianoche)

Paso 2.   Al día siguiente Juan recuerda la fiesta que hizo y piensa qué pudo haber hecho mejor. Completa las oraciones con la forma correcta del subjuntivo.

1. Habría sido divertido que yo _____. (contratar músicos)

2. Me molestó que muchos invitados no _____. (llegar a tiempo)

3. Deseaba que la fiesta _____. (terminarse un poco más temprano)

12–13 Evaluación y planes. La hermana de Juan lo llama para hablarle de la fiesta. Completa lo que dice con el tiempo apropiado del subjuntivo.

Hola, Juan. ¡Qué buena fiesta! Yo dudaba que tú (1) _____ (poder) hacer una fiesta tan

divertida. De todas formas, habría sido bueno que tú (2) _____ (ordenar) el pastel con

anticipación. Además, de haber sabido que la fiesta sería tan larga, nosotros no (3) _____

(llevar) a nuestra hija. Si nosotros no (4) _____ (estar) con la niña, habríamos festejado

hasta el amanecer con ustedes. La verdad preferiría que el próximo año la fiesta (5) _____

(ser) en mi casa para poder divertirme sin preocuparme del tiempo.

Lectura

12-14 Una familia típica. Ana y Paco celebran las fiestas navideñas como muchas familias españolas. Tú vas a vivir con ellos durante este año y Ana te ha explicado qué hizo la familia la Navidad pasada. Lee su explicación y busca en un diccionario las palabras que no conozcas.

El día de Nochebuena cenamos Paco y yo con mi hija menor y su novio. Preparé unos entremeses, sopa de almendras y besugo al horno. Terminamos la cena con mazapán y turrón. Después Paco y yo fuimos a la Misa de Gallo.

El día de Navidad estuvieron en casa mi hijo y su familia. Comimos mariscos, cordero asado y ensalada y, por supuesto, terminamos la comida con mazapán, turrón y champán.

El día de Nochevieja vinieron desde Barcelona mi hija Marimar, mi yerno y mis tres nietos, y se quedaron con nosotros una semana. También estuvieron aquí la menor y el novio. Cenamos muy bien, y a la medianoche, como es tradicional, comimos las doce uvas mientras escuchábamos las campanadas del reloj de la Puerta del Sol. Al terminar, hicimos un brindis con champán. Después, mi hija menor Chus y su novio se fueron a una sala de fiestas a celebrar el año nuevo. Creo que no volvieron a casa hasta las ocho de la mañana.

El cinco de enero llevamos a mis tres nietos a ver el desfile con los tres Reyes Magos. Antes de acostarse, los tres pusieron los zapatos debajo de la ventana para que los Reyes les dejaran los regalos. Al día siguiente, el Día de Reyes, los niños se levantaron muy temprano y, al ver sus regalos, se pusieron muy contentos. Yo canté villancicos con ellos delante del belén y después todos desayunamos un delicioso roscón de Reyes. Al día siguiente Paco y yo nos quedamos solos, quitamos el belén y guardamos todas las figuritas hasta las próximas navidades.

1. Explica qué día te habría gustado pasar con la familia de Ana durante las festividades pasadas y por qué.

   _____

   _____

   _____

2. Di qué crees que habrán hecho Chus y su novio el Día de Año Nuevo y qué habrías hecho tú.

   _____

   _____

   _____

3. Si hubieras estado con la familia de Ana y Paco el 25 de diciembre, ¿qué platos típicos de tu país habrías preparado tú? Da detalles.

   _____

   _____

   _____

4. Busca en Internet cuáles son los ingredientes del mazapán. ¿Crees que te habría gustado comerlo durante las navidades? ¿Por qué?

   _____

   _____

   _____

Atando cabos

12-15 Tu fiesta. Ahora describe tú la última fiesta que hayas festejado. Da detalles como lo ha hecho Ana en el ejercicio anterior.

_____

_____

_____

_____

_____

_____

_____

_____

_____

_____

En marcha con las palabras

12-16 Alegría y felicidad. Escucha las siguientes palabras y escribe la letra del sinónimo para cada palabra de la lista a continuación.

1. disfrutar _____
2. antifaz _____
3. contar chistes _____

4. festejar _____
5. apariencia _____
6. amor _____

12-17 ¿En qué piensas? Escucha las siguientes palabras. Luego asocia cada una con una palabra de la lista a continuación y escribe la letra de la palabra correcta.

1. pastel _____
2. iglesia _____
3. champaña _____
4. disfrazarse _____
5. reír _____

12-18 Brindemos por tu felicidad. Escucha las siguientes oraciones y decide si son **lógicas** (L) o **ilógicas** (I).

1. _____
2. _____
3. _____
4. _____

5. _____
6. _____
7. _____
8. _____

12-19 ¿Y tú? Escucha las siguientes preguntas y contéstalas de acuerdo a tu experiencia personal. Sigue el modelo.

MODELO: Escuchas: ¿Cuándo celebran su aniversario tus padres?
         Escribes: *Mis padres están divorciados y no celebran su aniversario.*

1. _____ .
2. _____ .
3. _____ .
4. _____ .
5. _____ .
6. _____ .

Sigamos con las estructuras

Repasemos 1   Expressing sequence of actions: Infinitive after preposition

12-20 Una reunión perfecta. Escucha las siguientes oraciones en las que Lola te explica lo que hace ella para preparar una reunión familiar perfecta. Después, decide si las siguientes afirmaciones son **ciertas** (C) o **falsas** (F).

1. Para preparar una reunión perfecta, Lola no necesita hacer nada especial. _____
2. Para encontrar un lugar adecuado, Lola busca locales en Internet. _____
3. Para contratar a unos músicos buenos, Lola necesita bastante dinero. _____
4. Para coordinar todos los horarios, Lola contrata a una secretaria. _____
5. Para asegurarse de que no falta comida, Lola compra mucha fruta. _____
6. Para terminar con todos los detalles, Lola busca ayuda profesional. _____

12-21 Mi hermano mayor. Tu hermano mayor tiene muchas oportunidades en su vida, pero tú y él son muy diferentes y no estás de acuerdo con las decisiones que él toma. Escucha las siguientes oraciones y transforma cada una según el modelo, para indicar lo que tú harías si fueras él.

> MODELO: Tu hermano nunca acepta las ofertas de trabajo.
> *De ser mi hermano, yo aceptaría las ofertas de trabajo.*

1. _____.
2. _____.
3. _____.
4. _____.
5. _____.
6. _____.

Repasemos 2 Describing how things may be in the future, expressing probability: Future perfect

12-22 La boda. Contesta las preguntas que escuches sobre la boda de Pedro y Clara, de acuerdo al modelo.

> MODELO: Escuchas: ¿Se habrán casado?
> Ves: tener hijos
> Escribes: *Sí, se habrán casado y habrán tenido hijos.*

1. encargar el pastel

_____.

2. enviar las invitaciones

_____.

3. contratar al DJ

_____.

4. usar los zapatos

_____.

5. poner las flores en el templo

_____.

6. hacer los votos

_____.

Repasemos 3   Talking about hypothetical situations in the past: Conditional perfect

12-23 Contreras. A estas personas les gusta llevar la contraria; siempre contradicen a los demás. Escucha cada oración. Luego, cámbiala de acuerdo al modelo.

> MODELO: Ella fue a la fiesta patronal sin ti.
> Mi amiga *no habría ido a la fiesta patronal sin mí.*

1. Ella _____.
2. Yo _____.
3. Mi hermana _____.
4. Ellos _____.
5. Mis amigos _____.
6. Mi novio y yo _____.
7. Mi hermano _____.

Aprendamos 1   Discussing contrary-to-fact situations: *If* clauses with the conditional perfect and the pluperfect subjunctive

12-24 Si fuera… Si hubiera sido… Escucha las siguientes oraciones y cámbialas de acuerdo al modelo.

> MODELO: Si fuera feliz no me separaría de mi novia.
> *Si hubiera sido feliz no me habría separado de mi novia.*

1. _____.
2. _____.
3. _____.
4. _____.
5. _____.
6. _____.

12-25 ¿Qué habrías hecho? Tu familia ha sido siempre muy abierta, pero ¿qué habrías hecho si hubiera sido autoritaria? Escucha las siguientes oraciones y contéstalas de acuerdo al modelo.

> MODELO: ¿Qué habrías hecho si te hubieran obligado a levantarte temprano?
> No *me habría levantado.*

1. No _____.
2. No _____.
3. No _____.
4. No _____.
5. No _____.
6. No _____.

Lab Manual

Aprendamos 2 Expressing a sequence of events in the past: Sequence of tenses in the subjunctive

12-26 ¿Paralelo o anterior? Escucha las siguientes oraciones y luego decide si las acciones son paralelas o una ocurre antes de la otra. Marca la columna correcta en la tabla.

MODELO: Deseaba que hubieras aceptado mi invitación.

acción anterior

	acción paralela	acción anterior
1.		
2.		
3.		
4.		
5.		

12-27 Si yo lo hubiera sabido… Muchas veces hacemos cosas que no hubiéramos hecho de haber sabido las consecuencias que tendrían. Escucha las siguientes oraciones y cámbialas de acuerdo a lo que tú habrías hecho. Sigue el modelo.

MODELO: Escuchas: Yo no sabía que me iba a mudar a otro país.
Ves: jugar más con mis vecinos
Escribes: *Si yo hubiera sabido que me mudaría a otro país, habría jugado más con mis vecinos.*

1. pasar más tiempo con ella

   _____.

2. prestar más atención en clase

   _____.

3. despedirme de ellos

   _____.

4. dejar de fumar

   _____.

5. mantener una dieta saludable

   _____.

6. no desesperarme

   _____.

Atando cabos

12-28 Las celebraciones hispanas. Escucha el siguiente párrafo sobre cómo celebran los hispanoamericanos. Luego decide si las afirmaciones son **ciertas** (C) o **falsas** (F).

1. A los hispanos sólo les gusta celebrar con ocasión de su cumpleaños.   _____
2. La mayoría de las fiestas hispanas están reservadas para los ricos.   _____
3. Las fiestas mexicanas suelen ser muy alegres y coloridas.   _____
4. Los habitantes de un pueblo celebran con mucha comida y bebida.   _____
5. Los pueblos más pobres no tienen recursos para celebrar fiestas.   _____
6. Los hispanos celebran por cualquier motivo.   _____

12-29 La Semana Santa. La Semana Santa es una de las celebraciones más populares en España y en muchos países de Hispanoamérica. Escucha el siguiente anuncio sobre lo que ocurrirá durante la Semana Santa en Sevilla, y utiliza la información para contestar las siguientes preguntas.

1. ¿Qué entidad va a patrocinar las actividades de la Semana Santa?

   _____.

2. ¿Dónde tendrá lugar la misa del miércoles?

   _____.

3. ¿Quiénes están invitados al festival infantil del jueves?

   _____.

4. ¿A qué hora comenzará la procesión del Viernes Santo?

   _____.

5. ¿Dónde será la comida-merienda del domingo?

   _____.

6. ¿Qué pueden hacer las personas que necesiten mayor información?

   _____.

12-30 Hablemos de ti. Hemos estado hablando de cómo celebran los hispanoamericanos. Seguramente a ti te gusta celebrar de una forma diferente. Escucha las siguientes preguntas y contéstalas detalladamente. Recuerda que no hay respuestas correctas o incorrectas, son simplemente tus opiniones.

MODELO: ¿Qué fiesta celebran tú y tu familia durante el invierno?
            Mi familia y yo celebramos la Navidad.

1. _____.
2. _____.
3. _____.
4. _____.
5. _____.
6. _____.

Lab Manual

12-31 Dictado: Cleopatra. Transcribe el fragmento del cuento "Cleopatra" que escucharás a continuación.

_____

_____

_____

_____

_____

_____

_____

_____

_____

_____

Dos celebraciones hispánicas

Introducción

Hay fiestas y celebraciones de todo tipo en el mundo hispánico. Algunas, como la Semana Santa, por ejemplo, son celebradas en todos los países de habla española, mientras que otras, como las dos que vas a ver en este video, se identifican con un país en particular. La Fiesta del Sol, o Inti Raymi, es una fiesta especial de Cuzco, Perú y marca el solsticio del sol. Remonta a la época del antiguo imperio inca y hoy se celebra en forma de espectáculo teatral. El Día de los Muertos, celebrado en México, es un momento para recordar a los seres queridos que han pasado a otra vida. Es una fiesta solemne y alegre a la vez, un día para llorar y rezar pero también un día para comer y reírse.

Vocabulario

el solsticio	*solstice*	**la harina**	*flour*
alejado	*distant*	**el difunto**	*deceased person*
el inicio	*beginning*	**el renacimiento**	*rebirth*
la cosecha	*crop, harvest*	**el luto**	*mourning*
entonar	*to intone*	**la cripta**	*crypt*
llevar en andas	*to carry on a litter*	**la corona de flores**	*wreath of flowers*
barrer	*to sweep (away)*	**rezar**	*to pray*
la rama	*branch*	**la vela**	*candle*
derramar	*to strew*	**la ofrenda**	*offering*
la cesta	*basket*	**la calavera**	*skull; also, a type of satiric verse*
el amuleto	*amulet*		
la fortaleza	*fortress*	**el ataúd**	*coffin*
el himno	*hymn*	**el azahar**	*orange flower*
brindar	*to toast, to greet*	**el refrán**	*proverb or popular saying*
la llama	*llama*		

Video Manual

Antes de mirar el video

12-32 ¿Fiesta del Sol o Día de los Muertos? Examina a lista de palabras e ideas que aparecen a continuación y determina si cada palabra se podría asociar más con la **Fiesta del Sol** (FS), una fiesta que celebra el poder regenerativo del sol, o con el **Día de los Muertos** (DM), una fiesta dedicada a los amigos y familiares que han dejado este mundo.

1. las almas _____

2. el ataúd _____

3. las calaveras _____

4. el cementerio _____

5. las cosechas abundantes _____

6. el día más corto del año _____

7. los difuntos _____

8. la fertilidad de la tierra _____

9. los huesos _____

10. las lágrimas _____

11. el luto _____

12. los rayos solares _____

13. los recuerdos de amigos y familiares _____

14. el solsticio de invierno _____

15. las tumbas _____

12-33 ¿Rito solemne o festejo alegre? Las dos fiestas que vas a ver en este video combinan elementos aparentemente contrarios—solemnidad y alegría, rituales con festividades—para producir una nueva síntesis muy típica de las celebraciones latinoamericanas. En la lista que tienes a continuación determina cuáles de las actividades se podrían considerar rituales y solemnes (S) y cuáles son más bien alegres y festivas (F).

1. bailar en las calles hasta muy entrada la noche _____

2. cantar canciones populares _____

3. colocar un altar en la casa con la fotografía del difunto _____

4. comer unos platillos favoritos _____

5. emborracharse _____

6. entonar un himno _____

7. hacer una invocación al Sol _____

8. invitar al pueblo a participar en una ceremonia _____

9. recitar versos satíricos que ridiculizan a gente famosa _____

10. reír _____

11. rezar por el alma del difunto _____

12. sacrificar un animal _____

13. saludar al Sol con los brazos abiertos _____

14. vestirse de luto _____

15. visitar a los difuntos en el cementerio _____

Al mirar el video

12-34 **En busca de información.** Mira y escucha el video y marca las respuestas correctas.

1. En el hemisferio sur el 24 de junio es el día en que el sol está en el punto
   a. más bajo y alejado de la tierra.
   b. más alto y alejado de la tierra.
   c. más bajo y cerca de la tierra.

2. Los incas invocaban a Inti, el dios supremo, y le rogaban que
   a. les protegiera de sus enemigos.
   b. les curara las enfermedades.
   c. les diera cosechas abundantes.

3. Hoy día se celebra el festival del Inti Raymi
   a. exactamente como lo celebraban los incas del pasado.
   b. como espectáculo teatral.
   c. a pesar de la oposición de la Iglesia Católica que lo consideran pagano.

4. El Inca y su corte saludan al Sol e invitan al pueblo a participar en la ceremonia en
   a. la Plaza de Armas.
   b. el Templo del Koricancha.
   c. la fortaleza de Saccsayhuaman.

5. Con ramas de árboles grupos de mujeres barren
   a. las casas.
   b. los muebles.
   c. los espíritus malignos.

6. La chicha es una bebida tradicional peruana preparada a base de
   a. maíz.
   b. trigo.
   c. ramas.

7. El calendario azteca dedicaba un mes entero, la época de la _____ durante el mes de agosto, a festividades dedicadas a los difuntos.
   a. muerte
   b. cosecha
   c. lluvia

8. Para el Día de los Muertos los mexicanos adornan las tumbas con
   a. comida.
   b. calaveras.
   c. coronas de flores.

9. En el centro del altar de muertos está
   a. un ángel.
   b. la fotografía del difunto.
   c. el platillo favorito del difunto.

Video Manual

10. ¿Cuál de éstos no es un dulce tradicional de la fiesta del Día de los Muertos?
    a. el pan de muerto
    b. la calavera de azúcar
    c. la tortilla de huesos

11. Las velas del Día de los Muertos sirven para
    a. asustar a los espíritus malignos.
    b. guiar a las almas a los altares.
    c. reducir la cuenta de electricidad.

12-35 Escuchar con más atención. Mira y escucha el video de nuevo para buscar las palabras que faltan.

1. Los países hispánicos celebran fiestas de todo tipo—nacionales, rituales y religiosas tantas cristianas

   como _____.

2. El día más corto del año marca al mismo tiempo el inicio del regreso del sol y con ello la promesa

   del regreso de la _____ de la tierra.

3. Hoy en día en la ciudad de Cuzco se celebra la Fiesta del Sol en forma de espectáculo teatral para

   _____ actores.

4. En la Plaza de Armas el Inca hace una invocación solemne por la _____ del pueblo.

5. En la fortaleza el Inca realiza la mocha o _____ al sol y después

   _____ al sol con un vaso de chicha.

6. El ritual termina cuando el Inca le da al pueblo un mensaje final sobre la importancia de mantener

   sus _____ _____.

7. Los _____ intentaron cristianizar las fiestas aztecas dedicadas a los difuntos.

8. El Día de los Muertos es un día especial para recordar a los muertos que fueron

   _____ o _____.

9. Alrededor, como ofrendas al muerto se colocan algunos de sus objetos favoritos o si se trata de un

   niño, _____.

10. La forma clásica del pan de muerto es _____, adornada con masa en forma de

    _____ y con azúcar blanca por encima.

11. "Primero muerto que cadáver" es un ejemplo de los muchos _____ o dichos

    populares en torno a la muerte.

Después de mirar el video

12-36 Refranes mexicanos sobre la muerte. En México son muchos refranes que se refieren a la muerte. Trabajando en pequeños grupos, examinen los refranes mexicanos que se citan a continuación y elijan uno que les parece interesante. Después expliquen a la clase por qué les parece interesante, el tono del refrán (serio, irónico, burlesco, etc.), y por último qué revela respecto a la actitud hacia la muerte.

- Al fin que para morir nacimos.
- A quien Dios quiere para sí, poco tiempo lo tiene aquí.
- ¡Ay muerte, no te me acerques, que estoy temblando de miedo!
- Hay muertos que no hacen ruido y es más grande su pena.
- Cuando estés muerto, todos dirán que fuiste bueno.
- ¡Cuánto me gusta lo negro, aunque me espante el difunto! (**espantar:** dar miedo)
- Al diablo la muerte, mientras la vida nos dure. (**al diablo:** *to hell with*)
- El muerto a la sepultura y el vivo a la travesura. (**la travesura:** *pranks, mischief*)
- Y la muerte dijo: flaca, pero no de hambre.
- No es mala la muerte cuando se lleva a quien debe.
- Todos nacemos llorando y nadie se muere riendo.
- Primero muerto que cadáver. (**primero:** *I'd rather be*)

_____

_____

_____

_____

_____

12-37 ¿Celebrar el sol? ¿Celebrar la muerte? Aunque los incas celebraban el poder del sol y de la naturaleza y los mexicanos celebran la muerte no todas las culturas del mundo comparten esta actitud celebratoria frente a la naturaleza y la muerte. En los Estados Unidos, un país cada vez más multicultural, algunas culturas y grupos étnicos tienen su propia manera de acercarse a conceptos como la naturaleza y la muerte. Trabajando en pequeños grupos exploren juntos:

- Las costumbres, tradiciones y actitudes en torno a la naturaleza y/o la muerte de las culturas representadas en su pequeño grupo: ¿hay celebraciones? ¿comidas? ¿fiestas? ¿ceremonias religiosas? ¿ritos en torno a la fertilidad? ¿periodos largos de luto? ¿chistes e historias cómicas sobre los difuntos? ¿velorios *(wakes)*?
- ¿Qué les parece la idea de celebrar el sol y las fuerzas de la naturaleza? ¿Qué les parece la idea de celebrar la muerte?
- ¿Por qué creen que algunas culturas celebran estos fenómenos y otros no?
- En el siglo XXI ¿son estas dos fiestas reliquias anticuadas de una época primitiva o, en su opinión, todavía tienen resonancia y relevancia para el mundo hoy?

_____

_____

_____

_____

_____

Repaso 4

R4-1 Los problemas de Alfredo. Alfredo está hablando con su hermano Valentín sobre sus problemas en el trabajo. Completa su conversación con las palabras entre paréntesis. Haz los cambios necesarios.

VALENTÍN: El otro día leí rápidamente los (1) _____ (titular/ autógrafo) del periódico *La Nación* y fue así como me enteré de que la empresa donde trabajas está en crisis.

ALFREDO: La verdad es que a mí me (2) _____ (afectar/ notar) tanto que no quiero ni pensar en eso.

VALENTÍN: Pero me imagino que los directivos de la empresa (3) _____ (abarcar / reunirse) muy pronto para decidir qué hacer, ¿ no?

ALFREDO: Supongo. Espero que ellos (4) _____ (tratar de / arrepentirse de) encontrar una solución pronto porque, si no, me veo buscando trabajo otra vez. Mañana mismo debería empezar a mandar mi currículum a otras empresas.

VALENTÍN: Mira, Alfredo, no te preocupes. (5) _____ (valer la pena / brindar por) esperar un poco a ver qué pasa. Seguramente la próxima semana los directivos (6) _____ (anunciar / alegrarse) en los (7) _____ (medios de comunicación / escenarios) cuáles son sus planes para resolver la situación de la empresa y los trabajadores.

ALFREDO: Ojalá…Yo estaría (8) _____ (dichoso / solitario) si eso ocurriera.

R4-2 Concurso de televisión. En el nuevo concurso "Pido la palabra" hay que dar el término que corresponde a la definición. Tú vas a participar en ese concurso; escribe el término correcto en los espacios en blanco.

Definiciones	Palabra
1. La música que corresponde a una película:	_____
2. Sinónimo de computadora:	_____
3. Texto escrito que se usa en una película o en un programa de radio o televisión:	_____
4. Lo opuesto a encender:	_____
5. Persona que interpreta canciones:	_____
6. Máquina que sirve para dejar mensajes en la casa de alguien:	_____
7. Hacer ruido juntando las palmas de la mano para mostrar que nos gustó algo:	_____
8. Un tipo de ave pequeña:	_____
9. El personaje principal de una obra:	_____
10. Hacer algo más pequeño:	_____

R4-3 Un día muy ocupado. Cuando Cecilia llega a casa por la noche, siempre le cuenta a Pablo cómo le ha ido durante el día. Usa el pretérito perfecto para escribir lo que le cuenta Cecilia a Pablo.

MODELO: hoy / tener / un día regular
Hoy he tenido un día regular.

1. el autobús / tardar / más de lo normal _____.

2. en el trabajo / nosotros / tener / una asamblea _____.

3. el jefe / llamar / a algunos trabajadores _____.

4. A la hora del almuerzo / nadie / quedarse a / comer / en el comedor de la empresa _____.

5. después del almuerzo / yo / escribir / un informe _____.

6. y tú / ¿ qué / hacer / hoy? _____.

R4-4 Amores y desamores. Carmen es una actriz famosa. Sus amigos están hablando de algunos momentos de su vida. Usa el pluscuamperfecto y los datos a continuación para escribir lo que dicen los amigos.

> 30 de junio de 1988: graduación de Miguel
>
> 15 de marzo de 1990: primer encuentro de Miguel y Carmen
>
> 20 de junio de 1992: boda de Miguel y Carmen
>
> 30 de abril de 1994: nacimiento de su primera hija
>
> 16 de agosto de 1996: divorcio de Carmen y Miguel
>
> 1997: primera película de Carmen
>
> 1999: premio Goya a la mejor actriz

MODELO: *Cuando Carmen conoció a Miguel, él ya se había graduado.*

1. _____.
2. _____.
3. _____.
4. _____.
5. _____.

R4-5 El guión cinematográfico. La segunda película de Carmen se titula *Verano del '39*. Completa el fragmento del guión de la película con **que**, **quien**, **quienes** o **cual** según sea necesario.

MARÍA: Los años (1) _____ siguieron a la guerra fueron duros para casi todos, pero

especialmente para (2) _____ habían luchado en el frente republicano. Las

viudas no teníamos derecho a ninguna pensión; así que, tuve que ponerme a trabajar. Acabé

aceptando un trabajo (3) _____ estaba al otro lado de la calle. Era en la

tienda del señor Pedro, a (4) _____ no habían mandado al frente porque

tenía un problema en la pierna (5) _____ le impedía moverse bien.

JUANA: ¿Y tenía usted a alguien con (6) _____ dejar a los dos niños?

MARÍA: No. Lo (7) _____ más me molestaba era que mis hijos se quedaban solitos

en el comedor mientras yo estaba fuera, pero tenía que hacerlo porque éste era el único

salario con el (8) _____ podíamos sobrevivir.

R4-6 La despedida de soltera. Olga está hablando por teléfono con Ema y le dice lo siguiente sobre la despedida de soltera que le quieren hacer a su amiga Raquel. Une la información de las dos listas y conjuga los verbos entre paréntesis como corresponda según los casos. Usa la siguiente información como referencia.

> Ema le dijo a Olga que ya había mandado las invitaciones, pero nadie llamó para confirmar que venía a la fiesta. Necesitan saber el número de personas que van a venir para calcular cuánta comida hace falta. La hermana de Raquel está enferma y no puede moverse de la cama. Ahora están pintando el comedor, la cocina y la sala. Al final todo saldrá bien.

MODELO: Espero que al final / todo salir bien
         Espero que al final todo salga bien.

A	B
1. Pediremos la comida cuando…	(nosotros) saber / quiénes van a venir
2. No creo que…	la hermana de Raquel / poder venir
3. Dudo que…	(tú) mandar / las invitaciones a toda la gente
4. Limpiaremos la casa en cuanto…	los pintores / terminar
5. Espero que…	las invitaciones / no perderse
6. Me sorprende…	nadie / responder todavía

1. _____.

2. _____.

3. _____.

4. _____.

5. _____.

6. _____.

R4-7 Los tiempos cambian. El director de una fábrica de juguetes le está explicando a un familiar suyo las innovaciones que han hecho en la compañía. Completa lo que dice con el imperfecto de subjuntivo o el pluscuamperfecto de subjuntivo de los verbos entre paréntesis de acuerdo con el contexto.

Hace dos años tuvimos que hacer muchos esfuerzos para que la competencia no nos (1)

_____ (eliminar) del mercado, por eso el año pasado quisimos contratar a alguien que ya (2)

_____ (trabajar) en una empresa como la nuestra para buscar alguna solución a la crisis. Así

fue como vino a trabajar con nosotros la Sra. Romero. Cuando llegó a la fábrica el primer día, se sorprendió de

que nosotros todavía no (3) _____ (instalar) maquinaria como la que tenían en la empresa

de la que venía. Me dijo que para ser competitivos, necesitábamos estar al día en todo lo que (4)

_____ (relacionarse) con la tecnología. Sin embargo, yo no creía que el año anterior la

empresa (5) _____ (tener) tantas pérdidas solamente por estar un poco anticuados. La cosa

es que nos dieron un préstamo para que (nosotros) (6) _____ (poder) cambiar las viejas

máquinas y al poco tiempo, empezamos a notar los efectos positivos de la nueva tecnología.

R4-8 El carnaval. El carnaval empieza mañana y Elena y Luis van a disfrazarse y a participar en el desfile. Une la información de las dos listas para ver lo que les dice Luis a sus amigos en relación con el carnaval. Conjuga los verbos entre paréntesis en el tiempo apropiado del subjuntivo.

MODELO: Me habría encantado   Ana (disfrazarse) de bailarina
Me habría encantado que Ana se hubiera disfrazado de bailarina.

A	B
1. Me habría gustado que…	te (comprar) un disfraz más original
2. Espero que…	este año el carnaval (ser) divertido
3. Díganos de qué van a disfrazarse ustedes…	para que (poder) reconocerlos en el desfile
4. Los ganadores del concurso de disfraces podrán salir de viaje…	en cuanto (terminar) el carnaval
5. No creía que…	Julia (tener) tanto talento para hacer antifaces

1. _____.
2. _____.
3. _____.
4. _____.
5. _____.

R4-9 La búsqueda del empleado perfecto. En la empresa LAGSA necesitan un nuevo empleado. Completa lo que dice el comité de selección y el director de la empresa en relación con las entrevistas y los candidatos. Usa el tiempo correspondiente del subjuntivo.

El director:

1. Me alegro mucho de que ustedes ya _____ (tomar) la decisión sobre quién va a ser el futuro responsable del área de ventas.

2. Me reuniré con el nuevo empleado para que él me _____ (explicar) lo que piensa sobre la globalización de la economía.

3. Al Señor López le habrá molestado que nosotros no _____ (elegir) a su amigo para el puesto.

4. Yo habría preferido que ustedes les _____ (decir) a todos los candidatos que buscábamos un economista, no un político.

5. Llámenme por teléfono después de que ustedes _____ (informar) a todos los aspirantes sobre nuestra decisión.

El comité de selección:

1. Uno de los candidatos nos sugirió que _____ (invertirse) parte del presupuesto en abrir nuevas sucursales en el extranjero.

2. No sabíamos que una de las candidatas _____ (trabajar) anteriormente en el ámbito de la política exterior.

3. Queremos que los gerentes _____ (reunirse) con los aspirantes seleccionados.

R4-10 Dinero mal empleado. El padre de Armando habla sobre la mala experiencia que tuvieron él y su hijo cuando colaboraron en una película que fue un fracaso. Explica qué habría pasado si no se hubieran dado las circunstancias descritas. Sigue el modelo.

MODELO: Mi hijo había escrito el guión y por eso yo produje esa película.
          Si mi hijo no hubiera escrito el guión, yo no habría producido esa película.

1. Los actores no sabían sus papeles y por eso tardaron mucho en filmar algunas escenas.

   _____.

2. En la película no había actores famosos y por eso nadie fue a verla el día del estreno.

   _____.

3. La película recibió malas críticas porque la dirección fue mala.

   _____.

4. Algunas escenas estaban mal filmadas porque el director no tenía experiencia.

   _____.

5. Yo no escuché a mi esposa y perdí dinero inútilmente.

   _____.

6. Mi hijo tuvo tan mala experiencia con esta película, que dejó de escribir guiones.

   _____.

Notes

Notes

Notes

Notes

Notes

Notes

Notes

Notes

Notes

Notes

Notes

Notes